- 感谢江西财经大学对本书的出版资助。
- 本书部分内容系江西省社会科学研究规划项目《新时期广告的社会文化功能研究（1979-2013）》（课题编号：14XW03）的阶段成果。

吴 辉 著

Cultural Symbols and Cultural Values Reflected in
China Print Ads from 1979 to 2008:
a Content Analysis of Print Ads in
Xinmin Evening News and *Shizhuang* Magazine

中国纸媒广告中的
文化符号和文化价值观
（1979-2008）

以《新民晚报》和《时装》杂志为个案

中国社会科学出版社

图书在版编目（CIP）数据

中国纸媒广告中的文化符号和文化价值观：1979—2008：以《新民晚报》和《时装》杂志为个案 / 吴辉著. —北京：中国社会科学出版社，2018.10

ISBN 978-7-5203-3417-4

Ⅰ.①中… Ⅱ.①吴… Ⅲ.①报纸—广告—历史—研究—中国—1979-2008 Ⅳ.①G219.2②F713.8-092

中国版本图书馆 CIP 数据核字（2018）第 252058 号

出 版 人	赵剑英
责任编辑	陈肖静
责任校对	闫　萃
责任印制	戴　宽

出　　版	中国社会科学出版社
社　　址	北京鼓楼西大街甲 158 号
邮　　编	100720
网　　址	http://www.csspw.cn
发 行 部	010-84083685
门 市 部	010-84029450
经　　销	新华书店及其他书店
印　　刷	北京明恒达印务有限公司
装　　订	廊坊市广阳区广增装订厂
版　　次	2018 年 10 月第 1 版
印　　次	2018 年 10 月第 1 次印刷
开　　本	710×1000　1/16
印　　张	14.75
插　　页	2
字　　数	227 千字
定　　价	66.00 元

凡购买中国社会科学出版社图书，如有质量问题请与本社营销中心联系调换
电话：010-84083683
版权所有　侵权必究

前　言

"梅子金黄杏子肥，麦花雪白菜花稀。
日长篱落无人过，唯有蜻蜓蛱蝶飞。"
"昼出耘田夜绩麻，村庄儿女各当家。
童孙未解供耕织，也傍桑阴学种瓜。"

这是北宋著名诗人范成大《四时田园杂兴》中的两首诗歌，分别写的是当时乡村的闲适自然景象和日常耕作生活。此时，我正身处乡村撰写这篇前言，身边亦是范成大笔下的农村景象和生活场景。但是，与范成大笔下朴素的乡村生活相比，我所在的乡村明显多了很多现代化的痕迹，遍布乡村社会各个角落的广告就是其中之一。

春节期间的送礼广告还高挂在商店屋檐下，几个老人坐在广告下面聊着柴米油盐、春种秋收，"春节送礼就送×××，添年味还送×××"的广告已经成了他们眼中的一种日常存在。如果你是学生或学生家长，马路边乘车点的某饮料广告提醒你："经常用脑，多喝××核桃。"如果你家正要装饰新房，恰好有一家装修公司在向你陈述选择这家公司的理由——"专业装修"，还有机会赢得"免费泰国游"。很多国际品牌和产品、西方文化符号和价值观也借由广告走进了中国乡村居民的视野。很明显，现代商业广告已经深度融入了中国乡村居民的日常生活。衣食住行，老少中青，各个方面，各年龄段，都有相应的广告给人们以提醒和指导。广告，在乡村生活中正扮演着一个全能的生活导师的角色。"今日的人类灵魂工程师，不是作家，也不是教师，而是广告！"[①]

---

① 陶东风：《广告的文化解读》，《首都师范大学学报》（社会科学版）2001年第6期。

学者们指出，现代广告是一种影响深远的文化现象。法国广告评论家罗贝尔·格兰说得很形象："我们呼吸的空气是由氧气、氮气和广告组成的。"[1] Mark Poster主张，不能把广告死板地看作经济事件，而要把它看作社会政治事件，它讲述或参与社会场中各种力量之间正在进行的游戏。[2] 广告不仅可以激励人们去购物，也是某种幸福生活的象征，同时还可以推广某种生活方式。[3] 广告的社会影响力甚至可以与具有悠久传统的教会及学校相匹敌，广告主宰着宣传工具，它在公众标准形成（the shaping of popular standards）中起着巨大作用。[4] 在中国，广告的影响同样远远超出了经济领域，广告与其他机制紧密配合，大力营造现今社会的主流意向、公众焦虑，引领时尚潮流、改变人们的生活方式和价值判断标准，甚至推荐某些观点来指导消费者自我认同。

研究者认为，广告及其发展变化与社会文化密切相关，广告的商业传播过程对社会文化的塑造和建设产生了多重影响，广告以其特有的文化张力，全面参与了社会生活的建构。[5] 广告是一种重要的社会语篇，它反映了社会的潮流、时尚和价值观。广告在追求商业目的的同时，还蕴藏着某种文化观念和文化价值。[6] 广告也会影响社会文化心理，推进社会文化心理更新与发展。[7] 广告还普遍被认为是文化价值观的载体，尽管广告被称为折射社会的"扭曲"之镜，它只反映有利于广告商的价值观，忽视不利于广告商的价值观。[8] 有研究者从下列两个维度分析了中国当代

---

[1] 吕萌：《媒介形态变化与电视文化传播》，合肥工业大学出版社2006年版，第196页。

[2] ［美］马克·波斯特：《信息方式：后结构主义与社会语境》，范静哗译，商务印书馆2014年版，第50页。

[3] ［美］杰克逊·李尔斯：《丰裕的寓言：美国广告文化史》，任海龙译，上海人民出版社2005年版，第1页。

[4] David M. Potter, *People of Plenty: Economic Abundance and the American Character* (2nd edition). Chicago & London: the University of Chicago Press, 1954, p. 167.

[5] 刘泓：《广告社会学论纲——关于广告与社会互动关系的阐释》，《福建师范大学学报》（哲学社会科学版）2006年第3期。

[6] 葛秀华：《英语广告中的美国社会文化》，《牡丹江大学学报》2007年第7期。

[7] 仝亚文、仝亚辉：《美国广告中的社会文化心理诉求》，《外国语言文学》2004年第1期。

[8] Richard W. Pollay, "The Distorted Mirror: Reflections on the Unintended Consequences of Advertising", 转引自冯捷蕴《中国大陆的文化价值观：以2004年网络广告内容分析为例》，《现代传播》2004年第5期。

广告中的文化价值观及其发展变化：在"实用性/象征性文化价值观"的维度，绝大多数研究发现，广告处于初级阶段时，以实用性价值观为主，发展到较高级阶段时，实用性价值观减少，象征性价值观增多，但是也有人得出了相反的结果。在"东方/西方文化价值观"的维度，研究者指出，该两类文化价值观在中国广告中都扮演着重要角色，中国当代广告成为东西方文化的"熔炉"[1]。

以往的成果揭示了广告与社会文化相互交织的影响，但存在视角不够立体和历史比较不足的问题。另外，已有的成果对广告中文化价值观的研究较充分，但很少关注广告中文化符号的变化。笔者认为，广告中的文化符号是观察社会文化的重要维度，如果再从文化符号的层面研究，我们对社会文化了解会更加全面、更加生动。正是出于这些考虑，本书以1979—2008年30年间的纸媒广告为研究对象，试图通过对广告中"文化符号"和"文化价值观"的观察，揭示中国当代社会文化的发展变化。俗话说："察一叶可见春秋，观滴水而知沧海。"作为一种直接反映社会文化状况的文化产品，广告无疑是观察社会文化的充分且有效的窗口。本书将通过研究1979—2008年30年间的中国纸媒广告，对社会文化的发展变化作一"窥斑知豹"式的了解，重点讨论全球化背景下西方消费主义意识形态在中国的发育状况和西方文化冲击下的中国传统文化的生存境遇。

本书的内容不是中国当代广告史的全面调查，也不关注具体广告活动的促销效果，因为这种问题不能表明广告在广义上的文化意义。作者要探究的是，当人们大量刊播广告时，哪些文化符号和文化价值观得到了广泛传播，哪些被排挤到了边缘甚至消失？在宏观层面上不知不觉地产生了什么结果，一个富含象征意味的世界是否诞生？本研究将努力描绘出，1979—2008年的30年间广告努力推销商品的同时，是否也在努力推广某类文化符号和文化价值观，广告中的中西方文化发生了怎样的消长变化，消费主义意识形态得到了何种程度的推广，这又可能在何种程度上改变我们的社会文化和生活方式。本书内容将从以下四个方面展开：

---

[1] Hong Cheng & John C. Schweitzer, "Cultural values reflected in Chinese and U. S. television commercials." *Journal of advertising research*, Vol. 36, No. 3, May/June 1996, p. 42.

（1）广告商品产品类别的变化。（2）广告中文化符号的变化。（3）广告中文化价值观的变化。（4）上述各方面变化的社会文化原因、意义及影响。研究者试图通过考察上述三方面的变化，发现人们购买选择、消费观念、生存状态、生活方式、时尚文化和社会潮流的演进轨迹。对这些变化进行诠释则是本书的另一项重要任务，描述与解释并重，并将穿插在一起。

本书主要的研究方法为内容分析法、历史比较分析法和符号学分析法。这里把中国当代广告发展过程分为广告恢复时期（1979—1985）、现代广告探索时期（1986—1992）、动荡与快速成长时期（1993—1997）和相对平稳发展时期（1998—2008）四个时期，运用内容分析法研究各时期广告商品的产品类别、广告中的文化符号和文化价值观，用数据描述改革开放后30年间我国广告文化发展变化的脉络，再通过历史比较分析，揭示不同历史时期广告文化的差异，然后结合社会历史和现实，分析数据的意义，深入探讨上述各方面变化的背景、原因、意义及影响，从而揭示广告文化演进背后的社会文化动力。除了宏观层面的分析比较之外，研究者还将对具有各历史时期鲜明特点的、有代表性的广告作品进行符号学分析，联系社会的消费观念、文化潮流、心理结构、意识形态，揭示广告表面意义之后的隐藏意义，为理解各历史时期社会文化的特点开辟另一条道路。

本书的创新之处在于：（1）视角独特。不但从广告中文化价值观的视角，而且从前人鲜有论及的文化符号的视角，对改革开放后30年间我国社会文化变迁进行较为系统全面的研究，具一定的开创性。（2）取向有别。摒弃营销功利取向，超脱实践操作层面，将宏观与微观、理论与现实、广告与文化有机结合，把广告作为一种社会文化现象并集中探讨其功能。（3）方法多样。既有数据翔实、统计精确的定量研究，又有逻辑严密、思辨严谨的定性分析，多种方法相结合。

当前，我国正在实施文化强国战略。十九大报告指出："文化是一个国家、一个民族的灵魂。文化兴国运兴，文化强民族强。没有高度的文化自信，没有文化的繁荣兴盛，就没有中华民族伟大复兴。要坚持中国特色社会主义文化发展道路，激发全民族文化创新创造活力，建设社会主义文化强国。"十九大报告还强调："加强中外人文交流，以我为主、兼收并蓄。推进国际传播能力建设，讲好中国故事，展现真实、立体、全面的中国，提高国家文化软实力。"希望本书在实践上，有助于读者从广告文化的角度认识全球化背景下中国传统文化的生存境遇和西方消费主义意识形态的扩张，认识维护国家文化安全，提升我国文化软实力的重要意义；在学术上，为拓展广告文化研究和社会文化研究的思路抛砖引玉。

  本书是在笔者的博士学位论文基础上略加修改而成，由于学术水平有限，书中错漏在所难免，不当之处，还请各位方家、读者海涵，并不吝赐教。提醒一下，如果您对数据不感兴趣，可以按照以下顺序阅读：绪论——第四、五、六、七章——第二章——第三章。

吴辉

2018年5月1日 于江西余干

目　录

Contents ……………………………………………………… (1)

图表目录 ……………………………………………………… (1)
　　一　表目录 ………………………………………………… (1)
　　二　图目录 ………………………………………………… (3)

Tables, Charts and Pictures ………………………………… (1)
　　Tables ……………………………………………………… (1)
　　Charts and Pictures ……………………………………… (3)

摘要 …………………………………………………………… (1)

Abstract ……………………………………………………… (1)

第一章　绪论 ………………………………………………… (1)
　第一节　研究缘起 …………………………………………… (1)
　　一　中国传统文化的生存境遇 …………………………… (1)
　　二　消费主义意识形态的扩张 …………………………… (4)
　第二节　研究意义 …………………………………………… (7)
　　一　现实意义 ……………………………………………… (7)
　　二　学术意义 ……………………………………………… (11)

第三节　相关理论与文献综述……………………………………（14）
　　一　相关理论………………………………………………（14）
　　二　文献综述………………………………………………（20）

第二章　研究设计……………………………………………………（32）
第一节　概念界定……………………………………………………（32）
第二节　所要解决的主要问题与研究方法…………………………（35）
第三节　研究假设……………………………………………………（37）
第四节　样本选择……………………………………………………（40）
　　一　改革开放30年中国广告发展的四个时期……………（40）
　　二　资料来源取样…………………………………………（46）
　　三　日期取样与分析单位取样……………………………（51）
第五节　编码方案与信度和效度分析………………………………（53）
　　一　编码方案………………………………………………（53）
　　二　信度和效度分析………………………………………（60）

第三章　样本广告资料分析与结果…………………………………（65）
第一节　《新民晚报》样本广告资料分析与结果……………………（65）
　　一　《新民晚报》广告商品的产品类别……………………（65）
　　二　《新民晚报》同产品类别广告的文化符号和文化价值观……（69）
　　三　《新民晚报》跨产品类别广告的文化符号和文化价值观……（78）
第二节　《时装》杂志样本广告资料分析与结果……………………（91）
　　一　《时装》杂志样本广告表现中的文化符号……………（92）
　　二　《时装》杂志样本广告诉求的文化价值观……………（94）

第四章　广告商品产品类别的变化…………………………………（105）
第一节　消费革命……………………………………………………（106）
　　一　消费结构升级…………………………………………（106）
　　二　消费市场繁荣…………………………………………（108）
　　三　消费观念跃迁…………………………………………（109）
第二节　《新民晚报》广告商品产品类别变化的基本轨迹…………（110）

一　从生产消费品转向生活消费品 …………………………… (110)
　　二　从"小件"日用消费品转向大件耐用消费品 ……………… (112)
　　三　从温饱型消费品转向发展和享受型消费品 ………………… (117)

第五章　实用性文化价值观和象征性文化价值观的变化 …………… (120)
　第一节　中国纸媒广告中常见的实用性文化价值观 ……………… (120)
　　一　质量 ………………………………………………………… (120)
　　二　节省 ………………………………………………………… (123)
　　三　独特和功效 ………………………………………………… (125)
　第二节　中国纸媒广告中常见的象征性文化价值观 ……………… (129)
　　一　社会地位 …………………………………………………… (129)
　　二　情感 ………………………………………………………… (131)
　　三　美丽 ………………………………………………………… (134)
　第三节　实用性文化价值观和象征性文化
　　　　　价值观的消长变化 ……………………………………… (137)
　第四节　消费主义在中国的发育程度 ……………………………… (140)

第六章　中西式文化符号和中西方文化价值观的变化 ……………… (144)
　第一节　中国纸媒广告中常见的中国传统文化价值观 …………… (144)
　　一　传统 ………………………………………………………… (144)
　　二　天人合一 …………………………………………………… (146)
　第二节　中国纸媒广告中常见的西方文化价值观 ………………… (151)
　　一　竞争 ………………………………………………………… (151)
　　二　现代感 ……………………………………………………… (153)
　　三　性吸引 ……………………………………………………… (157)
　第三节　中西式文化符号与中西方文化价值观的
　　　　　消长变化 ………………………………………………… (159)
　　一　《新民晚报》广告中的中西式文化符号与中西方
　　　　文化价值观 ……………………………………………… (159)
　　二　《时装》杂志广告中的中西式文化符号与中西方文化
　　　　价值观 …………………………………………………… (163)

第四节 西方文化冲击下的中国传统文化的生存境遇 …………（166）

第七章 结语 …………………………………………………（173）
    一 难以实现的幸福神话 ………………………………（173）
    二 传统文化的真正威胁 ………………………………（175）
    三 研究不足和进一步研究的方向 ……………………（177）

参考文献 ……………………………………………………（180）

索引 …………………………………………………………（190）

后记 …………………………………………………………（199）

Contents

Tables, Charts and Pictures ··· (1)
    Tables ·· (1)
    Charts and Pictures ··· (3)

Chinese Abstract ··· (1)

English Abstract ··· (1)

Chapter 1　Introduction ··· (1)
  Section 1　Origin of the research ·· (1)
    1. The development environment of Chinese traditional culture ··· (1)
    2. The expansion of the ideology of Consumerism ··············· (4)
  Section2　Significance of the research ································· (7)
    1. Practical significance ·· (7)
    2. Academic significance ··· (11)
  Section 3　Related theories and literature review ················ (14)
    1. Related theories ·· (14)
    2. Literature review ··· (20)

Chapter 2　Research design ··· (32)
  Section 1　Concept definition ··· (32)
  Section 2　Questions to be solved and methodology ············ (35)

Section 3　Research hypothesis ……………………………………… (37)
Section 4　Sample selection ……………………………………… (40)
　　1. Four periods of advertising development in the
　　　past 30 years of reform and opening up ……………………… (40)
　　2. Sampling of data sources ……………………………………… (46)
　　3. Date sampling and analysis unit sampling ………………… (51)
Section 5　Coding scheme and reliability and validity analysis ……… (53)
　　1. Coding scheme ………………………………………………… (53)
　　2. Reliability and validity analysis ……………………………… (60)

Chapter 3　Analysis of sample advertisements data ……………… (65)
Section 1　Analysis results of sample advertisements
　　　　　in Xinmin Evening News …………………………………… (65)
　　1. The product category of the advertisement goods
　　　in Xinmin Evening News ……………………………………… (65)
　　2. Cultural symbols and cultural values of the same product
　　　category advertisement in Xinmin Evening News …………… (69)
　　3. Cultural symbols and cultural values of the cross product
　　　category advertisement in Xinmin Evening News …………… (78)
Section 2　Analysis results of sample advertisements
　　　　　in Shizhuang Magazine …………………………………… (91)
　　1. Cultural symbols in sample advertisements of
　　　Shizhuang Magazine …………………………………………… (92)
　　2. Cultural values in the appeal of sample advertisements
　　　of Shizhuang Magazine ………………………………………… (94)

Chapter 4　Changes in the product categories of
　　　　　　advertising goods ………………………………………… (105)
Section 1　Consumption revolution ………………………………… (106)
　　1. Upgrading of the consumption structure …………………… (106)
　　2. Prosperity of the consumption market ……………………… (108)

3. Transition of the consumption concept ········· (109)
Section 2　The basic track of the product categories change of advertisement goods in Xinmin Evening News ········· (110)
1. From the productive consumer goods to the living consumer goods ········· (110)
2. From small daily consumer goods to large durable consumer goods ········· (112)
3. From subsistence oriented consumer goods to developing and enjoying consumer goods ········· (117)

Chapter 5　Changes in practical cultural values and symbolic cultural values ········· (120)
Section 1　Common practical cultural values in Chinese print advertisements ········· (120)
1. Quality ········· (120)
2. Economy ········· (123)
3. Characteristics and effects ········· (125)
Section 2　Common symbolic cultural values in Chinese print advertisements ········· (129)
1. Social position ········· (129)
2. Emotion ········· (131)
3. Beauty ········· (134)
Section 3　The growth and decline of practical cultural values and symbolic cultural values in Chinese print advertisements ········· (137)
Section 4　The development of consumerism in China ········· (140)

Chapter 6　The change of Chinese and Western cultural symbols and values ········· (144)
Section 1　Common Chinese traditional cultural values in Chinese print advertisements ········· (144)

1. Tradition ……………………………………………………… (144)
   2. Harmony between the Nature and man ………………………… (146)
Section 2　Common western cultural values in Chinese print advertisements ……………………………………… (151)
   1. Competition …………………………………………………… (151)
   2. Sense of modernity …………………………………………… (153)
   3. Sexual attraction ……………………………………………… (157)
Section 3　Changes of Chinese and Western cultural symbols and cultural values in Chinese print advertisements ………………………………………………… (159)
   1. Chinese and Western cultural symbols and cultural values in the advertisements of Xinmin Evening News ……… (159)
   2. Chinese and Western cultural symbols and cultural values in the advertisements of Shizhuang Magazine ………… (163)
Section 4　The development environment of Chinese traditional culture under the impact of western culture ……………………………………………… (166)

Chapter 7　Concluding remarks ……………………………………… (173)
   1. The happiness myth that is difficult to realize ………………… (173)
   2. The real threat of Chinese traditional culture ………………… (175)
   3. The deficiency of the research and the direction of further research ………………………………………… (177)

Reference ……………………………………………………………… (180)

Index …………………………………………………………………… (190)

Epilogue ………………………………………………………………… (196)

图表目录

一 表目录

表 2—1 中国纸媒广告表现中的中式文化符号和西式文化
符号及其操作性定义……………………………………（53）

表 2—2 中国纸媒广告诉求的文化价值观及其操作性定义…………（54）

表 2—3 产品分类……………………………………………………（57）

表 2—4 《新民晚报》广告信息编码…………………………………（58）

表 2—5 《时装》杂志广告信息编码…………………………………（60）

表 3—1 广告商品的产品类别与广告所属时期相关性检验…………（65）

表 3—2 1982—2008 年《新民晚报》广告商品的产品类别
及其分布比较……………………………………………（66）

表 3—3 《新民晚报》家具电器广告中的文化符号与广告所属
时期相关性检验…………………………………………（71）

表 3—4 1982—2008 年《新民晚报》家具电器广告表现中的
文化符号及其分布比较…………………………………（71）

表 3—5 《新民晚报》家具电器广告诉求的文化价值观与广告
所属时期相关性检验……………………………………（72）

表 3—6 1982—2008 年《新民晚报》家具电器广告诉求的
文化价值观及其分布比较………………………………（73）

表 3—7 1982—2008 年《新民晚报》家具电器广告诉求的
中国传统文化价值观和西方文化价值观及其分布
比较…………………………………………………………（76）

表 3—8 1982—2008 年《新民晚报》家具电器广告诉求的
实用性文化价值观和象征性文化价值观分布……………（77）

表3—9 《新民晚报》样本广告的文化符号与广告所属时期
相关性检验 ································ (78)
表3—10 1982—2008年《新民晚报》广告表现中的文化
符号及其分布比较 ························ (79)
表3—11 《新民晚报》样本广告的文化价值观与广告所属时期
相关性检验 ······························ (81)
表3—12 1982—2008年《新民晚报》样本广告诉求的文化
价值观及其分布比较 ···················· (81)
表3—13 1982—2008年各时期《新民晚报》样本广告中
常见的文化价值观 ························ (87)
表3—14 1982—2008年《新民晚报》广告诉求的中国传统
文化价值观和西方文化价值观分布 ········ (88)
表3—15 1982—2008年《新民晚报》广告诉求的实用性
文化价值观和象征性文化价值观分布 ······ (90)
表3—16 《时装》杂志样本广告的文化符号与广告所属时期
相关性检验 ······························ (92)
表3—17 1980—2008年《时装》杂志广告表现中的文化
符号及其分布比较 ························ (93)
表3—18 《时装》杂志样本广告的文化价值观与广告所属时期
相关性检验 ······························ (94)
表3—19 1980—2008年《时装》杂志样本广告诉求的文化
价值观及其分布比较 ···················· (95)
表3—20 1980—2008年各时期《时装》杂志样本广告中常见的
文化价值观 ······························ (99)
表3—21 1980—2008年《时装》杂志广告诉求的中国传统文化
价值观和西方文化价值观分布 ············ (100)
表3—22 1980—2008年《时装》杂志广告诉求的实用性文化
价值观和象征性文化价值观分布 ·········· (102)
表4—1 城镇居民人均消费性支出构成(人均消费性
支出=100) ································ (107)

二　图目录

图1—1　2月1日,美国纽约唐人街举行第十届新春大游行,一位"财神爷"沿街向人们拜年。新华社记者侯俊摄,载于《人民日报》2009年2月4日第6版 …………（4）

图2—1　天津牙膏厂主要产品广告,见《天津日报》1979年1月4日第3版,《天津日报》被认为是中国大陆率先恢复商业广告的媒体 ……………………（43）

图2—2　《新民晚报》及其广告,2008年3月20日第A1版和A8版 ……………………………………………（48）

图2—3　《时装》杂志封面,2006年7月 ……………（49）

图2—4　《时装》封底广告,2008年8月 ………………（50）

图3—1　1982—2008年《新民晚报》广告表现中中式文化符号和西式文化符号的分布及其变化 ……………（79）

图3—2　1982—2008年《新民晚报》广告诉求的中国传统文化价值观与西方文化价值观比较 ………………（88）

图3—3　1982—2008年《新民晚报》广告诉求的实用性文化价值观与象征性文化价值观比较 …………………（90）

图3—4　1980—2008年《时装》杂志广告表现中中式文化符号与西式文化符号比较 ……………………………（92）

图3—5　1980—2008年《时装》杂志广告诉求的中国传统文化价值观与西方文化价值观比较 ………………（101）

图3—6　1980—2008年《时装》杂志广告诉求的实用性文化价值观与象征性文化价值观比较 …………………（102）

图4—1　20世纪80年代早期,《新民晚报》刊有大量的机械设备等生产资料广告。图为无锡县东亭电机厂产品广告,载于《新民晚报》1984年4月7日第3版 ……（109）

图4—2　1982—2008年《新民晚报》生产资料广告份额变化统计 ………………………………………………（112）

图4—3　1982—2008年《新民晚报》日用品广告份额变化统计 ………………………………………………（113）

图 4—4　1982—2008 年《新民晚报》服饰广告份额变化
　　　　统计 ……………………………………………………（114）

图 4—5　1982—2008 年《新民晚报》食品饮料广告份额
　　　　变化统计 ………………………………………………（114）

图 4—6　1982—2008 年《新民晚报》家具电器广告份额
　　　　变化统计 ………………………………………………（114）

图 4—7　1982—2008 年《新民晚报》交通运输广告份额
　　　　变化统计 ………………………………………………（115）

图 4—8　1982—2008 年《新民晚报》房地产广告份额变化
　　　　统计 ……………………………………………………（115）

图 4—9　1982—2008 年《新民晚报》服务产品广告份额变化
　　　　统计 ……………………………………………………（117）

图 5—1　1982—2008 年各时期《新民晚报》中诉求"质量"
　　　　的广告所占百分比 ……………………………………（121）

图 5—2　1980—2008 年各时期《时装》杂志中诉求"质量"
　　　　的广告所占百分比 ……………………………………（121）

图 5—3　20 世纪 80 年代早期的广告常常用各种各样的评比获奖
　　　　来证明产品质量优良。图为三星牌细芯活动铅笔广告，
　　　　载于《新民晚报》1983 年 11 月 12 日第 3 版 ………（122）

图 5—4　1982—2008 年各时期《新民晚报》中诉求"节省"的
　　　　广告所占百分比 ………………………………………（124）

图 5—5　1982—2008 年各时期《新民晚报》中诉求"独特"的
　　　　广告所占百分比 ………………………………………（126）

图 5—6　1982—2008 年各时期《新民晚报》中诉求"功效"的
　　　　广告所占百分比 ………………………………………（127）

图 5—7　1980—2008 年各时期《时装》杂志中诉求"功效"的
　　　　广告所占百分比 ………………………………………（127）

图 5—8　迪奥（Dior）诉求"功效"广告，见《时装》杂志 2008
　　　　年 6 月号封底 …………………………………………（128）

图 5—9　1982—2008 年各时期《新民晚报》中诉求"社会地位"
　　　　的广告所占百分比 ……………………………………（129）

图5—10	上海明园世纪城广告,载于《新民晚报》2002年7月4日第39版	(131)
图5—11	1982—2008年各时期《新民晚报》中诉求"情感"的广告所占百分比	(132)
图5—12	金心首饰广告,载于《新民晚报》1995年9月15日第24版	(133)
图5—13	1980—2008年各时期《时装》杂志中诉求"美丽"的广告所占百分比	(135)
图6—1	1982—2008年各时期《新民晚报》中诉求"传统"的广告所占百分比	(145)
图6—2	1980—2008年各时期《时装》杂志中诉求"传统"的广告所占百分比	(145)
图6—3	1982—2008年各时期《新民晚报》中诉求"天人合一"的广告所占百分比	(147)
图6—4	"绿洲长岛花园"广告,载于《新民晚报》2001年5月25日第9版	(150)
图6—5	1982—2008年各时期《新民晚报》中诉求"竞争"的广告所占百分比	(152)
图6—6	1980—2008年各时期《时装》杂志中诉求"现代感"的广告所占百分比	(154)
图6—7	昂贵的时尚。路易·威登广告,载《时装》2008年8月封面、封二和扉页	(156)
图6—8	Dior广告,载于《时装》2004年10月第17页	(158)
图6—9	1982—2008年《新民晚报》广告中的中国文化元素和西方文化元素比较	(160)
图6—10	"郁庭峰"广告以中国式的家庭幸福为诉求,载于《新民晚报》2002年7月4日第29版	(162)
图6—11	1980—2008年《时装》杂志广告中的中国文化元素和西方文化元素比较	(164)
图6—12	司徒锦油画《街市》	(167)

图6—13　房地产"易时代"的欧陆风情广告,载于《新民晚报》2000年9月21日第7版 ………………………………（168）

图6—14　圣诞未到饰品先火。随着圣诞节的临近,圣诞饰品开始热销。图为宣武市场里的圣诞老人、圣诞树等各种圣诞饰品琳琅满目。张庆祝摄,来源:中国徐州网—徐州日报,2007年12月11日 ……………………（170）

图6—15　《新民晚报》于2008年圣诞节前夕刊登的广告,2008年12月21日第B24版 ………………………（171）

图7—1　"孝贤坊"广告,载于《新民晚报》2005年12月14日第A9版 ………………………………………………（176）

Tables, Charts and Pictures

Tables

Table 2 – 1   Chinese-style cultural symbols and western-style cultural symbols and their operational definitions in Chinese print advertisements ·· (53)

Table 2 – 2   Cultural values and its operational definition in Chinese print advertisements ·· (54)

Table 2 – 3   Product classification ·· (57)

Table 2 – 4   Information Coding table of advertisement in Xinmin Evening News ·· (58)

Table 2 – 5   Information Coding table of advertisement in Shizhuang Magazine ·· (60)

Table 3 – 1   The correlation test between product category and advertising development stages ·· (65)

Table 3 – 2   Product categories of advertising goods and its distribution comparison in Xinmin Evening News from 1982 to 2008 ·· (66)

Table 3 – 3   The correlation test between cultural symbols in furniture and electric appliances advertisements in Xinmin Evening News and advertising development stages ·· (71)

Table 3 – 4   Cultural symbols in furniture and electric appliances advertisements in Xinmin Evening News and the comparison of their distribution from 1982 to 2008 ·············· (71)

Table 3 – 5   The correlation test between cultural values in furniture

	and electric appliances advertisements in Xinmin Evening News and advertising development stages	(72)
Table 3-6	Cultural values in furniture and electric appliances advertisements in Xinmin Evening News and the comparison of their distribution from 1982 to 2008	(73)
Table 3-7	Chinese traditional cultural values and Western cultural values in furniture and electric appliances advertisements in Xinmin Evening News and the comparison of their distribution from 1982 to 2008	(76)
Table 3-8	The distribution of practical cultural values and symbolic cultural values in furniture and electric appliances advertisements in Xinmin Evening News from 1982 to 2008	(77)
Table 3-9	The correlation test between cultural symbols in the sample advertisement in Xinmin Evening News and advertising development stages	(78)
Table 3-10	Cultural symbols in sample advertisements of Xinmin Evening News and the comparison of their distribution from 1982 to 2008	(79)
Table 3-11	The correlation test between cultural values in the sample advertisement in Xinmin Evening News and advertising development stages	(81)
Table 3-12	Cultural values in sample advertisements of Xinmin Evening News and the comparison of their distribution from 1982 to 2008	(81)
Table 3-13	Common cultural values in sample advertisements of Xinmin Evening News in different periods from 1982 to 2008	(87)
Table 3-14	The distribution of Chinese traditional cultural values and Western cultural values in advertisements of Xinmin Evening News from 1982 to 2008	(88)

Table 3 – 15	The distribution of practical cultural values and symbolic cultural values in advertisements of Xinmin Evening News from 1982 to 2008	(90)
Table 3 – 16	The correlation test between cultural symbols in the sample advertisement in Shizhuang Magazine and advertising development stages	(92)
Table 3 – 17	Cultural symbols in advertisements of Shizhuang Magazine and the comparison of their distribution from 1980 to 2008	(93)
Table 3 – 18	The correlation test between cultural values in the sample advertisement in Shizhuang Magazine and advertising development stages	(94)
Table 3 – 19	Cultural values in sample advertisements of Shizhuang Magazine and the comparison of their distribution from 1980 to 2008	(95)
Table 3 – 20	Common cultural values in sample advertisements of Shizhuang Magazine in different periods from 1982 to 2008	(99)
Table 3 – 21	The distribution of Chinese traditional cultural values and Western cultural values in advertisements of Shizhuang Magazine from 1980 to 2008	(100)
Table 3 – 22	The distribution of practical cultural values and symbolic cultural values in advertisements of Shizhuang Magazine from 1980 to 2008	(102)
Table 4 – 1	The structure of per capita consumption expenditure of urban residents (per capita consumption expenditure = 100)	(107)

Charts and Pictures

Picture 1 – 1   The tenth new spring parade in Chinatown, New York, USA, on the 6th page of People's Daily on February 4,

	2009 …………………………………………	(4)
Picture 2-1	Advertisements of the main products of Tianjin toothpaste factory published on the 3rd page of Tianjin Daily on January 4, 1979 …………………	(43)
Picture 2-2	Advertisement published on the A1st & A8th page of Xinmin Evening News on March 20, 2008 ……	(48)
Picture 2-3	Advertisement on the cover of Shizhuang Magazine in August 2008 ………………………………	(49)
Picture 2-4	Advertisement on the back of Shizhuang Magazine in August 2008 ………………………………	(50)
Chart 3-1	The distribution and changes of Chinese-style cultural symbols and western-style cultural symbols in advertisements of Xinmin Evening News from 1982 to 2008 ………………………………………	(79)
Chart 3-2	The comparison of Chinese traditional cultural values and Western cultural values in advertisements of Xinmin Evening News from 1982 to 2008 ………………	(88)
Chart 3-3	The comparison of practical cultural values and symbolic cultural values in advertisements of Xinmin Evening News from 1982 to 2008 ………………………	(90)
Chart 3-4	The comparison of Chinese-style cultural symbols and western-style cultural symbols in advertisements of Shizhuang Magazine from 1980 to 2008 ………………	(92)
Chart 3-5	The comparison of Chinese traditional cultural values and Western cultural values in advertisements of Shizhuang Magazine from 1980 to 2008 ………………	(101)
Chart 3-6	The comparison of practical cultural values and symbolic cultural values in advertisements of Shizhuang Magazine from 1980 to 2008 ………………	(102)
Picture 4-1	The advertisement of mechanical equipment published on the 3rd page of Xinmin Evening News on	

April 7, 1984 ·· (109)

Chart 4-2 A bar chart of the share change in producer goods advertisement of Xinmin Evening News from 1982 to 2008 ·· (112)

Chart 4-3 A bar chart of the share change in daily necessities advertisement of Xinmin Evening News from 1982 to 2008 ·· (113)

Chart 4-4 A bar chart of the share change in clothes & accessories advertisement of Xinmin Evening News from 1982 to 2008 ·· (114)

Chart 4-5 A bar chart of the share change in food and beverage advertisement of Xinmin Evening News from 1982 to 2008 ·· (114)

Chart 4-6 A bar chart of the share change in furniture and electrical appliances advertisement of Xinmin Evening News from 1982 to 2008 ·· (114)

Chart 4-7 A bar chart of the share change in transportation advertisement of Xinmin Evening News from 1982 to 2008 ·· (115)

Chart 4-8 A bar chart of the share change in real estate advertisement of Xinmin Evening News from 1982 to 2008 ·· (115)

Chart 4-9 A bar chart of the share change in service products advertisement of Xinmin Evening News from 1982 to 2008 ·· (117)

Chart 5-1 The percentage of advertisements appealing for "quality" in Xinmin Evening News in different periods from 1982 to 2008 ·· (121)

Chart 5-2 The percentage of advertisements appealing for "quality" in Shizhuang Magazine in different periods from 1980 to 2008 ·· (121)

Picture 5 – 3　The advertisement of "Sanxing" thin core moving pencils published on the 3rd page of Xinmin Evening News on November 12, 1983 ·················· (122)

Chart 5 – 4　The percentage of advertisements appealing for "economy" in Xinmin Evening News in different periods from 1982 to 2008 ·················· (124)

Chart 5 – 5　The percentage of advertisements appealing for "Characteristics" in Xinmin Evening News in different periods from 1982 to 2008 ·················· (126)

Chart 5 – 6　The percentage of advertisements appealing for "effects" in Xinmin Evening News in different periods from 1982 to 2008 ·················· (127)

Chart 5 – 7　The percentage of advertisements appealing for "effects" in Shizhuang Magazine in different periods from 1980 to 2008 ·················· (127)

Picture 5 – 8　Dior cosmetics advertisements published on the back of Shizhuang Magazine in June of 2008 ·················· (128)

Chart 5 – 9　The percentage of advertisements appealing for "social position" in Xinmin Evening News in different periods from 1982 to 2008 ·················· (129)

Picture 5 – 10　The real estate advertisement published on the 39th page of Xinmin Evening News on July 4, 2002 ·········· (131)

Chart 5 – 11　The percentage of advertisements appealing for "emotion" in Xinmin Evening News in different periods from 1982 to 2008 ·················· (132)

Picture 5 – 12　The jewellery advertisement published on the 24th page of Xinmin Evening News on September 15, 1995 ·················· (133)

Chart 5 – 13　The percentage of advertisements appealing for "beauty" in Shizhuang Magazine in different

	periods from 1980 to 2008 ·························· (135)
Chart 6-1	The percentage of advertisements appealing for "tradition" in Xinmin Evening News in different periods from 1982 to 2008 ·························· (145)
Chart 6-2	The percentage of advertisements appealing for "tradition" in Shizhuang Magazine in different periods from 1980 to 2008 ·························· (145)
Chart 6-3	The percentage of advertisements appealing for "harmony between the Nature and man" in Xinmin Evening News in different periods from 1982 to 2008 ················ (147)
Picture 6-4	The real estate advertisement published on the 9th page of Xinmin Evening News on May 25, 2001 ······ (150)
Chart 6-5	The percentage of advertisements appealing for "competition" in Xinmin Evening News in different periods from 1982 to 2008 ·························· (152)
Chart 6-6	The percentage of advertisements appealing for "sense of modernity" in Shizhuang Magazine in different periods from 1980 to 2008 ·························· (154)
Picture 6-7	Louis Vuitton advertisements published on the cover, inside front cover and title page of Shizhuang Magazine in August of 2008 ················ (156)
Picture 6-8	Dior advertisements published on the 17th page of Shizhuang Magazine in October of 2004 ·········· (158)
Chart 6-9	The comparison of Chinese cultural elements and Western cultural elements in advertisements of Xinmin Evening News from 1982 to 2008 ················· (160)
Picture 6-10	The real estate advertisement published on the 29th page of Xinmin Evening News on July 4, 2002 ·························· (162)
Chart 6-11	The comparison of Chinese cultural elements and Western cultural elements in advertisements of

	Shizhuang Magazine from 1980 to 2008	(164)
Picture 6-12	Oil painting "the street market" by Situ Jin	(167)
Picture 6-13	The real estate advertisement published on the 7th page of Xinmin Evening News on September 21, 2000	(168)
Picture 6-14	Hot sale of Christmas ornaments in the Xuanwu market in Xuzhou, published on Xuzhou net-Xuzhou daily on December 11, 2007	(170)
Picture 6-15	The promotion of a training class published on the B24th page of Xinmin Evening News on December 21, 2008	(171)
Picture 7-1	The real estate advertisement published on the A9th page of Xinmin Evening News on December 14, 2005	(176)

摘　　要

　　本书通过研究 1979—2008 年中国纸媒广告中的文化符号和文化价值观的发展变化来考察两个问题：消费主义在中国的发育状况和西方文化冲击下的中国传统文化的生存境遇。由于消费主义生活方式在消费结构上也会有所表现，本书对广告商品产品类别的变化也进行了简要讨论。本书的研究对象有两个，一是于上海出版的《新民晚报》，二是于北京出版的《时装 L'OFFICIEL》杂志。

　　全书的内容主要从以下四个方面展开：1. 中式文化符号和西式文化符号在中国纸媒广告中的反映及其变化。2. 中国传统文化价值观和西方文化价值观在中国纸媒广告中的反映及其变化。3. 实用性文化价值观与象征性文化价值观在中国纸媒广告中的反映及其变化。4. 上述各方面发展变化的原因和意义。对于前三个问题，本书将运用内容分析法进行研究。在以数据对样本进行描述之后，作者结合社会、政治、经济、文化背景对第四个问题进行了讨论，对中国纸媒广告中文化符号和文化价值观的发展变化进行解读，探讨其原因与意义。

　　研究发现，中国纸媒广告商品产品类别的发展变化与消费变革密切相关，其基本轨迹有三：一是由生产消费品向生活消费品转变；二是由"小件"的日用消费品向大件、耐用消费品转变；三是由温饱型消费品转向发展和享受型消费品。

　　统计结果表明，中国纸媒广告中常见的实用性文化价值观主要有四种，分别是"质量""节省""独特"和"功效"，常见的象征性文化价值观有"社会地位""情感"和"美丽"。实用性文化价值观越来越少，象征性文化价值观越来越多，这是因为人的生存状态发生了根本变化——从"生存"过渡到"生活"。就消费主义发育程度而言，总的趋势是中国的消费市场正在转向高档化、发展型和享受型，但在大众阶层和中产阶层中的发育程度不同。大众阶层正在向消费主义的旋涡中迈进，但消费主义生活方式尚未完全形成，而中产阶层在改革开放之初就为消费主义大喝其彩，如今消费主义生活方式在他们中间已经发育得比较成熟。

研究还发现，中国纸媒广告中常见的中国传统文化价值观有"传统""社会地位""情感"和"天人合一"，常见的西方文化价值观有"竞争""现代感"和"性吸引"。综合中西式文化符号和中西方文化价值观的变化情况得到，《新民晚报》广告中的中国文化元素和西方文化元素都越来越多，且中国文化元素一直多于西方文化元素，比西方文化元素增长迅速，两者的差异还有进一步扩大的趋势。而《时装》杂志与《新民晚报》大不相同，无论哪个时期，《时装》杂志广告中都运用了大量的中西方文化元素，其中中国文化元素越来越少，而西方文化元素越来越多，至今，西方文化元素已超出中国文化元素近4倍。就中国传统文化的生存境遇而言，大众阶层对中国传统文化情有独钟，中国传统文化对他们仍有巨大吸引力，但西方文化在他们中间也越来越受欢迎。而中产阶层对西方文化到了如痴如醉的地步，西方文化在他们中间取得了支配地位。

本书的研究结果表明，对消费主义的发育状况和中国传统文化的生存境遇要具体问题具体分析，从不同社会阶层来看，结论不同。在文章最后，作者把消费主义的扩张和传统文化的危机归结为一个问题的两个方面，这个问题就是商业文化的过度发展。

关键词：1979—2008；广告；文化符号和文化价值观；《新民晚报》；《时装》杂志

中图分类号：G206.3

Abstract

Cultural Symbols and Cultural Values Reflected in Chinese Print Ads from 1979 to 2008: a Content Analysis of Print Ads in Xinmin Evening News and Shizhuang Magazine

In this book, the author has researched the change of cultural symbols and cultural values in Chinese Print Ads from 1979 to 2008, to study two questions: the development of consumerism in China, and the survival condition of Chinese traditional culture at the background of west culture impact. Because consumerism is reflected in consumption structure, the change of product categories of advertising commodities has been discussed briefly here. Two media have been researched in this book; one is Xinmin Evening News, which is from Shanghai, and the other is Shizhuang Magazine from Beijing.

The content of this paper is around four aspects: 1. The reflection and change of Chinese-style cultural symbols and western-style cultural symbols. 2. The reflection and change of Chinese traditional cultural values and western cultural values. 3. The reflection and change of practical cultural values and symbolic cultural values. 4. Why did all these changes happen, and what is the meaning of them? Content Analysis was used to study the first three questions. After describing the samples with data, the author discussed the fourth question at the background of Chinese society, politics, economy, and culture, explained the change of cultural symbols and cultural values in Chinese Print Ads.

It was found that there is close relation between the change of product categories of advertising commodities in Chinese print ads and consumption revolution. There are three trends about the change of product categories: from the productive consumer goods to the living consumer goods; from small daily consumer goods to large durable consumer goods; from subsistence oriented consumer goods to developing and enjoying consumer goods.

The author identified four practical and three symbolic cultural values that dominate Chinese print ads; the practical ones are quality, economy, uniqueness and effectiveness, and the symbolic ones are social status, emotion, and beauty. Practical cultural values are used less and less and symbolic ones more and more, because of the transformation from survival to living. On the development of consumerism, the total current is that Chinese consumption market is becoming a slap-up, development and enjoyment one, but there is difference between the masses and the middle class. The masses are striding forward to consumerism gulf, but the consumerism life style is not shaped yet. At the early time of 1980s, the middle class cheered up for the consumerism life style which dominates their living today.

The author also found four Chinese and three west cultural values that dominate Chinese print ads; the Chinese ones are tradition, social status, emotion and harmony between the Nature and man, and the west ones are competition, modernity, and sex. Combining the Chinese and western cultural symbols with the Chinese and western cultural values, the author found that the Chinese and western cultural elements are used more and more in Xinmin Evening News ads. Chinese cultural elements are always more than western ones and increase more quickly. The gap between Chinese cultural elements and western ones is enlarging. There is a different result about Shizhuang Magazine. Many Chinese and western cultural elements were used in Shizhuang Magazine ads, and the Chinese ones are used less and less, the western ones more and more. Today, western cultural elements are about 5 times more than Chinese ones. On the survival condition of Chinese traditional culture, the masses love Chinese traditional culture very much, and it still attracts them deeply. But west culture is becoming more popular among them too. The middle class of China is crazy about west culture, which is dominating their life.

About the two questions of the development of consumerism in China and the survival condition of Chinese traditional culture, the author thinks the answer is different considering different stratum. At the end of the book, the author says that the expanding of consumerism and the crisis of traditional culture is two aspects of one question, which is commercial culture overdeveloping.

Key words: 1979—2008, advertising, cultural symbols and cultural values, *Xinmin Evening News*, Shizhuang Magazine

CLC: G206.3

第一章

绪　论

第一节　研究缘起

一　中国传统文化的生存境遇

近年来，西方文化（主要以美国文化为代表）在全球范围内快速传播和扩张，地球在变"小"的同时，也在变得越来越同质化，全球文化的多样性面临威胁。在此背景下，中国传统文化的处境、前途和命运引起许多研究者的关注，成为一个研究热点，也是一大争论焦点。在全球化、信息化时代，中国传统文化有着怎样的生存境遇？

持"传统文化危机论"的人认为，在外来文化的冲击下，中国传统文化已经面临严重的生存危机。河南大学教授、著名民俗学家高有鹏说，在一定程度上，中国的民族文化安全受到了威胁。一直从事民俗文化调查的高教授发现，沉湎于网络、电子游戏的年轻人越来越追捧西方文明、热衷于过"洋节"，对自己民族的传统节日和文化却日显冷淡和隔膜。他曾在2006年中华民族传统佳节春节即将来临之际，发出了盛世危言式的呼声——"保卫春节"，一时成为社会的讨论焦点，人们纷纷上网发表意见，话题的点击率达上亿人次。无独有偶，2006年圣诞节前夕，痛感于"越来越多的中国年轻人热衷过圣诞节"，来自北京大学、清华大学等著名高校和科研单位的10位博士联名倡议网友慎重对待圣诞节，他们在倡议书中写道："西洋文化在中国已由微风细雨演变成狂风骤雨，最为直接和集中的体现，莫过于圣诞节在中国的悄然兴起与日趋流行"，中国社会"正在逐渐演变成一个西洋文化主导的社会"①。

　　洋节越来越热，传统节日越来越淡。而其实，传统节日的遭遇只不过是中国传统文化受到西方文化冲击的一个方面罢了。看看现在青少年群体中流行的生活方式，就知道主张传统文化面临存续危机绝非空穴来风。如今，孩子们喜欢吃的也许不是饺子、包子和油条，而是麦当劳和肯德基的薯条、炸鸡腿、汉堡包；喜欢喝的也许不是中国茶，而是可口可乐；喜欢玩的也许不是木偶、风筝，而是变形金刚；经常谈论的也许不是梁山好汉、三国故事，而是NBA和好莱坞明星；喜欢读的也许不是四大名著之类的中国文化经典，而是《哈利·波特》等外国畅销书；喜欢欣赏的也许不是古筝、笛子、相声、京剧，而是流行音乐、摇滚音乐和好莱坞大片；喜欢的去处也许不是祖国的大好河山或人文胜境，而是迪士尼主题公园；看重的人生追求也许不是"修身、齐家、治国、平天下"，而是金钱、身份和地位；能让他们内心获得满足的也许不是勤俭节约、忠孝仁义信守悌等传统道德，而是疯狂购物、穿戴名牌等各种人生享受……

　　所以，以上10位博士把人们浑然不觉的圣诞狂欢说成是"国人在文化上陷入集体无意识"并不言过其实，文化部以政府的名义将春节列入中国第一批非物质文化遗产保护名录也不是故弄玄虚。全球化、信息化浪潮使我们的生活正在迅速改变，而主导这种改变的却不是我们自己，强势的西方文化汹涌而来，中国传统文化面临的是极其不利的形势，"以儒家为主的中国传统文化已陷入了生存危机，可说是'文命危浅，朝不虑夕'，而且从目前的发展趋势上看，总的形势还在不断恶化"②。

　　然而，也有人对"传统文化危机论"提出质疑。比如，针对高有鹏"保卫春节"的倡议，中国文联副主席、著名作家冯骥才认为，"保卫春节"尽管体现了学者的文化责任感和危机感，但"保卫"这个字眼太悲观了。冯骥才举例说，每年春运期间，人山人海回家过年的场面在全世

---

①　王洋：《北大清华等高校十名博士联名抵制圣诞节》，《新民晚报》2006年12月21日第34版。

②　张祥龙：《全球化的文化本性与中国传统文化的濒危求生》，《南开学报》（哲学社会科学版）2002年第5期。

界都是绝无仅有的。现在过年的氛围也许不如过去那么浓厚,但春节还没有被冷落到要对其进行拯救和保卫的地步。北京大学教授张颐武说,在今天谈到传统文化,一个很重要的前提是大家要保持平和、理性的心态。我们要提倡传统文化,但不必夸大传统文化"消失论";是有很多人在麦当劳吃汉堡包,但更多的人还是在吃包子。现在在一些重要的场合,穿唐装的人越来越多,这说明大家开始对传统文化产生兴趣,已经在学习传统文化了。[①] 更有一位著名学者早在 20 世纪 90 年代就非常乐观地预言:21 世纪是中国文化的世纪。

生活中一波又一波的传统文化热也似乎为"中国文化的世纪"提供了证明。寻根祭祖活动升温,"北祭黄帝,南祭大禹",现场人山人海,盛况空前,中华民族认祖归宗、慎终追远的传统美德后继有人;国家对法定假日作出调整,清明、端午、中秋、除夕四大传统节日成为法定假日,家庭团圆的天伦之乐依然令国人陶醉;民间书院悄然重现,国学院诞生,于丹《〈论语〉心得》热卖,国学热持续升温,孔子学院建立,京剧进入课堂,传统婚庆流行,春节不再"哑巴",人们在辞旧迎新时又闻爆竹声声;北京奥运会的开幕式更是点燃了人们对古老中华文化的激情,击缶迎宾,三千"孔门弟子"诵读经典,四大发明一一展现,海陆丝绸之路连接着不同的古文明,"和"之理念深入人心,卷轴字画、文房四宝、诗书礼乐、水墨丹青、京剧昆曲,让人饱览中华文明的灵动与秀美。与 20 世纪 80 年代对传统文化的起初的反思心态和此后的悲怆色调相比,20 世纪 90 年代以来的传统文化热则显得轻快昂扬。随着市场经济体制确立,全球化分工和合作的步步深入,传统文化热继 20 世纪 80 年代以后再次徐徐升温,不同于以往的是,舆论在这次传统文化的复兴中的态度几乎是压倒性的肯定姿态。[②] 与国内传统文化生机勃勃形成呼应的是,中国传统文化在国际舞台上也日趋流行,据《人民日报》报道:"近年来,春节作为中华文化的鲜明符号,在海外越来越为各国人民所了解和欢迎。世界各地庆祝中国春节活动的热度持续升温,与华侨华人共庆新春佳节

---

① 赵明宇:《七成网民认同传统文化 专家:不必夸大"消失论"》,2005 年 2 月 27 日,转引自 http://news.xinhuanet.com/newmedia/2005-02/27/content_2623962.htm.

② 陈占彪:《上世纪 90 年代以来传统文化热之考察》,《湖北社会科学》2007 年第 4 期。

的外国人越来越多，成为一个有趣的文化现象。"（参见图1—1）在国外，中国春节作为一种文化现象，被商家视为促销的良机，被年轻人认可为一种时尚，《人民日报》进一步解读说，这是中国软实力上升的体现。①

图1—1　2月1日，美国纽约唐人街举行第十届新春大游行，一位"财神爷"沿街向人们拜年。新华社记者侯俊摄，载于《人民日报》2009年2月4日第6版

关于中国传统文化的生存境遇，上述两种观点针锋相对，两种潮流截然相反，孰是孰非，孰真孰假，尚需时间检验。也许这个问题永远难有答案，但我们不应该放弃探求的努力，因为中国传统文化的兴衰事关中华民族的生存和发展。如果我们从多个不同的角度来认识这一问题，西方文化冲击下的中国传统文化的生存境遇一定会变得更加清晰，而广告中的文化符号和文化价值观正是认识中国传统文化生存境遇的一个较好视角。

二　消费主义意识形态的扩张

改革开放以来，中国与境外的经济交往和文化交流日益频繁，各种社会思潮和意识形态趁机而入，消费主义亦在其中。当人们的消费不是从日常生活的实际物质需求出发，不以商品的使用价值为消费目的，而

---

① 李文政等：《春节流行显现中国软实力上升》，《人民日报》2009年2月4日第6版。

是主张追求消费象征意义，追求无节制的物质享受与消遣，并进而把消费和物质享受当作人生的根本目标和终极追求时，消费便成为一种"主义"。"所谓消费主义，简单地说就是把消费作为人生的根本目的和体现人生价值的根本尺度，并把消费更多的物质资料和占有更多的社会财富作为人生成功的标签和幸福的符号，从而在实际生活中无所顾忌和毫无节制地消耗物质财富和自然资源，以追求新、奇、特的消费行为来炫耀自己的身份和社会地位，持有'生存即消费'的人生哲学和生存方式。消费主义不仅是一种消费观念，也是一种消费行为，更是一种人生态度，它与一般的消费行为的根本区别在于，不是简单的为了满足基本的生活需求而消费，而是为了永远无法满足的贪婪和欲望而进行无节制地占有。"[1] 人沦为物欲的奴隶，精神困乏，不利于个人身心全面发展，并在一定程度上演化为社会的排斥机制和压制机制，成为社会关系不公正的证明以及造成社会生态的破坏，不利于人、社会及自然可持续发展的消费需求，便是消费主义的表现。[2]

现代意义上的消费主义起源于19世纪末的美国。在19世纪70年代开始的第二次工业革命中，科学技术突飞猛进，电力、内燃机和新型交通工具等各种新技术、新发明层出不穷，并被迅速应用于工业生产，大大提升了生产力水平，消费主义的经济基础形成。经济飞速发展，物质极大丰富，使美国主流社会的生活价值观发生了变化，人们不再以勤俭持家为美德，新的文化意识形态是消费和享受，而不是节俭和积累，消费主义首先在上流社会中流行开来。[3] 在20世纪20年代，以福特主义为代表的资本主义标准化大批量的工业生产方式使生产效率大为提高，大规模的生产必然要求大规模的消费与之相适应，否则商品价值无法实现，资本因无法周转而停止增值。为此，资本主义国家广泛实施鼓励消费的经济政策，而且，生产成本的降低使原来只流行于富裕阶层的"奢侈品"不再让普通工人家庭可望而不可即，美国消费主义潮流进一步由上流社会向中下层社会扩展，美国消费社会由此形成。

---

[1] 毛勒堂：《超越消费主义——论消费正义》，《思想战线》2006年第2期。
[2] 郑红娥：《中国的消费主义及其超越》，《学术论坛》2005年第11期。
[3] 潘小松：《美国消费主义的起源》，《博览群书》2004年第7期。

消费主义意识形态产生后便迅速向西欧、日本以及世界其他地方扩展。20世纪50—60年代达到登峰造极的地步，遍及所有富裕国家。① 消费主义在发达资本主义国家取得意识形态地位，媒体和广告的推动"功不可没"，报纸、杂志、广播，特别是后来诞生的电视等媒体上展示着精美的商品和高品位的生活，广告喋喋不休地"教唆"人们，拥有其中精美的商品，就可以提高自己的生活品位，实现生活理想，找到人生幸福。在媒体和广告的鼓动下，越来越多的人在商品的消费中寻找自己灵魂的寄存空间。

20世纪70年代以后，社会开始对消费主义进行深刻反思。然而，消费主义非但没有终结，且大有向中等发达国家和发展中国家扩散的趋势。② 如今，消费炫耀、沉迷物质享受的现象在中国也越来越常见，把"生存即消费"作为人生哲学的也不乏其人。但是，中国是否已经进入了消费社会，学术界看法不一：第一种看法认为消费社会正在中国兴起。第二种看法认为消费社会在中国社会的局部地区或局部阶层中存在。第三种看法根本不采用"消费社会"的提法，而用"耐用消费品时代"这个概念来指称当代社会的状况。③ 不管消费社会在中国的发育状况如何，我们都无法回避这样一个现实：自改革开放以来，随着中国国内生产总值的逐年增加，人民生活的日益富足，中国社会正逐渐地从一个以生产为主导的社会转变为一个以消费为主导的社会。自1996年中国制定刺激消费、启动内需的政策以来，如何更快地刺激人们的消费以推动经济的增长便成为国家主导的意识形态，中国传统文化中潜伏的一些追求高消费的陋习在新的时代死灰复燃。④

与学术界关于消费社会的发育状况存在较大分歧不同，绝大部分研究者几乎都一致认为，消费主义危害不浅（下文另述），任其传播将导致人们的价值观、人生观畸形发展，对中国传统文化也是一种巨大的冲击。对一种影响如此巨大的社会文化现象，研究其在中国的发展历程、表现

---

① 卢嘉瑞：《消费主义在中国：表现、危害及治理》，《湖北经济学院学报》2005年第7期。
② 同上。
③ 郑红娥：《中国的消费主义及其超越》，《学术论坛》2005年第11期。
④ 同上。

形式和存在范围是非常必要的，唯有如此，我们才能驾驭它，预防它，把它的负面影响降到最低。现代广告是消费文化传播的主要渠道，通过广告中的文化符号和文化价值观这样一个窗口，可以为我们认识消费主义在中国的发育状况提供一个较好的视角。

第二节　研究意义

一　现实意义

（一）传统文化的传承与保护

第一，保护传统文化就是保护民族的未来。传统文化是民族之"根"，中国传统文化是中华民族的血脉和灵魂，是中华民族自立于世界民族之林的条件，对中华民族的生存发展具有重要意义。我们之所以是中国人，并不是因为黑头发、黄皮肤等生理特性，而是因为有一颗在中国传统文化的氛围中久经浸染的"中国心"。我们以龙的传人、炎黄子孙自居，我们为万里长城、四大发明自豪，我们认同孝敬父母、尊老爱幼等传统美德，我们因传统节日里的家庭欢聚而倍感幸福……如果有朝一日，我们对这些都不以为然了，那么我们身上的文化基因就改变了，失去了文化记忆就好比树木被连"根"拔起，我们就不再是中国人，而可能是长着黑头发、黄皮肤的"欧洲人""美国人"。

第二，提高国家软实力必须传承和发扬传统文化。当今国际竞争是综合国力的竞争，综合国力既包括经济、科技、军事等所体现出来的硬实力，也包括文化、制度、外交等所体现出来的软实力。软实力反映了综合国力竞争的新趋势，表明人们对国家力量的概念和构成有了新认识。软实力概念的提出者约瑟夫·奈在不同时期对软实力有过不同的定义，但他始终强调文化是软实力的重要因素。与硬实力相比，软实力的渗透力更韧、更持久，拿破仑说："世界上只有两大力量，剑和心。从长远来看，剑总是被心所击败。"国家软实力已成为我国社会发展的重要议题，党的十九大报告提出："加强中外人文交流，以我为主、兼收并蓄。推进国际传播能力建设，讲好中国故事，展现真实、立体、全面的中国，提高国家文化软实力。"博大精深的中国传统文化有着凝聚人心和激励斗志的作用，是提升我国软实力的不竭源泉和首要资源。

第三,保护本土传统文化就是为保护世界文化多样性作贡献。2001年,联合国教科文组织通过《文化多样性宣言》,宣言说:"文化多样性是交流、革新和创作的源泉,对人类来讲就像生物多样性对维持生态平衡那样必不可少……应当从当代人和子孙后代的利益考虑予以承认和肯定。"破坏生物的多样性会给自然界带来灾难,破坏文化的多样性会给全人类带来不幸。玫瑰和紫罗兰各有清香,每个民族的文化都有自己独特的智慧,保护文化的多样性就是保护人类未来发展和进步的可能性。在漫长的历史中,当人类面临重大灾难、生死攸关的时候,总是依靠各民族的智慧互相启发才摆脱危机。经济学家斯蒂芬·玛格林(Stephen Marglin)曾说:"文化多样性可能是人类这一物种继续生存下去的关键。"[1]

第四,中国传统文化可以为解决现代社会问题提供思路。现代西方文明带来了物质财富的巨大增长,但人文精神的缺乏带来的负面影响也日益显现,人类在享受着前所未有的丰盛的同时,面临着环境恶化、资源枯竭、物种退化或灭绝等阴云的笼罩,人们不禁担心,如此毫无节制地增长下去,地球还能承受几年?此外,人类还面临着精神和安全的困境。物质至上和个人中心致使物欲横流,人性异化,社会道德水准每况愈下;国家与国家、地区与地区之间的矛盾升级,暴力、冲突、战争威胁着世界和平与安全。"自从人类在大自然中的地位处于优势以来,人类的生存没有比今天再危险的了","不道德程度已近似悲剧"[2]。中国传统文化具有积极有为、宽厚包容、以人为本、重义轻利、隆德重道、亲近自然的精神,这些精神对解决现代化带来的一系列问题不可或缺,1988年,在巴黎召开的第一届诺贝尔获奖者大会的闭幕式上,诺贝尔物理学奖获得者内斯·阿尔文博士说:"人类要生存下去,就必须回到25个世纪以前,去吸收孔子的智慧。"[3]

综上所述,保护和弘扬中国传统文化不仅关系到中华民族的生存与

---

[1] 联合国教科文组织编:《世界文化报告2000:文化的多样性、冲突与多元共存》,关世杰等译,北京大学出版社2002年版,第159页。

[2] [英]A. J. 汤因比、[日]池田大作:《展望21世纪——汤因比与池田大作对话录》,荀春生等译,国际文化出版公司1985年版,第389、425—426页。

[3] 张伟胜:《传统人生哲学智慧散论》,浙江大学出版社2006年版,第13页。

发展，对实现全球可持续发展也有重要意义。研究全球化背景下中国传统文化的生存境遇，可以为制定保护和弘扬中国传统文化的措施、政策提供一个决策基础，具有重大社会现实意义。改革开放就好比打开家里的门窗，外来的东西要进来是必定无疑的，其中既有新鲜空气、鸟语花香，也有致病的病毒和细菌。在病毒和细菌进来以后，对于这个家庭来说，最先要做的事情是想办法确定到底进来了什么样的病毒和细菌，进来了多少，它们对家人的身体健康影响如何，然后再采取相应的对策。同样，要为中国传统文化的健康发展开出一剂良方，我们首先要有准确的诊断，本研究就是试图进行这样一种诊断：中国传统文化是否仍受到中国民众的重视？在中国传统文化价值观中，最受重视的是哪些？传统文化热中是否伴随着传统文化精神的回归？西方文化在中国是怎样一步一步传播开来的？它现在的主要表现和发展程度如何？对中国人来说最有吸引力的西方文化价值观是哪些？中国传统文化与西方文化相比，哪个更能打动中国人？中国传统文化"热"和西方文化传播的深层原因是什么？只有弄清了这些问题，我们才能判断中国传统文化是否真的面临危机，"危"在哪里，"危"到了何种程度，由此我们就能进一步判断，政治和经济独立的中国是否必须为保卫自己的传统文化而进行一场新的没有硝烟的"战争"。

（二）消费主义的警惕与预防

消费主义生活方式在世界各地所向披靡，其危害是显而易见的。第一，消费主义将造成人和自然之间关系紧张，破坏生态和谐。消费主义追求无节制的物欲满足，而人的欲壑是无法填满的。"欲求超过了生理的本能，进入心理层次，它因而是无限的要求。"[1] 早在2300年前，亚里士多德就写道：人类的贪婪是不能满足的。当一种要求被满足的时候，一个新的要求又替代了它的位置。[2] 无论经济多么进步，物质财富多么丰富，人的欲望都不可能得到完全满足，无节制的消耗和占有将造成自然

---

[1] ［英］丹尼尔·贝尔：《资本主义文化矛盾》，赵一凡等译，生活·读书·新知三联书店1989版，第68页。

[2] ［美］艾伦·杜宁：《多少算够——消费社会与地球的未来》，毕聿译，吉林人民出版社1997年版，第18页。

资源过度开发和浪费，生态环境因而加速恶化，地球正在遭受而且将进一步遭受不可逆转的破坏。

第二，消费主义将造成人与人之间关系的紧张，破坏社会和谐。消费主义的人生追求就是"占有"和"享乐"，人们以占有物质财富的多少作为人生成功和生活幸福的标志，而占有的多少总是与他人相比较而言的，这样消费主义必将导致人与人之间竞相攀比，贪婪成性，损人利己，人际关系紧张。在物质财富有限的条件下，一个人多消费、多占有是以其他人少消费、少占有为前提的，当物质追求成为人的生存目标时，必然是对他人利益的否定与侵害，对他人幸福的漠不关心。消费主义与利己主义是孪生姐妹，在根本上与人际和谐是格格不入的。

第三，消费主义将造成人们精神世界的紧张，破坏内心和谐。人之所以高于动物，在于人还有一个精神世界，精神生活的丰富同人自身的幸福感有密切关系。人的生存意义在于追求生命的无限性，生命的无限只能在无限的精神世界中去寻找，把有限的人生投入到为全人类服务的伟大事业中去，生命将不朽。相反，当物质丰富到一定的程度后，物质消费与幸福之间的关系微乎其微，消费主义让人们徒劳地用物质的东西来追求人生幸福，但物质欲望的无限性决定了这种幸福感的短暂性，阅尽人间繁华，得来的却是内心空虚。

第四，消费主义使道德水平日益下降，影响青少年的健康成长。金钱是消费主义生活方式的基础，有钱就有身份，有钱就有地位，有钱就有一切。消费主义助长了金钱万能观念和拜金主义思想。无穷无尽的占有欲使人变得贪婪，为了满足自己的欲望，践踏社会道德，甚至铤而走险走上违法犯罪的事例也时有发生。由于青少年判断力尚不健全，消费主义对他们的负面影响更大，当他们除了炫富之外再无别的人生理想时，生活攀比之风将会日盛，自私、贪婪、庸俗、虚荣之心见长，勤奋、节俭、宽容、负责等优良品德不再被看重。

由此可见，无论消费主义生活方式多么"迷人"，可以肯定的是，它不适合现阶段的中国国情。虽然我国经济建设取得了巨大成就，但中国目前只是处于社会主义的初级阶段，仍然属于发展中国家，人均收入与高收入国家相比，还有很大差距，而且收入不平衡，勤俭节约、艰苦奋斗仍然是中国人生活的主题，铺张浪费必将损害我国进一步发展的物质基础。消费主义生活方式与我国现行的方针政策相悖，中国正在以科学发展观为指导，实施可持续发展战略，建设社会主义和谐社会。科学发展是人与自然相协调的发展，"天人和谐"是和谐社会的应有之义。任何发展都不能以生态失衡为代价，否则得不偿失，正如环保主义者所言，"地球不是我们从祖先那里继承来的，而是我们从子孙那里借来的"，消费主义是透支子孙后代资源的行为，任其泛滥人类将自断"香火"。中国与他国不同之处还在于，中国人口众多，虽然国土面积辽阔，物产丰富，但人均自然资源拥有量很低，消费主义的盛行会在国家还未强大时就过早消耗掉继续发展的资本。① 国情决定了生活态度，现实决定了生活方式，建设资源节约型社会是我们的战略选择，我们不能挥霍无度。

鉴于消费主义的危害和中国国情，我们必须对消费主义意识形态时刻警惕。研究消费主义在中国的出现和兴起过程，厘清媒体广告中消费主义的主要表现，探讨消费主义在中国现阶段的发展程度和未来的发展趋势，是警惕和预防消费主义的必不可少的前提。因为只有明确了"靶子"在哪里，才能确保出手时不是对着"敌人"的影子放空枪。现代广告是消费主义滋生的温床和扩展的主要途径，通过研究改革开放30年中国广告中的文化符号和文化价值观的发展变化，可以较为清晰地观察消费主义在我国的发展历史和现实状况，笔者认为这是一项可行的、必要的且十分紧迫的学术任务。

二　学术意义

改革开放以来，中国广告事业发生了翻天覆地的变化，无论是广告业的总体规模和水平，还是广告理念、从业人员素质、广告科技、广告经营水平和服务质量等单个方面，都是今非昔比。

广告系统是整个社会系统中的一个子系统，广告与社会系统的各方面、各层面相互影响，相互制约。广告与社会文化也是双向作用的关系，一方面社会文化制约着广告的创意和表现，另一方面广告通过选择机制，

---

① 邓聿文：《要警惕居民高负债与消费主义》，《中国青年报》，转引自 http://www.ce.cn/new_hgjj/hgplun/more/200505/11/t20050511_3799890.shtml, 2005年5月11日。

继承、强化、突出对促销有利的文化，抛弃、弱化、忽略对促销不利的文化，推动社会文化不断更新和融合。因此，广告存在于社会环境中，经常是一种呈现文化与形塑文化的途径。① 一个社会的文化不是一成不变的，每个时代都有特定的、与之相适应的文化。广告要达到劝服的目的，必须常做常新，紧跟时代潮流，广告对社会文化的发展变化非常敏感，必然打上社会文化发展变化的烙印，社会文化的发展变化必然影响广告，并在广告中有所反映。"我们时代的广告是最丰富多彩的，每天真实地再现着任何一个社会发生的所有活动。"② 作为一种反映社会状况的文化产品，广告对于文化研究而言，诚然是一项充足的、有效的素材。"社会历史学家常常把广告用作各时代典型生活方式的文献证据。与对时尚和式样进行现时观察相比，研究消费者渴望的明显转变，可以更好地确认社会的基本情况。人类学家也许可以与理解符号性物品一样，把广告价值测量作为理解产品意义变化的一种途径，因为广告人明显地认为，在不同时代，这些物品包含不同的象征性意义。"③

广告用来吸引、劝服消费者的手段不外乎两个方面：产品的使用价值和符号价值。在市场竞争的初级阶段，广告传播主要侧重商品的使用价值。随着竞争的加剧，为了与其他商品区分开来，广告常常把商品塑造成为具有象征意义的符号，赋予商品某种文化含义成为商家从市场困境中突围的良方。同质化竞争越是激烈，就会有越来越多的商品被附加上文化含义，对产品的目标消费者来说，这些文化含义具有相当的吸引力。所以，虽然广告被称为折射社会的一面"扭曲之镜"，它只反映有利

---

① 林建胜：《文化的反应——分析台湾和美国的电视广告诉求》，硕士学位论文，台湾交通大学，1993年。Nancy D. Albers-Miller & Betsy D. Gelb, "Business advertising appeals as a mirror of cultural dimensions: a study of eleven countries." *Journal of advertising*, Vol. 25, No. 4, Winter 1996, pp. 57–70. Hong Cheng & John C. Schweitzer, "Cultural values reflected in Chinese and U. S. television commercials." *Journal of advertising research*, Vol. 36, No. 3, May/June 1996, pp. 27–45. Carolyn A. Lin, "Cultural values reflected in Chinese and American television advertising." *Journal of advertising*, Vol. 30, No. 4, Winter 2001, pp. 83–94.

② [加] 埃里克·麦克卢汉、[加] 弗兰克·秦格龙编：《麦克卢汉精粹》，何道宽译，南京大学出版社2000年版，第278—282页。

③ Richard W. Pollay. "Measuring the Cultural Values Manifest in Advertising." *Current Issues & Research in Advertising*, Vol. 6, No. 1, 1983, pp. 89–90.

于广告商的价值观,忽视不利于广告商的价值观,①但广告仍然普遍被认为是文化符号和文化价值观的载体,②而且,广告表现中的文化符号是当时最有魅力的一些文化符号,广告诉求的文化价值观也是当时最被重视的一些文化价值观。文化符号和文化价值观是现代广告信息的核心内容,否则广告将只是品牌名称的重现。文化符号和文化价值观在广告信息中受到推崇并有不断强化的趋势,这在广告表现与广告诉求中最为明显。③在中国,广告同样是文化符号和文化价值观的主要载体。广告明显地反映了人们的行为甚至是行为标准的变化,广告中的文化符号和文化价值观是社会文化变迁的表征,内含着文化价值、标准和特点,只不过是程度不一。④"看一个文化是不是活着的,就要看她的基本精神是否还能打动现实的人群,与实际生活和历史进程有呼应。"⑤因此,广告是一个了解中国社会文化发展变化较为理想的窗口,从广告中的文化符号和文化价值观的角度来探求社会文化的发展变化,是一条可行的途径。

通过广告中的文化符号和文化价值观的视角来研究社会文化的发展变化,有别于以往的广告学研究。广告学的应用性决定了重营销功利和经济目的是广告学研究的主要取向,国内的广告学研究长期以来更多的处于实践操作层面,多从操作技巧入手,为如何提高广告效果服务,通过广告观察社会文化发展变迁的成果相对来说较为缺乏。即使有,也仍然多以提高广告效果为目的,为广告如何适应社会文化心理、如何运用文化诉求吸引更多的消费者出谋划策。就广告表现和广告诉求来说,从操作层面研究其策略、技巧与趋向的论文数量特别大,而研究其中的社

---

① Richard W. Pollay, "The Distorted Mirror: Reflections on the Unintended Consequences of Advertising",转引自冯捷蕴《中国大陆的文化价值观:以2004年网络广告内容分析为例》,《现代传播》2004年第5期。

② Hong Cheng, "Toward an Understanding of Cultural Values Manifest in Advertising: A Content Analysis of Chinese Television Commercials in 1990 and 1995." *Journalism & Mass Communication Quarterly*, Vol. 74, No. 4, December 1997, pp. 773 - 796.

③ [法] 热拉·拉尼奥《广告社会学》,杨立译,商务印书馆1998年版,第17—22页。

④ Barbara Mueller, "Reflections of Culture: An Analysis of Japanese and American Advertising Appeals." *Journal of Advertising Research*, Vol. 27, No. 3, August 1986, pp. 51 - 59.

⑤ 张祥龙:《全球化的文化本性与中国传统文化的濒危求生》,《南开学报》(哲学社会科学版)2002年第5期。

会文化发展变化及其原因的成果尚不多见。本书将对改革开放30年中国纸媒广告中的文化符号和文化价值观的发展变化进行详细研究，还将结合政治、经济、社会和文化发展背景，对中国纸媒广告中文化符号和文化价值观发展变化的动因进行解释，这将为我们观察社会文化、认识西方文化冲击下中国传统文化的生存境遇和消费主义在中国的发育状况提供一个独特的视角。

综上所述，本研究不但具有可行性，而且观察社会文化的视角与别的研究有所不同，对广告学研究来说，在拓展研究范围、开辟研究方向方面也是一种尝试，因此本研究具有一定的学术意义。

第三节 相关理论与文献综述

一 相关理论

（一）炫耀性消费

制度经济学派创始人凡勃伦1899年出版了代表作《有闲阶级论》，提出了炫耀性消费的概念。凡勃伦认为，人们进行炫耀性消费的真正动机是竞赛，"人们出于满足竞赛和'歧视性对比'的心理要求，不断争取提高消费水准以接近最高阶层"[①]。

凡勃伦认为，有闲阶级的炫耀有两种基本方式，即"明显有闲"和"明显浪费"。有闲是指有闲阶级不在生产性劳动上花费时间，把参加生产劳动看作是有损体面的事。明显有闲则指他们的有闲非常直观地体现在职业活动、身形体态、兴趣爱好、衣着打扮等方面，周围人据此非常容易判断他们的有闲阶级身份。明显浪费是指多余的消费。有闲阶级的消费之所以必须达到某种程度的浪费，是因为只有这样才能符合上层社会的礼仪标准，才能满足消费主体"歧视性对比"的目的，才能在"金钱竞赛"中给消费主体带来荣誉，否则就是羞耻的。"要获得荣誉并保持荣誉，仅仅靠保有财富或权力还是不够的，还必须提出证明。有证明的财富可以打动别人，使人感觉到财富所有人的重要地位，而且使所有人

[①] [美]托斯丹·邦德·凡勃伦：《有闲阶级论》，朱登译，南海出版公司2007年版，第110页。

保持一种自鸣得意的心情。"① 因此，有闲阶级的消费必须能够证明，他保有的那份社会财富绝不会少于他所惯于把自己列入同级的那一类人，而且，他为了获得这份社会财富，无须从事任何生产劳动。②"明显有闲"和"明显浪费"都是有效的、重要的证明方法。出于同样的动机，有闲阶级不仅自己时时处处体现"明显有闲"和"明显浪费"，而且他们的女人、仆人、门客等必须进行"代理有闲"和"代理消费"。凡勃伦还提出了证明有闲阶级社会地位和金钱荣誉的原则，这些原则包括有闲原则、浪费原则、尚古原则、手工原则、有机原则等。

凡勃伦还认为，由于现代工业制度下的紧张情况，个人与个人或家族与家族往往会在漠然的情况下会面，很少有别的意义上的接触。跟我们接近的人，往往并不是我们的在社交意义上的邻居，甚至也不是我们的熟人；然而这些人的一时的好评，仍然是有高度功用的。一个人要使他日常生活中遇到的那些漠不关心的观察者，对他的金钱力量留下印象，唯一可行的办法是不断地显示他的支付能力。为了使这些临时聚合的观察者得到一个生动印象，为了使自己在他们的观察之下能够保持一种自我满足的心情，必须把自己的金钱力量显露得明明白白，使人在顷刻之间就能一览无遗。因此，随着社会流动性的增加和人际交往的扩大，作为证明财富的手段，炫耀式消费比有闲更为有效。现在的发展趋向是，人们重视"明显浪费"的作用甚于"明显有闲"③。

凡勃伦所说的炫耀仅限于金钱实力，与凡勃伦处于不同时代的布迪厄对炫耀性消费有不同的理解。他认为，在资本主义早已告别匮乏走向丰盛的历史时期，"生活风格""品位"成为时髦，以文化资本的占有为表现形式的消费占有压倒性的地位，而其中以身体化形态存在的文化资本尤其受到人们的关注。于是，人们的炫耀性消费发生了转向，即从炫耀金钱到炫耀品位。④ 布迪厄认为，现代社会是一个分化的社会，社会的

---

① [美]托斯丹·邦德·凡勃伦：《有闲阶级论》，朱登译，南海出版公司2007年版，第51页。

② [美]托斯丹·邦德·凡勃伦：《有闲阶级论：关于制度的经济研究》，蔡受百译，商务印书馆1964年版，第23页。

③ 同上书，第69页。

④ 刘飞：《炫耀性消费——凡勃伦与布迪厄之比较》，《消费经济》2005年第6期。

分化必须从经济资本与文化资本这两个维度来进行考察。在这一全新的时代，大众的日常生活日趋审美化①，生活方式的追求让位于生活风格的选择②。人们在日常生活中的消费斗争实际上成为寻求区隔而展开的符号斗争。③

（二）消费社会

根据波德里亚的观点，现代社会是个"丰盛"的社会，是由消费主导的社会。他在《消费社会》的开篇就对现代社会进行了生动描述："今天，在我们的周围，存在着一种由不断增长的物、服务和物质财富所构成的惊人的消费和丰盛现象。它构成了人类自然环境中的一种根本变化。恰当地说，富裕的人们不再像过去那样受到人的包围，而是受到物的包围。"④ 波德里亚从文化和符号学双重维度对人们的消费行为进行了考察，提出了符号学意义上的消费概念，指出了商品的"符号价值"，建立了新的消费社会文化理论。

波德里亚对消费的解释与以往不同，他在《物的体系》中给消费下的定义是：消费既不是一种物质实践，也不是一种富裕现象学；它既不是依据我们的食物服饰及驾驶的汽车来界定，也不是依据形象与信息的视觉与声音实体来界定的，是通过把所有这些东西组成意义实体来界定的。消费是在具有某种程度连贯性的话语中所呈现的所有物品和信息的真实总体性。因此，有意义的消费乃是一种系统化的符号操作行为，消费已从对物的消费转化成对符号的消费。⑤

在波德里亚看来，消费系统并非建立在对需求和享受的迫切要求之上，而是建立在某种符号和区分的符码之上，⑥ 成为一种重要的社会分层手段。"人们从来不消费物的本身（使用价值）——人们总是把物（从广

---

① ［英］迈克·费瑟斯通：《消费文化与后现代主义》，转引自刘飞《炫耀性消费——凡勃伦与布迪厄之比较》，《消费经济》2005年第6期。

② 王宁：《消费社会学》，转引自刘飞《炫耀性消费——凡勃伦与布迪厄之比较》，《消费经济》2005年第6期。

③ 刘飞：《炫耀性消费——凡勃伦与布迪厄之比较》，《消费经济》2005年第6期。

④ ［法］让·波德里亚：《消费社会》，刘成富等译，南京大学出版社2006年版，第1页。

⑤ 范萍：《鲍德里亚"消费社会文化理论"简析》，2007年4月3日，学术中华网。

⑥ 高亚春：《波德里亚对消费社会的研究及其理论意义》，《同济大学学报》（社会科学版）2004年第8期。

义的角度）用来当作能够突出你的符号，或让你加入视为理想的团体，或参加一个地位更高的团体来摆脱本团体。"① "消费是一种维系符号运作和群体团结的系统，它同时是一种道德、一种意识形态的价值系统、一种交往系统、一种交换结构"，"消费是一种集体性的和被动性的行为，是一种约定，一种道德，一种制度。它是一种彻头彻尾的价值系统，它蕴涵着群体团结和社会控制"②。波德里亚的消费不同于以往之处在于它不受生物因素驱动，也不纯然由经济界定，而是带有社会象征和心理意味，并且自身成为一种地位和身份的建构手段，在消费社会中充当了社会地位的标志。③

波德里亚还认为，消费过程构建了新型的社会统治方式，体现着一种新的社会组织原则。在这种意义上，消费可以被恰当地看作是一种话语权力系统，它提供给人们的不仅仅是生产和消费某些特定类型的消费品的正当性，而且还有人们据以知觉和思考的意义与概念体系，以话语权力的形式使人们自觉认同它所提供的"美好生活"的概念。这也恰好表明消费还是一种意识形态，还是葛兰西所说的文化主导权，或说社会生活中的主导意识形态……是社会制度的再生产在观念上和日常生活中取得文化保证的问题。④

波德里亚还对消费社会不断加深的异化现象进行了批判，是对马克思以及后来的西方马克思主义者异化批判的延续。马克思主要论述了商品社会中存在的劳动产品的异化、劳动活动本身的异化以及人的类本质的异化。战后20世纪50—60年代，西方马克思主义者继承和发展了马克思的异化理论，在他们看来，富裕社会的异化是一种更深层次的异化。这种异化不仅表现于人们的社会关系中，也直接存在于生产、消费，乃至人们的休闲生活的一切方面，而且是一种让人感觉不到异化的异化。

---

① [法]让·波德里亚：《消费社会》，刘成富等译，南京大学出版社2006年版，第34页。
② 转引自骆建建、聂家昕《符号消费理论研究——解析波德里亚的"消费社会"》，《北方论丛》2005年第4期。
③ 高亚春：《消费社会与马克思主义——波德里亚的符号消费理论》，《教学与研究》2006年第1期。
④ 高亚春：《消费社会的崛起——波德里亚对现代性的通俗性表达》，《兰州学刊》2006年第6期。

这种异化似乎是将所有对象同化的一种现象，人们逐渐对于异化已经丧失了批判能力和反抗的能力。波德里亚认为消费社会是一个彻底异化的社会。消费逻辑不仅支配着物质产品，而且支配着整个文化、性欲、人际关系以至个体的幻象和冲动。① 在消费社会中，一切都已商品化，我们处在由商品所构成的系统中。在这个系统中，人也处于异化和物化的生存状态，因为不是我们在使用和主宰这个物的系统，而是该物的系统在支配和控制我们。②

（三）文化帝国主义

帝国主义是指西方发达资本主义国家对不发达和欠发达国家或地区的侵略、殖民与统治的政治体系，这种政治体系是通过公然的武力征服建立起来的。文化帝国主义指的是西方发达国家通过文化输出对不发达和欠发达国家或地区实现文化霸权和文化控制。如果把传统意义上的帝国主义称为"硬刀子"，那么文化帝国主义就是"软刀子"。

文化帝国主义研究的集中议题是：国际文化生产与流通的不平等结构如何形成、扩大和加强了一种新形态的跨国支配。第一个系统阐述文化帝国主义的是美国传播学家赫伯特·席勒。在《传播与文化支配》（1976）一书中，席勒认为，文化帝国主义就是某个社会在步入现代世界系统的过程中，在外部压力的作用下被迫接受该世界系统中的核心势力的价值，并使社会制度与这个世界系统相适应的过程。文化帝国主义是以强大的经济、资本实力为后盾，主要通过市场占有和销售含有文化价值的产品或商品，实现价值扩张和文化支配的。③

后殖民主义文化理论代表人物萨义德也将文化和帝国实践直接联系了起来。他指出，在帝国扩张的过程中，文化扮演了不可或缺的角色。在《文化与帝国主义》（1993）一书中，萨义德开篇就明确交代，他之言"文化"，专门是指两个层面。首先，它指相对独立于经济、社会、政治

---

① 郑红娥：《消费社会研究述评》，《哲学动态》2006年第4期。
② 高亚春：《消费社会与马克思主义——波德里亚的符号消费理论》，《教学与研究》2006年第1期。
③ 张跣：《文化帝国主义》，《国外理论动态》2006年第8期。

领域的诸如描述、交流和表征的艺术，经常是以审美的形式出现，其主要目的之一即是快感。① 其次，文化指一种精致和精华成分，是每一个社会所知所思的最好的东西。有时候，文化经常是以咄咄逼人的态势，同民族或国家联系起来，把"我们"和"他们"区分开来，几乎总是带有某种斥外倾向。文化在这一意义上，乃是一种身份资源。② 文化作为所思所言的最好的东西，作为甜美和光明，作为艺术和启蒙教育，不过是帝国主义扩张的遮羞布罢了。文化在这第二个意义上，就是形形色色政治和意识形态力量较量的舞台，是一个战场。③ 由于经济、科技的巨大差距，在国际文化交流的舞台上，西方发达资本主义国家总是占有压倒性的优势，结果几乎总是以美国文化为代表的西方文化风行世界，而发展中国家的文化日益式微，在所谓国际文化交流的背后实际上是一种权力与支配关系。

20 世纪 80 年代中后期，文化帝国主义理论受到了巨大挑战。1991 年汤林森出版《文化帝国主义》一书，对文化帝国主义的命题提出全面质疑。他首先否认文化帝国主义这一概念，认为这个概念是"模糊""散漫的"，因为它是由两个本身就极其复杂的词语合成，"不仅分开来看，文化与帝国主义本身复杂而颇具争议，再加上文化和帝国主义的连用，就进一步扩张了文化与帝国主义原本就难以界定的意义"④。汤林森还将有关文化帝国主义的论述分为四个方面来加以批判。首先，媒介帝国主义的说法不成立。媒介的受众是积极主动的，他们不是媒介文化的消极被动接受者。媒介本身是中性的，其内容在不同的文化语境中有不同的理解，它最终能有多大影响取决于市场。其次，作为民族话语的文化帝国主义也不能成立。从空间上看，基本上不存在大一统的民族文化，所谓民族文化不过是一种"想象"。从时间上看，"想象"出来的传统一直在

---

① Edward Said, *Culture and Imperialism*，转引自陆扬《萨义德与文化批评：警惕精英主义文化中的帝国主义》，《河北学刊》2004 年第 3 期。

② 同上。

③ 陆扬：《萨义德与文化批评：警惕精英主义文化中的帝国主义》，《河北学刊》2004 年第 3 期。

④ [英] 汤林森：《文化帝国主义》，转引自容中逵《文化自觉：当代中国教育应有之义——西方文化帝国主义理论述评及其启示》，《湖南师范大学教育科学学报》2006 年第 9 期。

变化，一个国家借鉴他国文化乃通常之事，根本不存在西方文化的传播对民族国家的文化构成威胁的问题。再次，作为全球资本主义论述的文化帝国主义亦不能成立。汤林森认为，简单断言资本主义商品和商业文化殖民了民族国家的文化经不起推敲，因为消费者有权也有足够的理智决定自己的需求，何况消费主义在西方也饱受诟病，西方文化对第三世界的影响也并非全是负面的。最后，作为现代性批判的文化帝国主义也不能成立。汤林森认为，虽然现代性将全球的命运紧密联系在一起，但现代性并不能造就全球同质化，现代性的扩散与文化支配之间没有任何直接联系。而且现代性是一种"宿命"，不可避免。包括权势中心国家在内的现代社会中的任何东西都受到现代性的"诅咒"，现代性的扩散不是强势文化侵略弱势文化。[①]

二 文献综述

（一）广告与社会文化

广告的发展变化与社会文化密切相关。刘泓认为，尽管广告并不承担过多的社会文化责任，但是广告的商业传播过程对社会文化的塑造和建设产生了多重的影响，广告以其特有的文化张力，全面参与了社会生活的建构，因此他极力主张关注广告和社会的互动关系。[②] 笔者赞同他从宏观层面关注广告与社会互动的主张，但他似乎更加强调广告对社会的影响，对"社会对广告的影响"未给予足够重视，不符合"互动"的本意。到底是广告影响了社会，还是社会影响了广告，这似乎是一个"鸡与蛋孰先"的问题，但笔者还是主张社会对广告的决定作用，有怎样的社会就有怎样的广告。正如邵琪在《欧美社会文化与广告的互动》中所说，社会消费观念决定着广告的创意和设计思路，该文就欧美资本主义国家社会文化从规范伦理到享乐主义价值观的演变过程，说明了欧美社

---

① 张跣：《文化帝国主义》，《国外理论动态》2006年第8期；容中逵：《文化自觉：当代中国教育应有之义——西方文化帝国主义理论述评及其启示》，《湖南师范大学教育科学学报》2006年第9期；戴晓东：《一种现代主义的视角——〈文化帝国主义〉评介》，《美国研究》2003年第3期。

② 刘泓：《广告社会学论纲——关于广告与社会互动关系的阐释》，《福建师范大学学报》（哲学社会科学版）2006年第3期。

会文化与广告的互动,从本质上说,广告的设计创作思想必须迎合受众消费观念。① 广告文化只有适应、契合社会文化心理,才能真正发挥作用,从这个意义上说,社会文化对广告具有决定作用。但另一方面,成功的广告对社会文化心理有一定的影响,甚至会改变已有的社会文化心理,推进社会文化心理的更新与发展,这是广告更为深刻的社会文化功能,虽然这并非广告的本意,但却是广告带来的实实在在的结果。②

张纪群研究了"流行"对广告诉求的巨大影响。他说,"流行"与社会的政治、经济和文化环境密切相关,不同时期、不同地域及不同生活层次的"流行"使广告诉求形式产生更替和转换,他结合中国广告二十年发展史对以上观点进行了论证。③ "流行"是社会文化中的一个重要因素,包括"流行"在内的社会文化的发展变化,对广告影响深刻,这些变化也必然反映在广告诉求之中。广告是时代文化的标志之一,是消费观念的折射,广告必须和人们的文化背景相契合,必须与时代潮流相携手,才能创造销售佳绩。广告作为一种大众文化形式,以一种独特的方式影响着大众,这种方式就是倡导时尚、引领潮流。与社会潮流合拍的广告无往而不胜。④ 广告不但受到当代流行文化的影响,还深受民族传统文化的影响(下文另述)。

外国的经验同样证明了社会文化对广告的深刻影响。有研究者把美国广告比作是反映美国社会文化的万花筒:"广告是一种重要的社会语篇,它反映了社会的潮流、时尚和价值观。广告在追求商业目的的同时,还蕴藏着某种文化观念和文化价值。一个国家的广告基本反映了该国人民的社会文化和价值观念,同样,美国广告是反映美国社会文化的万花筒。"⑤ 广告不但反映、记录社会文化现象,而且反映、记录社会文化心理。仝亚文、仝亚辉认为,广告是向人传达信息的活动,而人的行为方式又受到社会文化心理的制约,因此在广告接受方面,心理背景同样会影响受众对广告的

---

① 邵琪:《欧美社会文化与广告的互动——从规范伦理到享乐主义》,《武汉水利电力大学学报》(社会科学版)2000 年第 9 期。
② 陈秋萍:《广告文化功能与社会文化心理的相互影响》,《学术论坛》2006 年第 5 期。
③ 张纪群:《"流行"与广告诉求形式》,《广告大观》2001 年第 6 期。
④ 张红燕:《广告与社会潮流》,《中国广告》1999 年第 5 期。
⑤ 葛秀华:《英语广告中的美国社会文化》,《牡丹江大学学报》2007 年第 7 期。

注意、感知、认识、评价以至接受。所以制作、宣传的广告必须符合消费者所处社会的文化心理，否则事倍功半。在美国广告中可以发现，广告商通常会努力做到让美国社会所特有的社会文化心理与其产品特点有机结合，即诉诸美国社会所特有的社会文化心理，来激发美国消费者的心理需求。仝亚文、仝亚辉举例论证了美国广告对消费需求层次心理、色彩心理、性心理、幽默心理和绿色环境保护心理等的反应，他们进一步指出，从美国的广告中可以窥视到当代美国社会的文化心理，而且这些社会文化心理并不是一成不变的，而是具有一定的时代特性的。[1]

(二) 广告与中国传统文化

英国杰出的文化人类学家爱德华·泰勒认为:"文化是一个复杂的总体，包括知识、信仰、艺术、道德、法律、风俗，以及人类在社会中所获得的一切能力和习惯。"每个民族的个体成员都深深地浸润在本民族传统文化的氛围中，传统文化以一种潜意识和内在的思维定式沉积在个体深层心理，对个体的世界观、价值观、人生观产生深刻的影响。"人们不可能摆脱自己所属文化的影响……除了通过文化的媒介，人们不可能以有意义的方式行动或相互影响。"（Hall，1966）[2] 中国传统文化遗产丰厚，它代表中国文化精神，体现中华民族形象、性格、尊严、信仰和利益。中国传统文化在中华民族精神构建中具有难以估量的意义，从抽象的精神活动到具体的物质实践，人们都不同程度地受到传统文化的影响。即使是最富有时代气息的广告，亦莫能外。现代商业广告应该继承、弘扬中国传统文化，并以此为契机为自己找到生存和发展的沃土，从而迸发出新的生命活力，获得深厚的文化底蕴和本土文化气息。[3]

中国传统文化是本土广告创意、创作和创新的源泉。在中国文化语境中，广告要很好地发展壮大，须借助本土的传统文化，在广告作品的思想内涵和表现手法方面引入中国传统文化精华。一方面，从广阔厚实纵横交错的中国传统文化体系中分离出中国文化基本精神暨中华传统美

---

[1] 仝亚文、仝亚辉:《美国广告中的社会文化心理诉求》,《外国语言文学》2004年第1期。

[2] 转引自 Barbara Mueller, "Reflections of Culture: An Analysis of Japanese and American Advertising Appeals." *Journal of Advertising Research*, Vol. 27, No. 3, August 1986, pp. 51–59。

[3] 韩佳蔚:《传统文化:中国现代广告成长的沃土》,《延安大学学报》（社会科学版）2007年第6期。

德,融入广告作品为我所用;另一方面在不断深入的广告实践中用心寻找广告"中国化"的契机。[①] 中国广告曾走过模仿与追赶西方的道路,现在到了创新与崛起的关键时刻,中国广告必须根植于本民族的土壤,才能在世界占有一席之地。运用中国传统文化元素,形成具有民族特色的创意与表现形式,则是中国广告走向世界、立足世界的必然途径。或从中国传统文化元素中获取创意灵感,或把中国传统文化元素作为广告设计的基本素材,或用中国传统文化元素塑造中国式广告的灵魂,最终达到融合与创新,创作既具有民族特色又具有世界眼光的现代广告。[②]

中国传统文化是沟通广告与本土受众的桥梁。任何社会的广告受众都有其特定的文化归属,其生活环境无不深刻地烙上了民族传统文化的印痕。[③] 各民族成员在其传统文化长期的耳濡目染中,形成了带有本民族文化特征的接受心理。民族情感、民族思维习惯、民族审美情趣等民族心理因素影响着受众对广告的接受。如果创作者能把民族传统文化的精髓以及审美观念、审美理想融入广告创意,并加以合理的艺术表现,就可形成独特的创作个性和广告风格,从而使广告作品在塑造品牌的同时,对广大受众产生潜移默化的影响,被广大受众认同和接受,把传统文化元素运用到广告创意中,有利于广告与目标受众进行深入的沟通。[④] 当受众在广告中看到引自中国古典文献的警句名言,接触到自己最熟悉、最亲切的思想观念,听到在日常生活中人人想得到、说得出的话语,受众心理与广告信息之间的距离自然而然地被拉近,人们可能会因为文化心理上乐意接受广告本土化的表达方式而愿意接受它所推销的商品。[⑤]

中国传统文化有助于提升企业和产品的品牌形象。任何一个广告都必须为品牌建设加分,文化气息是品牌内涵的重要内容,它甚至决定商品品位的高低。传统文化是形成广告精神意蕴的重要因素,是形成广告

---

① 闫宏宇:《广告本质与中国传统文化的背离》,《广告大观》(理论版)2006年第6期。
② 何德珍:《从中国元素看中国式广告的崛起及发展策略》,《学术论坛》2007年第7期。
③ 周李欢欢:《秉承与扬弃——中国传统文化之于广告创意》,《当代经理人》2005年第15期。
④ 何宁:《浅析中国广告与民族文化》,《文教资料》2007年8月下旬刊。
⑤ 韩佳蔚:《传统文化:中国现代广告成长的沃土》,《延安大学学报》(社会科学版)2007年第6期。

多样性的重要依据，是形成广告个性的重要原因，传统文化赋予广告商品长期稳定的内涵，对形成清晰的品牌形象和独特的品牌个性至关重要。① 只有符合品牌发展的一般规律，又体现出自身特殊性的品牌，才能成为具有高价值的品牌。

总之，关于广告与中国传统文化，论述颇多，但绝大多数研究都是用定性分析的方法，从各方面论述中国传统文化对现代广告的重要性，至于广告经常运用的中国传统文化元素有哪些、广告运用中国传统文化元素的发展变化等方面的成果则比较少见。

（三）广告与文化价值观

文化价值观是一个民族在历史发展中受文化传统影响所形成的比较稳定的价值观念，不同的民族具有不同的文化价值观。② 中西方文化价值观在很多方面有着非常明显的差异。例如，西方文化提倡个人主义；中国文化以集体主义为价值体系的核心。西方文化强调个人奋斗；而在中国传统文化中，个人的单打独斗与社会整体道德不符。西方判定一个人的社会价值最主要的依据是才能，其中包括创造财富的多少；中国文化则把道德作为最主要的价值尺度。西方强调民主、正义和公正；在中国传统社会，则普遍重视政治关系、血缘关系、家族关系和等级关系。西方社会尤其是美国主张金钱至上；中国传统文化重义轻利。西方文化主张征服自然；中国文化主张"天人合一"。西方文化重视变化和竞争；中国文化强调统一和稳定。在时间上，西方人尤其是美国人着眼于未来，很少循规蹈矩，很少崇拜祖宗，更不相信命运；中国是一个以过去取向为主的社会，人们崇拜祖宗、敬老尊师、重经验、重年龄、讲资历。大多数西方文化用直线方式来看待时间，时间观念强烈；东方文化持环型时间观念，时间观念比较淡薄。③

广告中的文化价值观对消费者的动机、生活方式和产品选择有强大

---

① 朱丽霞、周艳：《论中国民俗文化对广告创作的影响》，《经济师》2007年第8期。
② 曹德本、方妍：《关于文化价值观的宏观思考》，《社会科学战线》2001年第5期。
③ 张鸿雁：《论中西文化价值观之异同》，《暨南学报》（哲学社会科学版）1995年第10期；邓红：《中国传统文化与美国社会文化基本价值观之比较》，《湖北大学学报》（哲学社会科学版）2007年第5期；张锦帆：《跨文化交流中东西方价值观念差异的分析》，《西南民族学院学报》（哲学社会科学版）2002年第6期。

影响。很多研究者从广告诉求入手，研究了中国广告所反映的文化价值观及其发展变化。绝大多数研究表明，20 世纪 80 年代和 90 年代初期的中国广告强调产品信息和实用性价值观。① 而到了 90 年代中后期，广告中的实用性价值观减少。Cheng（1994）发现"现代感""技术"和"质量"是 1982—1992 年这十年间的中国杂志广告中占主导地位的三大价值，到 1992 年，"功能""质量"这些价值在广告中不再经常出现，而"象征性"和"情感暗示"型价值出现的频率很高，其中既有典型的东方文化价值观，也有西方文化价值观，中国广告正从诉求实用性价值观为主转变为诉求符号性价值观为主。Cheng 认为，这种变化与广告产品的种类变化有很大关系，如工业产品和家用设备广告的显著下降，而化妆品和时装等广告的显著增加。② Cheng 等（1996）发现中国广告中的主导价值观是"家庭""技术"和"传统"，美国广告中的主导价值观是"享乐""个人主义"和"节省"，而两国广告中共同的主导价值观是"现代感"和"年轻"。美国广告既使用象征性价值观，也使用实用性价值观，而中国广告更多地使用象征性价值观。③ McIntyre 等（1998）指出，中国的广告变得越来越多地使用软性推销手法。④ 冯丙奇研究发现，社会转型导致大众价值观念的转型，北京地区市民报纸房地产广告图片体现的主导性文化价值观逐渐趋于多元化，同时，实用性价值观不再占据主导地位，象征性价值观成为主要价值类别。⑤

---

① David K. Tse, Russell W. Belk & Nan Zhou, "Becoming a Consumer Society: A Longitudinal and Cross-Cultural Content Analysis of Print Ads from Hong Kong, the People's Republic of China, and Taiwan." *Journal of Consumer Research*, Vol. 15, No. 4, March 1989, pp. 457 – 472. Ramaprasad Jyotika, Wu Lei & Gao Dandan, "A Conceptual Framework for Understanding the Content of Advertising-Its Application to the Specific Case of Chinese Television Commercials." *Asian Journal of Communication*, Vol. 5, No. 1, 1995, pp. 88 – 109.

② Hong Cheng, "Reflections of cultural values: A content analysis of Chinese magazine advertisements from 1982 – 1992." *International Journal of Advertising*, Vol. 13, No. 2, 1994, pp. 167 – 183.

③ Hong Cheng & John C. Schweitzer, "Cultural values reflected in Chinese and U. S. television commercials." *Journal of advertising research*, Vol. 36, No. 3, May/June 1996, pp. 27 – 45.

④ 转引自冯捷蕴《中国大陆的文化价值观：以 2004 年网络广告内容分析为例》，《现代传播》2004 年第 5 期。

⑤ 冯丙奇：《北京地区市民报纸房地产广告图片主导性文化价值的转变——以〈北京晚报〉为例》，《现代传播》2006 年第 2 期。

各国都有自己传统的核心价值观，但价值观并非一成不变。每一价值系统都是开放的，与其他价值系统互相影响，其原因是现代传播技术和相互交往日益密切的全球经济系统。[1] 在象征性价值增加的同时，中国的广告在很大程度上受到了西方价值观的影响，广告中的西方文化价值观有所增加。Cheng 等（1996）发现，在中国电视广告中，东方文化价值观和西方文化价值观都扮演着重要角色，这表明中国广告已成为东西方文化价值观的"熔炉"。Cheng 等（1996）还发现，在中国电视广告中，有些西方文化价值观（如"现代感"）比别的西方文化价值观（如"享乐"）更常见，这表明中国广告是一面文化的"双重扭曲之镜"，"镜子"第一次被扭曲是广告的本性使然，它只反映有利于广告主的价值观，而忽视不利于广告主的价值观；"镜子"第二次被扭曲是因为中国特殊的社会现实，中国偏爱某些西方文化价值观，却不喜欢其他的文化价值观。该研究还发现，中国广告所反映的文化价值观与产品种类及产品来源关系密切。[2] Cheng（1997）又注意到，与 1990 年相比，1995 年的广告更多诉求"享乐"与"个人主义"等价值观念，但随着一些西方文化价值观在中国电视广告中使用的增多，一些典型的东方文化价值观的出现频率也增高了。[3] McIntyre 等（1998）也发现，在中国包含西方价值观的广告比过去出现的频率高。[4] Carolyn A. Lin（1998）发现，反映中国西化和现代化倾向的"年轻"或"现代感"诉求在中国广告中增多。[5]

冯捷蕴研究了新形势下中国大陆因特网广告的文化价值观趋向，得出了与前人不同的结果：广告中的实用性价值观共占 49%，象征性价值

---

[1] Carolyn A. Lin, "Cultural values reflected in Chinese and American television advertising." *Journal of advertising*, Vol. 30, No. 4, Winter 2001, pp. 83–94.

[2] Hong Cheng & John C. Schweitzer, "Cultural values reflected in Chinese and U. S. television commercials." *Journal of advertising research*, Vol. 36, No. 3, May/June 1996, pp. 27–45.

[3] Hong Cheng, "Toward an Understanding of Cultural Values Manifest in Advertising: A Content Analysis of Chinese Television Commercials in 1990 and 1995." *Journalism & Mass Communication Quarterly*, Vol. 74, No. 4, December 1997, pp. 773–796.

[4] 转引自冯捷蕴《中国大陆的文化价值观：以 2004 年网络广告内容分析为例》，《现代传播》2004 年第 5 期。

[5] Carolyn A. Lin, "Cultural values reflected in Chinese and American television advertising." *Journal of advertising*, Vol. 30, No. 4, Winter 2001, pp. 83–94.

观仅占13%。他把这一结果归因于网络广告不如其他媒体发展成熟和中国人的可支配收入较低。研究还发现,西方文化价值观在网络广告中占主导地位,共计32%,而东方价值观仅为1%,反映了中国年轻人西化的过程。冯捷蕴同样发现文化价值观与产品种类有很大的关系。① 郭贞对北京、上海、台北的户外广告进行比较后发现,广告中的主导文化价值观具有地域性。台北的广告呈现出的价值观更开放,研究者把这一现象归因于台北经济上更开放。另外,台北与北京的广告都常见代表中国历史传统的图腾。②

(四) 广告与消费主义意识形态

广告是商品取得符号意义的关键环节。在消费主义意识形态的支配下,人们消费的不是物,而是符号及其意义。商品的符号价值与使用价值不同,它不是商品与生俱来的,而是通过包括广告在内的各种手段人为地赋予的。广告把商品与身份、地位、品位联系起来,商品就会获得超越使用价值的符号价值,"生产单位把商品生产成能指,但广告将商品生产成符号"③。商品符号价值是通过营销传播工具的生产而获得。在符号消费时代,企业需要把商品当作符号商品来制造,而符号商品的制造不仅要遵循技术规律,以便生产出具有特定性能的物质产品;更重要的是遵循符号规律,将特定的社会意义和文化意义注入到商品中去。符号化生产不是传统生产部门能单独完成的,在符号商品的生产链中,广告等营销传播工具变成了商品符号价值的生产机器。广告把各种意象附着于普通消费品上,使商品成为力量、快乐、幸福的象征,这样广告就以特定的方式生产了商品的文化意义,使商品符号化,从而追加了价值。④

生产符号价值的修辞与技巧是意义的嫁接。也就是说,把一种与某个商品并不具有必然联系的意义"嫁接"到该商品。"产品本身并非首要

---

① 冯捷蕴:《中国大陆的文化价值观:以2004年网络广告内容分析为例》,《现代传播》2004年第5期。

② 郭贞:《海峡两岸都会区户外广告中价值观与广告诉求之比较研究》,《广告大观》(理论版)2007年第2期。

③ [美]苏特·杰哈利:《广告的符码》,马姗姗译,中国人民大学出版社2004年版,第144页。

④ 桂世河:《符号消费时代商品广告的本质功能》,《经济管理》2006年第9期。

的兴趣所在；必须在该产品上嫁接一套与该产品没有内在联系的意义才能把它卖掉。"① 这样，消费这种产品与消费一种意义就被牵强地、但常常又是不被知觉地联系起来。由于广告在能指与所指、产品与意义之间的这种"任意联结"，它常常具有欺骗性。它是幸福生活的空幻许诺，是社会矛盾与个人生存困境的虚幻解决。这正是广告中隐含的意识形态作用：维护与强化个体与他的生活条件之间的想象性的、虚假的关系，使消费者生产虚幻意识而同时又认识不到其虚幻性。它通过欲望的乌托邦式解决和模式化的意义阐释等途径来迎合消费者模式化的文化心理，满足消费者的深层欲望，从而发挥其意识形态功能。广告几乎每时每刻都在依据文化的阐释模式制造"幸福生活"的谎言与神话。这种神话与谎言本身产生于人们习焉不察的文化偏见以及现实中不合理、不平等的权力关系，但由于人们在日常生活中反复内化广告的谎言与神话，并以它所界定的所谓"幸福"模式来绘制生活、指导行为，从而就进一步再生产、强化与巩固了这种文化偏见以及不合理、不平等的权力关系。②

广告在商品拜物教中起"布道"的作用。广告通过意义的"嫁接"使商品获得了它本来不具备的力量，还不断地告诉消费者，商品万能，消费能满足一切，个人生活中的任何不足或烦恼都能通过消费迎刃而解。商品具有了神奇的力量，这种力量似乎是其本身所固有的。商品受到消费者的顶礼膜拜，它甚至取代了上帝，成为消费社会中人们心目中最高的神。和所有的宗教一样，要引起崇拜关键就是要制造幻象。这些幻象可以是一种迷醉状态下通过商品完成的自我身份确认，可以是自我兴奋、享受、满意等个体愉悦，可以是通过消费获得的和同路人沟通和交谈的机会，可以是肉体和精神上的双重自由。③ 在某种意义上，广告在消费社会中的作用类似于宗教的布道，它将深藏于人们心底的虔诚之情抽取出来，使之具象化、表征化。商品拜物教最重要的就是挖空产品的使用价

---

① [美]马克·波斯特：《第二媒介时代》，范静晔译，南京大学出版社2000年版，第246页。
② 燕道成：《论消费意识形态建构中的广告》，《新闻大学》2005年第3期。
③ 罗慧：《消费主义的终极疯狂——论现代广告创意中的"拜物情结"》，《装饰》2005年第1期。

值，而灌注以交换价值的符号意义于其空壳中。①

（五）广告诉求策略与趋向

从操作层面研究广告诉求策略与趋向的论文数量特别大，其中又以研究感性诉求的为多，了解广告诉求策略与趋向对本研究非常重要。

早在1993年，陈作平就对感性诉求与理性诉求从存在依据、创作方法与艺术特征等方面进行了比较，指出理性诉求广告重在从不同角度向消费者演示商品的某些特性，比较直观，容易理解，感性诉求广告把诉求的重点放在人们的情感体验上，随着人类社会的不断进化，文化艺术对人们的熏陶，人们的审美意识和联想能力不断增强，感性诉求更具优势。② 可以说，我国后来的诸多关于理性诉求与感性诉求的论述与陈的观点大同小异。苏特·杰哈利指出，20世纪广告的一个重要发展是诉求从价值的直接陈述，转向了对隐喻的价值与生活形态的塑造。③ 丹尼尔·波普认为，市场细分以后，从根本上引发了3种互有关联的趋势：以使用者为中心的广告大为增加；戏剧化或叙事性广告为之兴起；以特定产品作为诉求手段的广告降为次要。④ 美国广告文化史也显示了这样的规律，由于财富的基础加速转变，从土地变成了更加抽象更加可以替代的资产，消费商品越来越适合于（也是必需的）作为含义的载体……到了19世纪40、50年代以后，消费商品逐渐附加上了越来越多的文化含义。新的形势，为广告客户们提供了一个前所未有的机会。对情感自觉的赞美，在19、20世纪成了美国许多全国性广告活动的核心思想。很多广告的主要目的也发生了转变，不仅要在物体上附加独特的氛围，还要将这种氛围与人类的主观情感联系起来，最终让消费者觉得，他买到的不仅是一件商品，更是某种需求的满足感，或者是梦想成真的幸福

---

① 贺建平、魏杰：《消费社会炫耀性消费与广告的意义建构》，《西南民族大学学报》（人文社会科学版）2007年第5期。

② 陈作平：《异构与同质：电视广告感性诉求与理性诉求初探》，《现代传播》1993年第2期。

③ [美] 苏特·杰哈利：《广告的符码》，马姗姗译，中国人民大学出版社2004年版，第22页。

④ Pope, D. *The Making of Modern Advertising*, Basic Books, New York, 1982. 转引自 [美] 苏特·杰哈利《广告的符码》，马姗姗译，中国人民大学出版社2004年版，第141页。

感觉。①

冯捷蕴、吴东英发现,在1980年中国广告业处在低级阶段时,广告表现为提供信息为主,而到了2000年中国广告业发展到了较高阶段之后,广告不再局限于提供产品或服务信息,而是更多地表现为信息体和感染体两种风格结合。甚至为了树立品牌形象,中国广告出现了单纯感染性的语体。②但是,该文未对这一结果进行深入解释。另外,该研究抽取的样本全部是1980年和2000年这两年中每个星期三刊登的所有商业广告,因为报纸内容的周期性明显,版面和栏目设置的周期多为一个星期,报纸的版面内容与该版面上的广告商品品类密切相关,而广告诉求又和商品品类关系密切,所以按照这个方法抽取的样本广告可能多集中在某些商品品类,恐会给研究带来系统误差。

贺雪飞认为,当今的消费者不仅重视产品本身的物质层面的利益,而且更重视产品所象征的精神层面的价值,即文化附加值,当文化附加值成为广告真正致效的根本因素之后,广告的诉求内容也发生了变化:从以商品(服务)为中心的产品有形价值诉求向以人为中心的文化附加值诉求转移。③正如法国社会学教授尼古拉·埃尔潘所说,"商品的使用价值退居二线。'美学'修饰影响着普通购买者的认识,促使他们将商品的符号价值置于使用价值之上"④。贺文认为这种变化的原因有三:产品同质化情况下追求价值差异性;文化附加值增值品牌价值;文化内涵提高广告效果。贺文主要是站在广告商更好地参与市场竞争的实用角度进行分析,没有深究这种变化的社会历史和文化原因。

钱杭园、胡晓春指出,为使广告更具说服力,广告诉求要避免简单化的单纯功能性诉求,提倡以人为本、以消费者的情感为中心的人性化诉求。⑤张殿元追溯了广告历史诉求的渊源,分析了广告历史诉求的原

---

① [美]杰克逊·李尔斯:《丰裕的寓言:美国广告文化史》,任海龙译,上海人民出版社2005年版,第37、26页。
② 冯捷蕴、吴东英:《广告话语的结构重叠和中国社会的变迁》,《传播与社会学刊》(香港)2007年第2期。
③ 贺雪飞:《以"商品"为中心到以"人"为中心》,《新闻界》2006年第4期。
④ [法]尼古拉·埃尔潘:《消费社会学》,孙沛东译,社会科学文献出版社2005年版,第73页。
⑤ 钱杭园、胡晓春:《人性化诉求在广告中的应用》,《当代传播》2005年第5期。

因，他认为历史的再现都会掀起受众情感的波澜，这是历史诉求成为广告创意素材的重要原因，他还提出了广告历史诉求的规则。① Cheng Lu Wang 等试图从心理上解释为什么不同的广告对来自不同文化的消费者会产生的不同影响，他们认为，广告诉求"社会接触"，强调互相依赖与团结合作，会强化中国消费者对品牌的肯定态度。广告诉求"独立自主"，强调独立与自治精神，会强化美国消费者对品牌的肯定态度。②

综上所述，研究者们对广告与社会、文化、价值观、消费主义的关系进行了广泛的探讨。其中关于中国广告的研究获得很多可喜的成果，但这些研究也存在一些明显的不足。首先，笔者未见从广告的视角对改革开放30年中国社会文化发展变化作系统考察的成果，缺乏系统的研究成果，我们对社会文化的发展变化就难以形成清晰连贯的认识。其次，以往的研究多从文化价值观的层面进行，很少有研究从文化价值观之外的其他文化元素的层面进行。文化价值观只是文化元素的一个层面，如果再从其他文化元素的层面开展研究，结论可能会更加完善。最后，以往的研究多属对策性研究和描述性研究，或为实现广告的经济目的服务，或仅仅为人们呈现了中国社会文化的某些发展变化，但对这种变化缺乏深度阐释。本书不但将从广告的文化价值观层面，而且将从广告的文化符号层面，系统探讨改革开放30年中国社会文化的发展变化，重点关注西方文化冲击下中国传统文化的变迁和消费主义文化在中国的兴起与表现，研究者还将结合中国政治、经济、社会、文化发展背景对这些变化进行解释，希望本书能够对人们更好地认识当前中国传统文化的生存境况和消费主义文化在中国的发育状况有所贡献。

---

① 张殿元:《广告的历史诉求解析》,《新闻界》2002年第6期。
② Cheng Lu Wang, Terry Bristol, John C. Mowen & Goutam Chakraborty, "Alternative Modes of Self-Construal: Dimensions of Connectedness-Separateness and Advertising Appeals to the Cultural and Gender-Specific Self." *Journal of consumer psychology*, Vol. 9, No. 2, 2000, pp. 107–115.

第二章

研究设计

第一节 概念界定

这里先对下面的分析中要用到的关键概念"广告诉求""广告表现""文化元素""文化符号"和"文化价值观"进行界定或重新界定。

关于广告诉求的研究不少,广告诉求的定义也是五花八门。"广告诉求就是广告与消费者的沟通,是广告说服消费者接受广告所宣传的产品或服务的一种说服策略。"[①] "广告诉求其本质就是一种说服策略,旨在通过广告活动使消费者对广告产品以及品牌形成很好的信任心理,通过有效的信息诉求改变消费者头脑中已形成的某种认知,促使消费者形成新的认知并由此改变人们的行为,进而说服去购买广告传播的产品或服务。"[②] "策略说"有大而化之之嫌,广告策划、广告创意、广告表现,乃至整个一则广告其实都是一种说服策略。"广告诉求通常是指广告文案承载的创造性卖点。"[③] "卖点说"言简意赅,形象生动,但仅把广告文案作为广告诉求的载体,似有不妥,因为广告的其他组成部分,如画面、音乐,都可以承载广告诉求。"广告诉求指用于吸引消费者注意力和影响他们对产品或服务的感受的一种方式。广告诉求也可以被认为是一种能

[①] 李桂芳:《浅议广告的诉求方式》,《商场现代化》2006年1月中旬刊。

[②] 张晶:《广告与消费者心理——广告诉求方式的运用》,《今日湖北》(理论版)2007年第5期。

[③] 周蜜:《中英文版〈哈佛商业评论〉上广告体现的文化价值的对比研究》,硕士学位论文,华中科技大学,2005年,第1页。

打动人们，创造出人们的需求或欲求，并激发他们兴趣的行为。"① 把广告诉求表述为一种"方式"，仅仅停留在传播广告信息时的表达形式与方法上，没有具体到其中的"卖点"。"广告诉求和表现方式之间是相互独立的，也就是说，具体广告诉求可由多种方式来表现，而一种表现方式亦可用于多种广告诉求。"② 可见，把广告诉求表述为一种"方式"是不够恰当的。而把广告诉求表述为一种"行为"，针对的是广告活动，一般意义上的广告诉求应是针对一则具体的广告作品来说的。"广告诉求"的英文对应词是"Advertising Appeal"，"Appeal"一词可以作名词，也可以作动词，有多个含义。根据《柯林斯英语大词典》，作名词的解释之一是"the power to attract, please, stimulate or interest"，相应的作动词的解释是"to attract, please, stimulate or interest"。上述两条英语释义比较准确地表达了"广告诉求"概念中"诉求"一词的含义，即吸引、取悦、刺激诉求对象，引起诉求对象兴趣（的力量）。那么，到底是广告中的什么因素最具有这种"力量"呢？笔者认为，应该是其中的"信息"，而不是什么形式与技巧本身。"广告诉求是指人们设计用以刺激消费者购买的信息。"③ 汉语中"诉求"同样既可以作名词，也可以作动词，本书中广告诉求取名词含义，试作如下定义：广告诉求或称广告诉求点，是指一则广告中用来吸引、打动、劝服目标消费者，以使目标消费者产生品牌偏好乃至购买行为的重点信息。

关于广告表现，罗书俊认为是广告创意表现的简称，"是传递广告创意策略的形式整合，即通过各种传播符号，形象地表述广告信息以达到影响消费者购买行为的目的，广告创意表现的最终形式是广告作品"④。本书认为，广告表现与广告诉求一样，既可以作动词，也可以作名词，作动词时广告表现是指运用各种传播符号把广告创意物化和视觉化的过程，作名词时广告表现是指这一过程的结果——一个可读的广告文本

---

① 何辉：《当代广告学教程》，北京广播学院出版社 2004 年版，第 219—220 页。
② 同上书，第 220 页。
③ "An advertising appeal is defined as any message designed to motivate consumers to purchase." Barbara Mueller. "Standardization vs. Specialization: An Examination of Westernization in Japanese Advertising." *Journal of Advertising Research*, Vol. 32, No. 1, 1992, p. 17.
④ 罗书俊：《广告传播导论》，转引自 MBA 智库百科网，2008 年 11 月 28 日。

(内容包括广告文案和广告图片或画面)。本书中广告表现仍然取名词含义,又因为本书研究的是纸媒广告,因此这里的广告表现是指一则广告的广告文案和广告图片。

文化元素是指能够体现某一文化的精神或本质的人物、实物、符码、艺术形式、风俗习惯、行为方式和思想观念等,文化元素包括文化符号和文化价值观。文化符号指能够体现某一文化的精神或本质的人物、实物、符码、艺术形式、风俗习惯、行为方式等,它是有形的、具体的、可见的。学者们在两个意义上使用"文化价值观"一词:一是把文化价值观理解为对某一文化或文化现象的价值判断。人们对各种文化现象和文化行为的看法和态度,构成了文化价值观的主要内容。文化价值观是人们关于文化的利害、善恶、美丑等问题的总看法和总观点,反映文化对人的意义。从总体上认识文化的价值和意义,是文化价值观的宏观视角;对各种具体的文化现象作出利害、善恶、美丑的价值评价,是文化价值观的微观任务。[1] 二是把文化价值观理解为某一种文化环境中的人们所持的价值观。文化价值观可以定义为在特定社会"指导思维和行动的主要观念和准则"[2]。文化价值观是关于文化价值取向的系统观念,既包括文化价值的思想主张,又包括文化价值的心理倾向和行为选择,是具有深层次蕴含的价值观念。社会心理学家罗克齐(Rokeach,1973)认为,价值是个人或社会的一种持久的信念,它认为某特定行为模式或最终存在状态比与之相反的模式或状态更优越。[3] 价值观是影响人们生活方式和行为选择的强大力量,事实上,价值是从简单的购买到政治和宗教意识形态等各种行为和态度的决定性因素,它抑制或疏导个体冲动,使其行为和态度符合文化认可的标准。它引导自我表现以及自我评价和他人的评价。它是一种标准,决定什么信念和行为值得保持,或值得设法改变,甚至值得发动一场战争并为之献身……[4]关于文化价值观,本书取

---

[1] 周文彰:《论文化价值观(上)》,《中国党政干部论坛》2006年第10期。

[2] Srikandath, Sivaram, "Cultural Values Depicted in India Television Advertising." 转引自冯捷蕴《中国大陆的文化价值观:以2004年网络广告内容分析为例》,《现代传播》2004年第5期。

[3] Rokeach Milton, *The Nature of Human Values*, New York: Free Press, 1973, p. 5.

[4] Richard W. Pollay. "Measuring the Cultural Values Manifest in Advertising." *Current Issues & Research in Advertising*, Vol. 6, No. 1, 1983, p. 71.

第二种含义，文化价值观指的是能够体现某一文化的精神或本质的思想观念，是无形的、抽象的、不可见的。

为了达成研究目的，本书把广告表现中的文化符号分为中式文化符号和西式文化符号。对广告诉求的文化价值观，本书从两个角度进行分类，一是根据文化价值观的民族特色分为中国传统文化价值观和西方文化价值观，二是根据文化价值观所强调价值的性质分为实用性文化价值观和象征性文化价值观。（以上各类别所包含的细目参见下文相关内容）中式文化符号和中国传统文化价值观合称中国文化元素，西式文化符号和西方文化价值观合称西方文化元素。

第二节 所要解决的主要问题与研究方法

广告表现和广告诉求的发展变化内含着社会文化的发展变化，同时每个时代的广告表现和广告诉求都是这个时代的社会消费志趣的反映，表现了人们的喜好和追求。本书将分阶段对改革开放 30 年中国纸媒广告中的中西式文化符号和中西方文化价值观的消长变化情况进行统计，在此基础上对西方文化冲击下中国传统文化的生存境遇进行讨论。研究者还将分阶段统计改革开放以来中国纸媒广告中的实用性文化价值观和象征性文化价值观的消长变化情况，并在此基础上对消费主义文化在当代中国发育的过程和状况展开讨论。另外，消费主义生活方式在消费结构上也会有所表现，本书对改革开放 30 年中国纸媒广告商品的产品类别的变化也将进行简要的分阶段统计和讨论，但全书将重点针对以下四个具体问题展开：

1. 中式文化符号和西式文化符号在中国纸媒广告表现中的反映及其变化。广告表现中的中式文化符号是增多了还是减少了？广告表现中的西式文化符号是增多了还是减少了？

2. 中国传统文化价值观和西方文化价值观在中国纸媒广告诉求中的反映及其变化。广告诉求中常见的中国传统文化价值观和西方文化价值观分别有哪些？广告诉求中的中国传统文化价值观和西方文化价值观分别是增多了还是减少了？

3. 实用性文化价值观与象征性文化价值观在中国纸媒广告诉求中的反映及其变化。广告诉求中常见的实用性文化价值观和象征性文化价值观分别有哪些？广告诉求中的实用性文化价值观和象征性文化价值观分别是增多了还是减少了？

4. 上述各方面发展变化的原因和意义是什么？

对于前三个问题，本书将运用内容分析法进行研究。内容分析方法是一种对于传播内容进行客观、系统和定量的分析与描述的研究方法。拉斯韦尔曾在研究世界大战的宣传技巧时大量使用这一方法。他一项名为"战时通讯研究"的工作中，以德国公开出版的报纸为分析对象，获取了许多军政机密情报，这项工作不仅使内容分析法显示出明显的实际效果，而且在方法上形成了一套模式。1952年，美国学者B.贝雷尔森出版《信息交流研究中的内容分析》一书，确立了内容分析法的地位。真正使内容分析方法系统化的是J.奈斯比特，他主持出版的"趋势报告"运用的就是内容分析法，享誉全球的《大趋势》一书就是以这些报告为基础写成的。内容分析法的目的是弄清或测验文献中本质性的事实和趋势，揭示文献所含有的隐性信息内容，对事物发展过程进行描述，对事物发展趋势进行预测。内容分析法对于所有可以记录与保存而又有传播价值的讯息内容都能适用。在媒介研究中，内容分析的主要目的更多时候都是研究新闻、戏剧、广告和娱乐产品是如何反映社会和文化现象，其价值何在等社会文化问题。[1]

但是，"仅仅分析内容的百分比是没有意义的，只有将这些百分比与社会现实、社会观念联系起来，才能对数据作出价值判断，在这个基础上，内容分析才有意义。即：内容分析的价值不仅是描述内容趋势，更重要的是它能帮助我们理解和解释社会现实"[2]。近年来，把内容分析和其他方法相结合成为一种常见的做法，通过内容分析得出频数、频率分布等情况，然后再以数据为基础，通过其他定性方法进行讨论，产生推论，从而将定量分析与定性分析结合起来，预测趋势，解释原因，分析

---

[1] [英] 安德斯·汉森等：《大众传播研究方法》，崔保国等译，新华出版社2004年版，第108页。

[2] 卜卫：《试论内容分析方法》，《国际新闻界》1997年第4期。

影响，提出建议，等等。本书在以数据对样本的情况进行描述之后，将把研究重点转向上面的第四个问题。广告不能与历史和社会分开，[①] 研究者将会结合中国的社会、政治、经济、文化背景，对中国纸媒广告表现中的文化符号和广告诉求的文化价值观的发展变化进行解读，探讨其原因与意义。

第三节 研究假设

我们可以先看看西方文化冲击下的日本广告。Mueller（1992）对1978年和1988年的日本广告进行比较后发现，日本的广告离"西化"还很远。相反，有证据表明，日本的广告不但没有西化，反而更加日本化了。[②] Lazer，Murata 和 Kosaka（1985）也指出，尽管日本接受了西方的营销思想观念和方法，但发生的事实却是美国营销理论的日本化，而不是日本被"西化"。[③] 与中国一样，日本也深受儒家文化的影响，日本与中国的民族文化性格有很多类似之处，现在中国的经济发展水平、市场状况与当年的日本大致相当，笔者认为，这些针对日本广告所得到的研究结论也会体现在中国广告中。

一方面，尽管中国传统文化面临着外来文化强有力的冲击，但中国传统文化在中国人的生活中仍占重要地位。随着中国经济的发展和国力的增强，中华民族的文化意识在觉醒，中国传统文化热潮澎湃。在中国人的生活中，各种传统文化活动日渐增多、人们对传统文化的趣味日渐浓厚。物质生活富裕后，人们将把更多的精力投入精神生活，进一步追求精神满足，提高生活质量，传统文化因素在人们的精神生活中具有不可替代的地位。对商家来说，在广告中加入中国传统文化元素，可以提升产品的品牌内涵和品位，也有助于与本土消费者沟通。

[①] 这里套用了萨义德对于文学批评曾说的一句话："文学不能与历史和社会分开。"参见爱德华·萨义德《文化与帝国主义》，李琨译，生活·读书·新知三联书店2003年版，第17页。

[②] Barbara Mueller. "Standardization vs. Specialization: An Examination of Westernization in Japanese Advertising." *Journal of Advertising Research*, Vol. 32, No. 1, 1992, pp. 15–24.

[③] 转引自 Barbara Mueller. "Standardization vs. Specialization: An Examination of Westernization in Japanese Advertising." *Journal of Advertising Research*, Vol. 32, No. 1, 1992, p. 23。

但另一方面，改革开放以来，中国与西方交流频繁，西方文化、价值观和生活方式不断传入中国大陆，渗入普通人的日常生活之中。在国家政治制度的层面，虽然中国反对全盘西化，但在文化价值观和生活方式方面并无特别、严格的限制。而且，国家主张采用工业化国家的管理方法和营销技能以及先进的科学技术为经济建设和社会主义现代化建设服务。从社会生活层面看，西方文化、价值观和生活方式正日益进入中国人的日常生活，甚至受到部分人的追捧。具有西方风格的产品往往被看作是高质量、昂贵、流行、时尚与情调的标志。因此，我们常常可以发现在中国广告诉求中使用外文、西式长相模特、具有西方文化风格的背景或西方文化价值观的现象。Mueller（1987）对日本广告进行研究之后说："如果某产品能给人这样的印象：它是进口的或是在西方市场上得到认可的，那么，就会被日本人认为是一种非常体面的产品，它比质量相当的国产货要奢华得多。"[1] 从生活经验可知，这一结论对于中国人同样是适用的。世界营销权威西奥多·李维特（Theodore Levitt）指出，世界正在变成一个共同市场，市场里面的人们不管他们来自哪里，都期望相同的产品与生活方式，那些人们期望的产品或生活方式常常是美国式的。[2] 西方文化风格、生活方式和价值观念对如今的中国消费者有着巨大的吸引力，这些因素无疑会被广告创作人员用作吸引消费者的手段。基于上述原因，本研究首先作出如下两组假设：

第一组：

假设1：从纵向比较看，中国纸媒广告表现中的中式文化符号有越来越多的趋势。

假设2：从纵向比较看，中国纸媒广告表现中的西式文化符号也有越来越多的趋势。

假设3：总的来说，中国纸媒广告表现中的中式文化符号多于西式文化符号。

---

[1] Barbara Mueller. "Reflections of Culture: An Analysis of Japanese and American Advertising Appeals." *Journal of Advertising Research*, Vol. 27, No. 3, August 1986, p. 55.

[2] Ibid., p. 15.

第二组：

假设4：从纵向比较看，中国纸媒广告诉求中国传统文化价值观有越来越多的趋势。

假设5：从纵向比较看，中国纸媒广告诉求西方文化价值观也有越来越多的趋势。

假设6：总的来说，中国纸媒广告诉求中国传统文化价值观多于诉求西方文化价值观。

根据广告经营总额占国民生产总值比重大小，大致可以把广告市场的发展程度划分为起步期、起飞期、成长期、成熟期四个阶段。在每个阶段，广告经营额占国内生产总值的比重分别为0.5%以下、0.5%—1%、1%—2%、2%以上。[1] 改革开放以来，中国全国广告经营总额占国内生产总值比重最高的年份是2004年，比例为0.93%[2]，2005—2007年，这一比例均比上一年略有下降。[3] 中国广告业处在起飞期，离成熟期还有相当长的一段距离。国外的数个研究也表明，中国广告业远未"羽翼丰满"[4]，与美国等广告业发达的国家和地区相比，中国广告市场发展不成熟。根据广告中信息的类型，Leiss等（1990）把美国的广告发展划分为四个阶段：提供产品信息阶段、塑造产品形象阶段、形成产品个性阶段和塑造生活风格阶段。只有在"提供产品信息阶段"，广告才把重点放在产品本身，解释产品的利益和作用。在另外三个阶段，越是发展到高级阶段，广告诉求象征性价值越多。[5] Cheng等（1996）认为，中国目前的发展阶段与美国早期发展阶段很相似，在该阶段，广告以产品为导向，

---

[1] 胡亮：《外资重压下的危机　中国广告产业：羊与虎的博弈》，《中国经济时报》2006年7月4日第1版。

[2] 有研究说中国全国广告经营总额占国内生产总值比重最高的年份是2003年，比例为0.92%。参见张金海《中国广告产业发展三十年的制度检视》，转引自冯天瑜《中国特色社会主义文化建设研究》，武汉大学出版社2008年版，第500—511页。

[3] 2005年、2006年、2007年，中国全国广告经营总额占国内生产总值的比重分别为0.78%、0.75%和0.71%。

[4] 转引自Hong Cheng & John C. Schweitzer, "Cultural values reflected in Chinese and U. S. television commercials." *Journal of advertising research*, Vol. 36, No. 3, May/June 1996, p. 31。

[5] Ibid. , p. 31.

大量运用求实用性、功能性诉求。① 但是应该注意到，Cheng 等（1996）研究的是 1993 年的中国广告，1993 年正好是改革开放 30 年的中间点，那时中国的市场经济体制尚未完善，市场竞争不充分，也不像现在这么激烈，广告市场处在较低发展水平。经过 15 年的发展，中国广告市场发生了翻天覆地的变化。如今，中国市场不但供应充足，而且商品高度同质化。一般来说，任何一种商品都会有几十个甚至上百个品牌在同一货架竞相争夺消费者的钱袋，这些商品在质量、性能方面，往往都是"你有，我有，大家有"，难分高下优劣。此时，商品广告只有更多地使用象征性诉求，使商品符号化，把商品塑造成为某种意义的标志，才能达到差异化目的。据此，本书再提出第三组研究假设：

第三组：

假设 7：从纵向比较看，中国纸媒广告诉求实用性文化价值观有减少趋势。

假设 8：从纵向比较看，中国纸媒广告诉求象征性文化价值观有增多趋势。

假设 9：总的来说，中国纸媒广告诉求实用性文化价值观多于诉求象征性文化价值观。

第四节　样本选择

要发现中国纸媒广告中的文化符号和文化价值观的发展变化情况，就必须对中国纸媒广告中的文化符号和文化价值观进行分阶段统计。因此，研究者将按照改革开放 30 年中国广告的发展脉络，分阶段抽取分析单位。在介绍样本选择之前，先讨论改革开放 30 年中国广告发展的时间分期问题。

一　改革开放 30 年中国广告发展的四个时期

"三十年改革开放，中国广告业从无到有，从弱到强，历经恢复、发

---

① Hong Cheng & John C. Schweitzer, "Cultural values reflected in Chinese and U. S. television commercials." *Journal of advertising research*, Vol. 36, No. 3, May/June 1996, p. 31.

展、繁荣"①。自 1979 年恢复广告业务以来，中国广告业显示出强劲的活力，全国广告营业额持续高速增长，1979 年我国的全国广告营业额仅 0.10 亿元人民币，2007 年达 1741.00 亿元，年均增长率高达 41.73%。②广告经营单位数、广告从业人数、广告业占国内生产总值的比重、人均广告费、从业人员人均营业额同样呈现高速增长态势。可以说，中国广告业是改革开放 30 年中增长速度最快的产业之一，广告业已经成为我国国民经济的一个重要组成部分。从经营总额来看，我国已经成为仅次于美、日、英、德、法，世界排名第六位的广告大国。③

中国广告业的发展过程呈现出较为明显的阶段性特点，与我国社会消费观念变迁的轨迹相吻合，与我国经济、社会整体发展的趋势基本上保持同步。1979 年以来，中国广告业大致经历了三个阶段性转折点。第一次发生在 1985 年前后。1984 年，北京广告公司提出"将公司建设成为一个以广告创意为中心，能提供全面服务"的广告公司。1985 年，北京广告公司正式提出并实施"以策划为主导，创意为中心，为客户提供全面服务"的经营方针，标志着中国内地广告公司现代广告意识的觉醒。1986 年，中国广告协会正式确立"以策划为主导，创意为中心，为客户提供全面服务"的广告代理理念，中国大陆广告急剧转向"现代广告"。

第二次发生在 1992 年前后。1992 年，中共十四大确立了社会主义市场经济体制目标模式，中国经济迎来又一次大发展的机遇。为了适应社会主义市场经济发展的要求，国家实施了一系列鼓励广告业发展的政策：广告业彻底"松绑"，多种经济形式进入广告业；推行广告发布事先审查

---

① 《工商总局——对外开放伟大实践中的工商行政管理》，中国对外开放 30 周年回顾展宣传网（http：//kaifangzhan.mofcom.gov.cn/）。

② 有研究说中国广告产业年均增长率为 35%，参见张金海《中国广告产业发展三十年的制度检视》，转引自冯天瑜《中国特色社会主义文化建设研究》，武汉大学出版社 2008 年版，第 500—511 页。

③ 《日本电通 2006 年度财务报告》，转引自张金海《中国广告产业发展三十年的制度检视》，转引自冯天瑜《中国特色社会主义文化建设研究》，武汉大学出版社 2008 年版，第 500—511 页。另据报道，2006 年中国广告业规模超过日本跃居世界第二位，仅次于美国，参见德国之声电台《中国广告业规模跃居世界第二》，2008 年 1 月 21 日，中国广告门户网（www.yxad.com/Article/HTML/11843.shtml）。又：现在确定是第二广告大国了。

制和广告代理制，规范广告市场；把广告业列入十大重点支持产业，等等。① 随后，广告业步入超高速发展阶段，1992年和1993年全国广告营业额分别比上一年猛增93.4%和97.6%。②

第三次发生在1998年。是年，全国广告营业额年增长率远低于此前任何一年，仅为16.42%，首次跌到20%以下，"中国广告业的发展步入了历史的'拐点'"③，迎来相对平稳发展时期。此后每年，全国广告营业额年增长率一直在10%—20%之间徘徊，2007年全国广告营业额仅比上一年增长10.68%，首次低于国内生产总值增长率，为历年来最低。目前，中国广告业仍处于1998年以来的发展时期之中。据此，本书把改革开放30年中国广告的发展过程划分为四个时期。

（一）广告恢复时期（1979—1985年）

1978年年底的十一届三中全会提出，把全党工作重心转移到社会主义现代化建设上来，从此中国大地上经济建设热潮涌动。1979年12月，邓小平提出中国现代化建设要达到"小康"状态。1982年9月，党的十二大通过了二十年"翻两番"的战略目标。1984年中共提出现代化建设分"三步走"。十二届三中全会把实行对外开放定为基本国策，第一次正式提出社会主义商品经济的概念。由于这一时期的社会环境、开放程度和收入水平，居民消费模式从生存型向温饱型过渡，消费支出主要集中于吃、穿等生存资料，④ 人们普遍持"节俭"消费观，但到1985年，社会上出现了"鼓励消费""能挣会花"的观点。

在广告恢复时期，各地纷纷成立广告公司，开展广告业务，媒体相继恢复刊播广告。1979年1月4日，《天津日报》第三版下方通栏刊登天津牙膏厂主要产品的广告，率先恢复商业广告（见图2—1）；1月28日，上海电视台播出内地历史上第一条电视广告——"参桂补酒"广告，同

---

① 黄艳秋、杨栋杰：《中国当代商业广告史》，河南大学出版社2006年版，第51—52、85—86页；余虹、邓正强：《中国当代广告史》，湖南科学技术出版社2000年版，第28、62页。
② 中国广告猛进史课题组等：《中国广告猛进史1979—2003》，华夏出版社2004年版，第288页。
③ 黄艳秋、杨栋杰：《中国当代商业广告史》，河南大学出版社2006年版，第125页。
④ 程士安、黄建新、陈文轩：《世纪之交：中国广告业的发展现状与前景》，《新闻大学》1997年第1期。

日，《解放日报》恢复刊登广告；到 4 月 17 日，《人民日报》也恢复刊登商业广告，从此中国广告业日渐繁荣。1979 年，法国阳狮集团落户中国①，随后其他国外广告公司陆续登陆中国开展广告活动，广告业在中国得到了全面恢复和发展。到 1985 年，中国广告业已初具规模，全国广告营业额 6.05 亿元，广告经营单位 6052 家，其中专业广告公司 680 家，广告从业人员 63819 人。不过，20 世纪 70 年代末 80 年代初，中国大陆的广告复兴在严格意义上还只是传统广告的复兴，这一时期的广告以生产者为中心，运作简单，设计制作粗糙，不关心消费者的接受和反应，表现方法大多是"信息告白加简单装饰"②。

图 2—1 天津牙膏厂主要产品广告，见《天津日报》1979 年 1 月 4 日第 3 版，《天津日报》被认为是中国大陆率先恢复商业广告的媒体

（二）现代广告探索时期（1986—1992 年）

1987 年召开的中国共产党第十三次全国代表大会确定全面深化改革的决定。1992 年，邓小平发表南巡讲话，为改革开放注入新的活力。是年，党的十四大确立社会主义市场经济体制目标模式，决定扩大对外开放，中国掀起了新一轮改革开放的高潮。1987 年，我国实现重大历史跨越，提前 3 年完成了"翻一番"的战略步骤，基本解决了人民的温饱问题。商品市场进一步丰富，消费者开始有了选择的空间，消费类型由"数量型"转变为"品质型"。人们希望商品价廉物美，对产品的质量、设计、造型、用途、品牌提出了更高的要求，而产品多样化和同类产品

---

① 胡亮：《外资重压下的危机　中国广告产业：羊与虎的博弈》，《中国经济时报》2006 年 7 月 4 日第 1 版。

② 余虹、邓正强：《中国当代广告史》，湖南科学技术出版社 2000 年版，第 27—28 页。

的丰富也为消费者的选择提供了前提。[①] 在前一阶段"节俭为上"的基础上，社会上又出现了"适度消费"和"量入为出"消费观。[②]

在这一历史时期，一些行业出现了由"卖方市场"向"买方市场"的过渡，市场竞争趋于激烈，商家深感此前简单的广告方式无法满足市场竞争的需要，中国广告界在摸索新的广告方式的过程中，迅速接受了西方的现代广告理念，在以消费者为中心、注重策划与创意、完善广告代理制、为客户提供全面服务为特征的现代广告作业方式方面进行尝试，由此拉开了中国广告业走向现代化的序幕。这一时期的广告创意与设计总的来看"有两大倾向：其一是严格按照西方理论与经验进行科学化创意；其二是取西方理论与经验之精神启示而应变于中国情境的艺术化创意。"[③] 广告行业涌现了两种特点鲜明、引领潮流的广告创意表现手法：理性诉求和感性诉求，为这一时期广告创意带来新气象。[④]

（三）动荡与快速成长时期（1993—1997 年）

市场经济的实行使经济发展"提速"，中国社会进入了一个全新的发展时期，各项事业的发展速度大大加快。1995 年，我国提前五年实现了"翻两番"的战略目标。伴随着改革的深入和经济的增长，居民消费出现了一系列引人注目的新变化。除了基本的消费需求之外，人们越来越注重生活的质量，消费观念发生了很大改变，人们不再粗茶淡饭，节衣缩食，追求健康、时尚、新颖、个性的现代消费观日益得到社会认可。同时，受西方消费观念的影响，消费态度和价值观出现国际化倾向。

在这一时期，中国有史以来最具购买力的消费大市场已经成型，为广告业的快速发展提供了赖以生存的强大母体。[⑤] 政策上，国家不再限制个体和私营广告经营户的发展，鼓励国营、集体、个体、合资等多种经济形式进入广告业，广告经营单位和从业人员陡然增长，广告业充满勃

[①] 陈晓云：《从消费需求的变化看我国企业产品营销观念的转变》，《西北师范大学学报》（社会科学版）1999 年第 1 期。

[②] 蒋亦斌：《当代中国消费观念变迁的阶段和特点——以广告传播表现为视角》，《商场现代化》2006 年第 7 期。

[③] 余虹、邓正强：《中国当代广告史》，湖南科学技术出版社 2000 年版，第 97 页。

[④] 黄艳秋、杨栋杰：《中国当代商业广告史》，河南大学出版社 2006 年版，第 45 页。

[⑤] 程士安、黄建新、陈文轩：《世纪之交：中国广告业的发展现状与前景》，《新闻大学》1997 年第 1 期。

勃生机，但同时也带来了混乱。五年中，我国广告业规模迅速膨胀，全国广告营业额年均递增46.75%。1996年，全国广告营业额占国内生产总值的比重首次超过0.5%，达到0.548%，标志着我国广告业进入起飞期。同时，广告表现的品质也有了很大提高，广告诉求日益多样化，符号表现成为广告传播中常用的方法，广告画面创作日益专业和精美，富有艺术感。[1] 但另一方面，行业竞争加剧，恶性发展，加上法规制度不全，广告市场混乱不堪。

（四）相对平稳发展时期（1998年至现在）

1997年，党的十五大宣布20世纪末达到小康的目标完全能够如期实现。2000年，我国国内生产总值首次突破1万亿美元，人均856美元，[2] 全国人民生活总体上实现了由温饱向小康的跨越。2002年，党的十六大又提出全面建设小康社会的目标，到2020年国内生产总值力争比2000年翻两番。十七大报告进一步提出，在优化结构、提高效益、降低消耗、保护环境的基础上，到2020年实现人均国内生产总值比2000年翻两番，对我国经济社会发展和全面建设小康社会提出了新的更高要求。进入21世纪，我国经济发展速度明显加快，2003年人均国内生产总值突破1000美元，[3] 2006年突破2000美元。人民生活日益富裕，消费观念进一步更新，开放、多元和变动是其重要的特征。在务实性消费的基础上，炫耀性消费成为一种突出的社会现象。为了显示自己的社会地位、经济实力和生活情趣，有些高收入的消费者拼命追求商品的时尚化、高档化、名牌化、国际化。消费生态化也成为一种新的潮流。

从1998年开始，我国广告业进入相对平稳发展时期，中国广告业经过20年的高速发展，现在正处于行业调整阶段。根据WTO服务贸易减让表，2005年12月10日以后我国允许建立外商独资广告公司。广告市场的开放给中国广告业的格局带来重大变化，也给广告表现形式带来新

---

[1] 蒋亦斌：《当代中国消费观念变迁的阶段和特点——以广告传播表现为视角》，《商场现代化》2006年7月中旬刊。

[2] 2005年第一次全国经济普查后修订为949美元。

[3] 2005年第一次全国经济普查数据修订后，我国人均国内生产总值首次突破1000美元的时间提前了两年，2001年我国人均国内生产总值为8621元/人，按当年汇率折算为1042美元/人。

的面貌。市场竞争白热化，广告主更重视策略组合，广告传播手段更趋成熟和多样。企业形象意识增强，文化底蕴受到空前重视。不同诉求方式被灵活运用，画面和文案表现更为巧妙、精致、更具冲击力，众多创新运用于信息传播中以提高传播效率。①

二 资料来源取样

本书研究的是中国的纸媒广告。纸媒广告多种多样，除了报纸广告和杂志广告之外，较为常见的还有商品宣传手册、直接邮递广告、购物点广告、商业宣传海报等。考虑到媒体的代表性和收集资料的便利性，本书只研究报纸和杂志广告。我国的报纸主要分为两大类：综合性报纸和专业性或行业性报纸，其中综合性报纸主要包括党报晚报和都市报。我国的杂志除党刊外，主要有新闻杂志、时尚娱乐休闲杂志和专业或行业杂志。研究者在选择研究的对象媒体时遵循以下原则：一是能涵盖或基本涵盖改革开放30年；二是来自我国广告业和社会文化最为发达的地区：北京、上海和广州；三是报刊本身具有代表性：历史悠久、市场化程度高、发行量大、广告数量和广告收入多、在国内市场乃至世界市场有重要影响；四是既有定位于高端市场的媒体，又有定位于大众市场的媒体，以提高媒体的读者覆盖面和广告产品覆盖面。根据我国报刊的实际情况，定位于高端市场的媒体将在杂志中选择，定位于大众市场的媒体将在报纸中选择。如此一来，党报党刊和新闻性杂志因为市场化程度不高或广告数量较少或政策掣肘较多而不具代表性；② 都市报因为创刊时间都较晚③，不能涵盖改革开放30年而被排除在研究对象之外；专业或行业性报刊因为面向特定对象，发行和广告均较为有限，也不适宜作为本研究的对象媒体。因此，研究的对象媒体只能在时尚娱乐休闲类杂志和晚报中选取。研究者发现，符合或基本符合以上原则的高端时尚娱乐休闲类杂志只有一家，这就是于北京出版的《时装 L'OFFICIEL》杂志

---

① 蒋亦斌:《当代中国消费观念变迁的阶段和特点——以广告传播表现为视角》，《商场现代化》2006年7月中旬刊。

② 现在有些党报在市场化方面也做得很好，广告收入很高（如《广州日报》），但在新闻改革之前，党报在广告经营方面不如晚报类报纸有代表性。

③ 1995年1月1日创刊的《华西都市报》是我国第一家都市报。

(原名《时装 FASHION》，以下简称《时装》），因此《时装》杂志成为本研究的对象媒体之一。符合以上原则的晚报有三家：北京的《北京晚报》、上海的《新民晚报》和广州的《羊城晚报》，因为已经选择了北京出版的《时装》杂志，为了使研究的对象媒体涵盖更广泛的地域，这里不再选择《北京晚报》。经过初步分析，《新民晚报》和《羊城晚报》都是较为合适的研究对象，在代表性基本等同的前提下，再考虑研究成本，为尽可能降低研究成本，这里选择《新民晚报》作为另一个研究对象。下面对《新民晚报》《时装》杂志及其广告作一简要介绍。

（一）《新民晚报》及其广告刊登情况简介

《新民晚报》1929 年创刊，至今有近 80 年的历史，是中国出版时间最长的晚报。在"文化大革命"中，《新民晚报》一度停刊。1982 年 1 月 1 日，《新民晚报》正式复刊。1998 年 7 月，《新民晚报》和《文汇报》联合成立报业集团——文汇新民联合报业集团。《新民晚报》是一家在全国有着很高知名度和影响力的报纸，它还面向海外发行，在世界报业市场也有一定的地位。在全球日报百强排行榜中，《新民晚报》一直列前 50 位，是上海地区唯一上榜的报纸。2008 年 6 月 2 日，世界品牌实验室发布的 2008 年（第五届）《中国 500 最具价值品牌排行榜》表明，《新民晚报》以 57.39 亿元的品牌价值，居国内传媒业第 8 位、晚报都市报类第 2 位。[①]《新民晚报》以"宣传政策、传播知识、移风易俗，丰富生活"为编辑方针，立足上海，面向全国，做"穿梭飞行于寻常百姓家的燕子"。它内容丰富，专刊众多，副刊有特色，版面雅俗共赏，文风生动活泼，赢得了众多不同层次读者的信任和喜爱，有一个人数多达数百万的忠实读者群体。1982 年年底，《新民晚报》发行量即达 100 万份，1988 年 3 月 1 日，发行量达到 1843173 份，创下历史最高点，现在的日均发行量在 110 万份左右。改革开放特别是 20 世纪 90 年代以来，《新民晚报》发展迅速，经济效益连续多年居全国晚报之首，竞争力在全国晚报都市类报纸中位居前列。目前，《新民晚报》一般日出 32 版以上，时常达到 64 版，甚至更多，其中广告版面占 30% 左右。因为读者面广、影响力大、

[①] 《羊城晚报》以 61.98 亿元的品牌价值，继续稳居国内传媒业第六位、晚报都市报类第一位。参见《羊城晚报品牌价值五年增长 44%》，《羊城晚报》2008 年 6 月 4 日第 A2 版。

48 / 中国纸媒广告中的文化符号和文化价值观(1979—2008)

传播效果好等优势,《新民晚报》的广告一直深受客户青睐,2007年的广告营业额在5.5亿元左右。① 从所占版面的大小看,《新民晚报》上的广告通常有半通栏广告、通栏广告、半版广告、整版广告、跨版广告等形式,此外还有大量的小版面广告。从刊登的位置看,《新民晚报》上的广告通常有报眼广告、中缝广告、版面底部广告、半版广告、整版广告等形式,还有专门的分类广告版面。在《新民晚报》的各种行业周刊、专版上,常常集中刊登大量相关行业的广告。

图2—2 《新民晚报》及其广告,2008年3月20日第A1版和A8版

(二)《时装》杂志及其广告刊登情况简介

《时装》杂志是中国历史上第一本时装时尚类杂志,1980年创刊,至今有近三十年的历史。在1995年及之前,《时装》杂志均为季刊,1996年改为双月刊,2000年改为月刊,2003年第11期起,《时装》杂志正式与法国的《L'OFFICIEL》②杂志开展版权合作。与此同时,杂志全面改

---

① 陈保平:《纸张涨价 报业的压力与对策》,《传媒》2008年第9期。
② 《L'OFFICIEL》(中文名《巴黎时装公报》或《巴黎时尚潮》)是一本以高档女装和上流社会时尚生活为主要内容的女性时尚杂志。

图 2—3 《时装》杂志封面，2006 年 7 月

版为国际豪华大开本，《时装》杂志自此由一本本土时尚杂志，升华为备受瞩目的国际奢华大刊。

　　《时装》杂志的发展轨迹与中国的改革开放历程几乎完全重合，它记录了这三十年中国时装文化和时装业的发展，见证了中国时装时尚产业的全部历史。作为中国目前唯一一本定位于介绍高级时装及奢侈品类的时尚杂志，《时装》杂志秉承其奢华、优雅、高尚的品牌定位，完美融合国际化与本土精神，为时尚精英们呈献出国际一流的时装资讯盛宴，全方位引导国际流行与消费潮流，推介高品质的生活方式。《时装》杂志有 FEATURE（专题）、FASHION（时装）、BEAUTY（美容）、LIFE STYLE（生活方式）四个板块的丰富资讯。它以拥有大学及以上学历、26 岁以上的职业女性为主要读者群体，是精英品位女性阶层认可的高端奢侈品和风尚杂志，是目前中国最具影响力的女性时装时尚读本之一。《时装》杂志以其独树一帜的方式发行，覆盖了除台湾省之外的中国所有地区。20 世纪 80 年代中后期，《时装》杂志发行量曾达到近 80 万册，在当时的市场环境下遥遥领先。如今，《时装》杂志在保留原多数人群市场

图2—4 《时装》封底广告，2008年8月

份额的基础上，有针对性地向目标人群进行投放。着力推行北京、上海、广州、香港、澳门等重点城市高档社区、场所的投放，主要的投放地点包括高档商厦、写字楼；高档物业售楼处；高档汽车维修、保养中心；高档俱乐部；高档美容中心；会馆、画廊等。① 《时装》杂志目前的发行量约46万份，广告基础刊例价16.4万元②，市场份额、竞争指数在中国同类杂志中稳居前10位。从所占版面的大小看，《时装》杂志上的广告通常有半版广告、整版广告、跨版广告等形式，还有少数小版面广告。从刊登位置看，《时装》杂志上的广告通常有封面折页广告、封二（折页）广告、扉页广告、目录前广告、目录间广告（在杂志的目录中间插入一个个整版广告）、内页广告、内页插页广告、末页广告（以"为热心的读者们准备的礼品"为题，对作为礼品的商品进行介绍）、封三广告和封底广告等形式。

---

① 据《时装》杂志介绍，参见《时装》杂志社网站（http://www.lofficiel.cn）。
② 数据来源：尼尔森梅花中国传媒库（www.mediasearch.cn）。

在以上两大研究对象中，《新民晚报》是大众化报纸，上面的广告商品多为大众化商品，产品种类非常宽泛。《时装》杂志则是高级时尚期刊，上面的广告商品主要是时装、美容化妆品和首饰，多为奢侈品或较为贵重的商品（1998年之后尤其如此）。这两个出版物上的广告商品，既涵盖了大部分常见的产品种类，又涵盖了各种卷入度①的商品。而且，这两个报刊的出版地上海和北京都是中国经济、广告和社会文化最为发达的地方，传统文化源远流长，外来文化由此传入，消费时尚在此兴起，文化潮流以此为中心向四面扩散。因此，笔者认为，选择这两种分别于上海和北京出版的报刊作为研究的对象媒体，既有助于提高资料来源的代表性，也有助于提高研究结果的适用性。

三　日期取样与分析单位取样

（一）《新民晚报》抽样

对于《新民晚报》，研究的时间范围是1982年1月1日（《新民晚报》正式复刊日）至2008年8月31日，研究者运用分层随机抽样的方法抽取报纸的日期。先根据前述关于改革开放以来中国广告发展的时间分期，把这三十年中的《新民晚报》分为四个时期，一是1982年1月1日至1985年12月31日，二是1986年1月1日至1992年12月31日，三是1993年1月1日至1997年12月31日，四是1998年1月1日至2008年8月31日。再在每一时期中各抽取100天的报纸。方法如下：运用Excel电子表格，产生从1982年1月1日至1985年12月31日的时间序列，然后用电脑产生的随机数对这些日期进行排序，前100个日期即为选中的

---

① 商品的卷入度分为高、中、低三个不同的层次，分类的依据主要有两点：一是产品价格，二是购买过程中与产品有关信息的搜索量。一般来说，产品价格越高，购买时搜索的产品信息就越多，反之则越少。高卷入度商品（high-involvement products）通常是指价格高，购买频次较低，并且消费者购买前需要进行较多相关信息搜索的商品，典型的如汽车、房地产、珠宝首饰等。低卷入度商品（low-involvement products）是指价格低，购买频繁的商品，并且消费者购买前不需要进行较多相关信息搜索的商品，典型的如食品饮料、日用品等。中卷入度商品（medium-involvement products）的价格中档，消费者购买时需要进行中等程度的信息搜索和信息处理，典型的如手表、电视机、相机等。卷入度与产品类别并非一一对应的关系，同属某一产品类别，卷入度可能不同，例如同是手表，普通手表是中卷入度产品，但价格数以万元计高档豪华手表则属高卷入度产品。

日期。其他时期的抽样依此进行，最终共选出400天的报纸。

研究者只分析抽到的《新民晚报》上的商品广告，企业广告和公益广告不在研究之列。一则广告是一个分析单位，任何同一个品牌的相同广告只计算一次。由于《新民晚报》上的广告数量巨大，这里只分析所占版面相对较大的广告（在1982—1985年和1986—1992年，分析单位为通栏及通栏以上版面的广告；在1993—1997年和1998—2008年，分析单位为半版及半版以上版面的广告），1982—1985年符合要求的样本广告有113个，1986—1992年237个，1993—1997年277个，1998—2008年556个，总计获得样本广告1183个。

（二）《时装》杂志抽样

对于《时装》杂志，只研究其正刊，即《时装 L'OFFICIEL》（2003年11月以前为《时装 FASHION》），不研究其附刊和子刊（如2008年3月创刊的男刊《时装 L'OFFICIEL HOMMES》等不在研究之列）。研究的时间范围是1980年春季号（季刊）至2008年第8期（月刊）。但遗憾的是，尽管研究者搜寻了四家图书馆，仍有5期杂志没有找到，这5期杂志分别是1980年的全部4期和1987年的夏季号，这可能会给研究结果带来一定程度的偏差。但根据同时期《时装》杂志刊登广告的情况进行推断，所缺的5期杂志上面刊登的广告数量非常有限。所以，即使有些偏差，该偏差也是很小的。

同样，这里只研究《时装》杂志上的商品广告，企业广告和公益广告不在研究之列，一则广告是一个分析单位，任何同一个品牌的相同广告只计算一次。因为《时装》杂志定位特殊，该杂志刊登的广告绝大多数（95.1%）为时装、美容化妆品和首饰广告，其他类别商品的广告数量太少，不便分析和比较，所以这里只分析其中的时装、美容化妆品和首饰广告。另外，这里只分析彩色整版及整版以上版面的广告。① 因为1980—1997年《时装》杂志上广告较少，我们对这18年中所有符合要求的广告都进行研究，不进行抽样。又因为1998—2008年《时装》杂志广告很多，我们对这一时期的《时装》杂志进行了系统抽样，每年抽出一

---

① 近几年的《时装》杂志经常设计折叠式封面，这种封面比原版面扩大一倍，再在封二打通版面刊登广告，有时在内页也会打通版面刊登广告，这些广告的版面都大于整版。

期。先随机确定抽样起点为 1998 年第 4 期，1999 年抽取第 5 期，2000 年抽取第 6 期，依此类推。抽得的杂志上所有彩色整版及整版以上版面的时装、美容化妆品和首饰广告组成 1998—2008 年的研究样本。最终确定 1980—1985 年符合要求的样本广告 52 个，1986—1992 年 62 个，1993—1997 年 91 个，1998—2008 年 99 个，总计获得的样本广告有 304 个。

第五节 编码方案与信度和效度分析

一 编码方案

（一）《新民晚报》广告编码方案

研究者首先定义了中国纸媒广告表现中常见的两类文化符号——中式文化符号和西式文化符号，这两类文化符号及其操作性定义详见表 2—1。

表 2—1 中国纸媒广告表现中的中式文化符号和西式文化符号及其操作性定义

序号	文化符号	操作性定义
1	中式文化符号	（1）中式器物或背景：中式器物（如家具、用品、服饰、建筑、文物、古迹、风景、艺术品等）、中式背景（如数代同堂等）。 （2）中国模特或名人：中国模特，中国名人、歌星、影视明星、著名运动员等，包括中国人和海外华人
2	西式文化符号	（1）西式器物或背景：西式器物（如家具、用品、服饰、建筑、文物、古迹、风景、艺术品等）、西式背景（如教堂婚礼等）。 （2）西方模特或名人：西方模特，西方名人、歌星、影视明星、著名运动员等

本研究的编码方案中所包含的文化价值观主要参考了 Cheng Hong 等（1996）的《中美电视商业广告中的文化价值观》一文。[1] 为了检验该文文化价值观分类的适用性，研究者从《新民晚报》所有样本广告组成的

---

[1] Hong Cheng & John C. Schweitzer, "Cultural values reflected in Chinese and U. S. television commercials." *Journal of advertising research*, Vol. 36, No. 3, May/June 1996, pp. 29–30.

数据库中抽取了大约10%的广告共计119个——其中属于1980—1985年的广告11个，1986—1992年24个，1993—1997年28个，1998—2008年56个——进行预先测试。之后，研究者根据预测情况，参考Pollay（1983）的文化价值观分类和Mueller（1987，1992）、Lin（2001）、冯捷蕴（2004）、冯丙奇（2006）等人的研究框架，对Cheng Hong等的文化价值观分类进行了适当调整，删去了"冒险"（Adventure）、"魔力"（Magic）、"整洁"（Neatness）、"养育"（Nurturance）和"工作"（Work）5个文化价值观，增加了"品位""自由""情感""面子"和"征服自然"5个文化价值观，Cheng Hong等的文化价值观分类中的"爱国主义"（Patriotism）并入"情感"。最终，研究者确定了用来分析中国纸媒广告诉求的31个文化价值观，① 这31个文化价值观及其操作性定义详见表2—2。

表2—2　　中国纸媒广告诉求的文化价值观及其操作性定义

序号	文化价值观	操作性定义
1	美丽	商品让使用者变得更加可爱、优雅、潇洒、英俊、有吸引力
2	享乐	使用商品带来享受和快乐
3	休闲	休息、舒适、放松、惬意
4	流行	畅销，商品被目标消费者广泛接受和认同
5	社会地位	商品能够提升使用者在他人眼中的社会等级，使用商品能够带来威望、新潮感和自信自豪感；名人使用
6	财富	贵重、富有、奢华、充足，某商品或服务让使用者显得有钱

---

① Richard W. Pollay. "Measuring the Cultural Values Manifest in Advertising." *Current Issues & Research in Advertising*, Vol. 6, No. 1, 1983, pp. 71 – 92. Barbara Mueller. "Reflections of Culture: An Analysis of Japanese and American Advertising Appeals." *Journal of Advertising Research*, Vol. 27, No. 3, August 1986, pp. 51 – 59. Barbara Mueller. "Standardization vs. Specialization: An Examination of Westernization in Japanese Advertising." *Journal of Advertising Research*, Vol. 32, No. 1, 1992, pp. 15 – 24. Carolyn A. Lin, "Cultural values reflected in Chinese and American television advertising." *Journal of advertising*, Vol. 30, No. 4, Winter 2001, pp. 83 – 94. 冯捷蕴：《中国大陆的文化价值观：以2004年网络广告内容分析为例》，《现代传播》2004年第5期。冯丙奇：《北京地区市民报纸房地产广告图片主导性文化价值的转变——以〈北京晚报〉为例》，《现代传播》2006年第2期。

续表

序号	文化价值观	操作性定义
7	智慧	知识、教育、明智、专家和经验
8	品位	有情趣、有格调、有追求、有意义、有涵养、上档次、高级趣味、高档豪华，强调商品的艺术感和与人的内在修养有关的内容
9	自由	自发、无忧无虑、无约束、放纵、放荡不羁、充满热情
10	情感	爱情、亲情、友情、乡情，成就感、自我肯定，爱国，等等
11	质量	品质优良，获得某种奖励或认证，做工精细，名优产品
12	独特	商品与众不同的、无可争锋的、无与伦比的、举世无双的特性
13	便利	容易获得，操作简单，使用方便
14	节省	不贵、买得起、省钱、实惠，赠券、送礼，抽奖
15	功效	具有某种功能、用途，能够达到某种使用效果
16	科技	加工工艺；发明、创造、专利；含秘密成分；运用先进、尖端的技术
17	健康	使用商品将提高或改善精力、体力、健康水平，使人精力充沛，生命力旺盛
18	安全	商品可靠、可使使用者免于某种侵害或危险
19	集体主义	群体导向，从众
20	家庭	强调家庭生活和家庭成员，广告重点放在家庭场面：结婚、亲人欢聚，血缘关系，商品对家庭有益
21	面子	强调羞耻感和个人尊严，避免在公共场合和社会交往中丢脸
22	尊老	向老人征求意见、建议、忠告，尊重老年人，孝敬父母长辈
23	传统	过去的经验、习惯、风俗，历史方面的特性，传说，历史悠久
24	天人合一	大自然的恩惠与美丽，人与自然的交互作用与密切关系，返璞归真，人与自然和谐相处
25	礼貌	使用经过修饰的、和蔼可亲的语言，表现对消费者的尊敬和友好
26	竞争	通过进攻性比较与竞争对手相区别，包括提及竞争商品名称的直接比较和使用诸如"第一"、"领先者"之类词语的间接比较
27	征服自然	人类战胜自然力量，人比自然优越，强调技术成就
28	个人主义	个人导向，强调自足和依靠自己；个性独特、与众不同
29	现代感	时下的、超前的、样式领先的；新颖的、新潮的、时尚的
30	性吸引	涉及性描写；诱惑的、色情的模特，展露性征，或有情侣牵手、拥抱、接吻等场景
31	年轻	年纪小，长相青春；使用年轻的模特，表现对年轻一代的羡慕

如前所述，编码方案中的 31 种文化价值观可以从两个维度来分类。一方面，这些文化价值观可以分为中国传统文化价值观和西方文化价值观。典型的中国传统文化价值观有"社会地位""情感""集体主义""家庭""面子""尊老""传统""天人合一"等；典型的西方文化价值观有"享乐""财富""自由""征服自然""竞争""个人主义""现代感""性吸引""年轻"等等；[①] 另一方面，这些文化价值观可以分为实用性文化价值观和象征性文化价值观。实用性文化价值观强调商品使用价值方面的特色与优点，包括"质量""独特""便利""节省""功效""科技""健康""安全"等。象征性文化价值观则暗示商品具有心理和精神方面的价值，包括"美丽""享乐""休闲""流行""社会地位""财富""智慧""品位""自由""情感""面子""传统""现代感""年轻"等。

不过需提及两点：第一，尽管这里归纳的文化价值观有 31 种之多，但并未穷尽中国当代广告诉求的所有文化价值观。实际上，穷尽既难以做到，也没有必要。只要分析这些主要的文化价值观，找出各时期中国纸媒广告诉求中最为常见的文化价值观，对这些主要文化价值观进行分类统计与比较，并结合广告表现中文化符号的使用情况，就可以看出中国传统文化是否仍然受到中国消费者的重视，也可以为我们讨论消费主义文化在当代中国的发育状况提供依据。第二，学术界对中国传统文化价值观和西方文化价值观、实用性文化价值观和象征性文化价值观的界定至今还没有形成共识[②]，因此，这里不对以上所有文化价值观进行完全分类。在下面讨论时，我们将不涉及尚有争议的文化价值观，只讨论归属明确的文化价值观。

本书对改革开放 30 年中国纸媒广告商品的产品类别的变化也将进行研究，为此需要对广告商品的产品类别进行编码。Katz 和 Lee（1992）把

[①] 可参见 Hong Cheng & John C. Schweitzer, "Cultural values reflected in Chinese and U. S. television commercials." *Journal of advertising research*, Vol. 36, No. 3, May/June 1996, pp. 27 – 45. Carolyn A. Lin, "Cultural values reflected in Chinese and American television advertising." *Journal of advertising*, Vol. 30, No. 4, Winter 2001, pp. 83 – 94.

[②] 冯捷蕴：《中国大陆的文化价值观：以 2004 年网络广告内容分析为例》，《现代传播》2004 年第 5 期。

广告商品分为汽车、美容和个人护理用品、服装、食品饮料、家电、药品、服务、旅游、工业品、混合型商品 10 个类别。[①] 我国疯狂广告网把广告商品分为食品饮料、服饰化妆、家具电器、电脑数码、医药保健、日用百货、交通运输、建筑房产、旅游餐饮、通信网络、金融保险、能源化工、文化传媒、影视预告和其他行业等类别。[②] 在 Katz 和 Lee 以及疯狂广告网分类的基础上，结合《新民晚报》广告商品产品类别的实际情况，研究者把广告商品的产品类别分为 10 个大类，每一个大类又包涵若干小类，详细分类参见表 2—3。

表 2—3　　　　　　　　　　产品分类

序号	产品类别	所包含的小类
1	食品饮料	零食、糖果、调味品、乳奶制品、冷饮、方便食品、果汁、可乐、茶类、酒类、咖啡等
2	服饰	各种内外服装、鞋袜帽子、钟表眼镜、珠宝首饰、男女时装等
3	家具电器	家具、电脑、电子产品、移动电话、数码产品、家用电器等
4	医药保健	医疗器械、药品、保健品等
5	日用品	日常生活用品、美容和个人护理用品、女性用品、男性用品、儿童用品、家居橱具、洗涤用品等
6	交通运输	家庭轿车、其他车种、汽车相关产品等
7	房地产	商品房、写字楼等
8	服务产品	餐饮、通信、旅游、金融、保险、零售、中介、家装、邮递、维修、交通、网络服务、教育培训、文化娱乐等
9	生产资料	生产机械、设备、原材料等
10	其他	以上类别之外的各种商品

在以上操作性定义和分类的基础上，研究者编制了《新民晚报》广告信息编码表。编码表包含基本数据以及针对每一个广告进行产品类别

---

① Katz, Helen and Wei-Na Lee. "Ocean Apart: An Initial Exploration of Social Communication Differences in U. S. and U. K. Prime-Time Television Advertising." *International journal of Advertising*, Vol. 11, No. 1, 1992, pp. 69–82.

② 参见疯狂广告网（http://www.mad26.com/index.asp）。

分析、文化符号分析和文化价值观分析的列表，详见表2—4。

表2—4　　　　　　　　《新民晚报》广告信息编码

编　码　员：_____	广告编号：_____	品牌名称：_____
产品名称：_____	刊载日期：_____	所在版面：_____

广告所属时期：根据广告刊登的日期，从下列选项中选择一个对应值填入括号：（　）
1. 1982—1985 年；2. 1986—1992 年；3. 1993—1997 年；4. 1998—2008 年

产品类别：广告商品所属的产品类别值记为1（1代表"是"），其他记为0（0代表"否"）
1. 食品饮料（　）；　2. 服饰（　）；　3. 家具电器（　）；　4. 医药保健（　）；
5. 日用品（　）；　6. 交通运输（　）；7. 房地产（　）；　8. 服务产品（　）；
9. 生产资料（　）；　10. 其他（　）

文化符号：广告表现中的文化符号值记为1（1代表"是"），其他记为0（0代表"否"）
1. 中式文化符号（　）；2. 西式文化符号（　）；3. 其他（　）

文化价值观：广告诉求的文化价值观值记为1（1代表"是"），其他记为0（0代表"否"）
1. 美丽（　）；　　2. 享乐（　）；　　3. 休闲（　）；　　4. 流行（　）；
5. 社会地位（　）；6. 财富（　）；　　7. 智慧（　）；　　8. 品位（　）；
9. 自由（　）；　　10. 情感（　）；　11. 质量（　）；　　12. 独特（　）；
13. 便利（　）；　14. 节省（　）；　15. 功效（　）；　　16. 科技（　）；
17. 健康（　）；　18. 安全（　）；　19. 集体主义（　）；20. 家庭（　）；
21. 面子（　）；　22. 尊老（　）；　23. 传统（　）；　　24. 天人合一（　）；
25. 礼貌（　）；　26. 竞争（　）；　27. 征服自然（　）；28. 个人主义（　）；
29. 现代感（　）；30. 性吸引（　）；31. 年轻（　）；　　32. 其他（　）

　　编码员判断广告文化符号的依据是广告图片和广告文案，以图片为主。广告运用的文化符号是显而易见的，它集中表现为广告图片中的场景、器物或广告模特，而且有时也会有相应的文字信息。没有运用明显文化符号的广告，其文化符号将被编码为"其他"。编码员主要根据广告文案来判断每个广告中的文化价值观，因为与图片相比，文字传播信息更为清晰、明确。广告诉求的文化价值观一般会在文案中有所表现或得到强调，最常见的是通过广告标题来表现，正文则对广告的主要诉求点起进一步解释、说明、强调的作用。如果某广告文案的重点信息和主要内容与某文化价值观的操作性定义相符，那么该广告就被编码为这一文化价值观。如果某一则广告的产品类别、文化符号或文化价值观难以判断，或不在上述编码方案中，那么这个广告的相应信息就被编码为"其他"；有些广告可能不只运用了一种文化符号，或不只诉求一种文化价值观，这时只编码其中的最重要的文化符号和最重要的文化价值观，其他次要的文化符号与文化价值观都不予编码。

编码程序如下：

（1）填写基本数据；

（2）编码产品类别；

（3）分析广告图片或背景，参照广告文案，对该则广告运用的文化符号进行编码。如果广告同时运用了几种文化符号，则把最突出、最醒目或面积最大者作为该则广告的文化符号；

（4）根据广告标题（如果有的话）初步确定该则广告诉求的文化价值观；如果没有标题，则直接阅读正文或其他文字；

阅读广告正文（如果有的话）或其他文字，结合广告图片，确定该则广告诉求的文化价值观。如果广告文案同时提到了几种文化价值观，则把位置最突出、最醒目或最先提到者作为该则广告的文化价值观；

（5）与相应的文化符号和文化价值观的操作性定义进行对照，反复核对，确认并填写完毕。

数据收集和整理完成之后，研究者将使用SPSS软件，采用频数分析、卡方检验和相关性检验等方法进行统计。

（二）《时装》杂志广告编码方案

《时装》杂志与《新民晚报》在很多方面都不同，不能把分析《新民晚报》广告的编码方案照搬过来分析《时装》杂志广告。所以，在进行编码之前，研究者同样就编码方案对《时装》杂志广告的适用性进行了预先测试。分别抽出不同时期的《时装》杂志各一期，对其广告进行分析发现，前述《新民晚报》广告编码方案中的各个文化价值观并没有全部体现在《时装》杂志广告中，因此研究者对前述编码方案中的文化价值观进行了调整，删去了"自由""节省""健康""安全""集体主义""家庭""面子""尊老""竞争"和"征服自然"10个文化价值观，保留了"美丽""享乐""休闲""流行""社会地位""财富""智慧""品位""情感""质量""独特""便利""功效""科技""传统""天人合一""礼貌""个人主义""现代感""性吸引""年轻"21个文化价值观。《时装》杂志广告也不需要进行产品类别编码,因此把《新民晚报》广告编码表中的"产品类别"一项删去。调整后的编码表详见表2—5,编码程序与《新民晚报》广告相同。

表2—5　　　　　　　《时装》杂志广告信息编码

编　码　员：_____　广告编号：_____　品牌名称：_____ 产品名称：_____　刊载期次：_____　所在版面（页）：_____
广告所属时期：根据广告刊登的期次,从下列选项中选择一个对应值填入括号：（　） 1. 1980—1985年；2. 1986—1992年；3. 1993—1997年；4. 1998—2008年
文化符号：广告表现中的文化符号值记为1（1代表"是"）,其他记为0（0代表"否"） 1. 中式文化符号（　）；2. 西式文化符号（　）；3. 其他（　）
文化价值观：广告诉求的文化价值观值记为1（1代表"是"）,其他记为0（0代表"否"） 1. 美丽（　）；　2. 享乐（　）；　3. 休闲（　）；　4. 流行（　）； 5. 社会地位（　）；6. 财富（　）；　7. 智慧（　）；　8. 品位（　）； 9. 情感（　）；　10. 质量（　）；　11. 独特（　）；　12. 便利（　）； 13. 功效（　）；　14. 科技（　）；　15. 传统（　）；　16. 天人合一（　）； 17. 礼貌（　）；　18. 个人主义（　）；19. 现代感（　）；　20. 性吸引（　）； 21. 年轻（　）；　22. 其他（　）

二　信度和效度分析

（一）信度分析

信度（Reliability）是指测量的可靠性或稳定性,也就是使用相同研究技术重复测量同一对象时,得到相同研究结果的可能性。[①] 在同样或类似的条件下重复测量,如果所得结果的一致性越高、稳定性越好,信度就越高。为确定本研究编码方案的可靠性,研究者从《新民晚报》所有样本组成的数据库中抽取了大约10%的广告共计122个——其中1982—1985年的广告13个,1986—1992年22个,1993—1997年27个,1998—

---

① ［美］艾尔·巴比：《社会研究方法基础》,邱泽奇译,华夏出版社2004年版,第104页。

2008年60个——进行了一系列信度测试。①

首先，我们进行了编码员交互信度测试。除了研究者本人，参与编码的另有两位编码员。编码前研究者给他们详细解释了编码方案，发现理解有分歧及时讨论，统一认识，对编码程序、表格填写的要求，研究者也一一作了说明。经过培训和两次练习，编码员对编码工作已经十分熟悉，对编码方案达到了较为一致的理解，之后3人才分头对信度测试样本进行编码。计算编码员交互信度的方法是 Holsti 的相互同意度公式以及 Wimmer 和 Dominick 的信度公式。② 结果如下：关于"广告所属时期"，编码信度达到 1.0，这一信度系数相当高是容易理解的，因为"广告所属时期"界定清楚，很容易判断。关于广告"产品类别"，编码信度达到 0.99，同样这一信度系数也相当高，也是因为容易判断。关于广告表现中的"文化符号"，信度系数达到 0.94。关于广告诉求的"文化价值观"，信度系数达到 0.89。Kassarjian（1977）提出，最小的交互判断信度是 0.85。③ 上述各方面的信度都符合这一要求。

其次，由于在本研究中，编码过程经历的时间较长，所以研究者运用"重测法"（Test-retest Method）对研究者编码的稳定性进行检验，即把上述编码方案用于相同的一组广告，前后测试两次，再求两次测量结果之间的相关系数。芬克斯和克斯克夫（Fink 和 Kosecoff）认为，用这种方法考量信度时，前后两次测量结果间的相关系数达到 0.7 以上，才是可以接受的。④

在第一次编码结束一个月之后，研究者对用来进行信度测试的 122 则广告进行第二次编码，并对这前后两次编码的结果进行相关分析。下面

---

① 因为《时装》杂志广告编码方案由《新民晚报》广告编码方案删减而成，所以不另外进行信度测试。

② 相互同意程度 $K = 2M/N_1 + N_2$，其中 M 为两人都完全相同的类目数，N_1 为第一编码员所分析的类目数，N_2 为第二编码员所分析的类目数。信度 $R = n \times \overline{K}/[1 + (n-1)\overline{K}]$，其中 n 为参加编码的人数，$\overline{K}$ 为平均相互同意程度，$\overline{K} = (K_1 + K_2 + \cdots + K_n)/n$。

③ Barbara Mueller. "Standardization vs. Specialization: An Examination of Westernization in Japanese Advertising." *Journal of Advertising Research*, Vol. 32, No. 1, 1992, p. 20.

④ 罗文辉：《精确新闻报道》，转引自王锡苓《传播学研究方法》，兰州大学出版社 2002 年版，第 41 页。

是按编码表中各个项目进行相关分析的计算结果：

1. "广告所属时期"的前测与后测结果之间的相关性检验。"广告所属时期"是定序变量，这里计算 Kendall's tau-b 系数和 Kendall's tau-c 系数。[①] Kendall's tau-b 系数值高达 1.000（Kendall's tau-b 系数值如此之高不难理解，因为每一个广告的此项属性非常易于判断），Kendall's tau-c 系数值也较高，达到 0.887，这表明前测结果与后测结果之间有很强的正相关关系，一致性比较高。两个系数的概率 p 值均为 0.000，小于显著水平 α 值（设为 0.05），应拒绝零假设，前测与后测的结果之间存在相关关系。[②]

2. 广告商品"产品类别"的前测与后测结果之间的相关性检验。广告商品的"产品类别"是定类变量，这里计算 Cramer's V 系数和列联系数。[③] Cramer's V 系数和列联系数分别达到 0.948 和 0.943，表明前测结果与后测结果之间有很强的相关关系，一致性相当高。同时概率 p 值均为 0.000，小于显著水平 α 值（设为 0.05），应拒绝零假设，"产品类别"的前测结果与后测结果之间存在相关关系。

3. 广告表现中的"文化符号"前测与后测结果之间的相关性检验。广告表现中的"文化符号"是定类变量，这里计算 Cramer's V 系数和列联系数。Cramer's V 系数和列联系数的值分别达到 0.795 和 0.872，前测结果与后测结果之间有较强的相关关系，一致性比较高。同时概率 p 值均为 0.000，小于显著水平 α 值（设为 0.05），应拒绝零假设，"文化符号"的前测结果与后测结果之间存在相关关系。

---

① Kendall's tau-b 系数和 Kendall's tau-c 系数都是适用于两定序变量相关性检验的方法，分别用于方形列联表和任意格数的列联表，取值范围都在 −1—1 之间，正负号代表相关方向，绝对值越接近 1，相关性越强。参见薛薇《SPSS 统计分析方法及应用》，电子工业出版社 2004 年版，第 105 页。

② 这里的零假设是前测与后测结果之间不相关。显著水平 α 值可根据情况定义为 0.001，0.01 或 0.05。如果概率 p 值大于显著水平 α 值，则不应拒绝零假设，即零假设成立；如果概率 p 值小于或等于显著水平 α 值，应拒绝零假设，即零假设不成立。

③ Cramer's V 系数和列联系数都是适用于两定类变量相关性检验的方法，取值范围都在 0—1 之间，取值越接近 1，相关性越强。参见薛薇《SPSS 统计分析方法及应用》，电子工业出版社 2004 年版，第 103 页；王锡苓《传播学研究方法》，兰州大学出版社 2002 年版，第 308—310 页。

4. 广告诉求的"文化价值观"前测与后测结果之间的相关性检验。广告诉求的"文化价值观"是定类变量，这里计算 Cramer's V 系数和列联系数。Cramer's V 系数和列联系数的值分别达到 0.794 和 0.963，前测结果与后测结果之间有较强的相关关系，一致性比较高。同时概率 p 值均为 0.000，小于显著水平 α 值（设为 0.05），应拒绝零假设，"文化价值观"的前测结果与后测结果之间存在相关关系。

上述计算结果显示，编码表中所有项目的前后两次编码结果之间的相关系数都在芬克斯和克斯克夫（Fink and Kosecoff）所主张的最低要求 0.70 以上。因此，研究者认为，编码者的编码稳定性是可以接受的。把上述两项信度检测的结果结合起来看，研究者认为整个编码方案具有充分的信度。

（二）效度分析

效度（Validity）是指测量在多大程度上反映了概念的真实含义，即测得的结果与真实情况之间的一致性程度，这种一致性程度越高，效度就越高，反之，效度越低。内容分析研究的效度没有类似编码信度的评估公式，但并非不要效度检验，至少研究者需要自我审查。[①]

首先，依据理论或过去的研究成果来构建类目，是一般的内容分析所普遍采用的做法。本书的 31 个文化价值观中，除了"品位"和"情感"是由研究者自己设计的之外，其他文化价值观及其操作性定义均来自以前的研究，它们的可操作性已经得到证实，效度得到公认，一般不用担心其正确性和可靠性。[②] 所以，对这些直接引自其他研究的文化价值观及其操作性定义，这里不再检测其效度。

其次，研究者对"中式文化符号"和"西式文化符号"以及"品位"和"情感"两个文化价值观的操作性定义进行效度检测。效度的类型和测量方法有多种，这里检验的是内容效度，即操作性定义的适当性。采取的方法有两种，一是自我审查，二是专家判断。

研究者经过自我审查认为，本书关于"中式文化符号"和"西式文

[①] 余红：《新闻内容分析的信度和效度》，《华中科技大学学报》（社会科学版）2004 年第 4 期。

[②] 王锡苓：《传播学研究方法》，兰州大学出版社 2002 年版，第 175—176 页。

化符号"以及"品位"和"情感"两个文化价值观的操作性定义准确、明晰，据此可以测得相应的文化符号或文化价值观。

对于"中式文化符号"和"西式文化符号"以及"品位"和"情感"两个文化价值观的操作性定义，研究者还请业内知名专家进行效度评估，并根据他们的意见进行了修正。三位评估专家分别来自国内三所不同大学，是新闻学与传播学学科的资深教授。他们一致认为，本研究中"中式文化符号"和"西式文化符号"以及"品位"和"情感"两个文化价值观的操作性定义比较准确，根据这些操作性定义，可以较为有效地判断广告表现中是否运用"中式文化符号"或"西式文化符号"，也可以较为有效地确定一个广告是否诉求"品位"或"情感"。

总的来看，整个编码方案的效度是可以接受的。

第三章

样本广告资料分析与结果

第一节 《新民晚报》样本广告资料分析与结果

一　《新民晚报》广告商品的产品类别

（一）1982—2008年《新民晚报》广告商品的产品类别及其分布比较

根据研究设计，本书把《新民晚报》广告商品分为"食品饮料""服饰""家具电器""医药保健""日用品""交通运输""房地产""服务产品""生产资料"和"其他"十大类别。对《新民晚报》广告商品的"产品类别"与"广告所属时期"这两个变量进行相关性检验（见表3—1），Cramer's V系数和列联系数分别为0.441和0.607，表明这两个变量之间具有一定的相关关系。同时概率p值均为0.000，小于显著水平α值（设为0.05），应拒绝零假设，广告商品的产品类别与广告所属时期之间存在相关关系。对《新民晚报》广告商品的每一产品类别在不同历史时期的分布情况进行卡方检验和具体分析，可以更清楚地看到这种相关性。

表3—1　广告商品的产品类别与广告所属时期相关性检验

系数	系数值	概率p值
Cramer's V系数	0.441	0.000
列联系数	0.607	0.000
有效样本	1183	

1982—2008 年《新民晚报》广告商品的每一产品类别及其分布情况如表 3—2 所示。由表 3—2 可知，近三十年来，除了"医药保健"和"其他"类之外，《新民晚报》广告商品中大部分产品类别的分布情况都发生了显著的变化。

表 3—2　1982—2008 年《新民晚报》广告商品的产品类别及其分布比较

产品类别	1982—1985 年 n=113	1986—1992 年 n=237	1993—1997 年 n=277	1998—2008 年 n=556	总计 n=1183	卡方值[1]	概率 p 值
食品饮料	4 3.5%	19 8.0%	32 11.6%	24 4.3%	79 6.7%	18.00***	0.000
服饰	16 14.2%	48 20.3%	9 3.2%	13 2.3%	86 7.3%	93.92***	0.000
家具电器	22 19.5%	63 26.6%	158 57.0%	92 16.5%	335 28.3%	155.24***	0.000
医药保健	16 14.2%	29 12.2%	28 10.1%	48 8.6%	121 10.2%	4.49	0.213
日用品	24 21.2%	27 11.4%	12 4.3%	8 1.4%	71 6.0%	80.60***	0.000
交通运输	1 0.9%	2 0.8%	4 1.4%	75 13.5%	82 6.9%	70.01***	0.000
房地产	0 0%	2 0.8%	12 4.3%	207 37.2%	221 18.7%	239.07***	0.000
服务产品	2 1.8%	27 11.4%	17 6.1%	69 12.4%	115 9.7%	17.53**	0.001
生产资料	25 22.1%	18 7.6%	3 1.1%	4 0.7%	50 4.2%	119.72***	0.000
其他	3 2.7%	2 0.8%	2 0.7%	16 2.9%	23 1.9%	7.24[2]	0.065

注：1. 这里自由度等于 3。卡方值表示各产品类别在不同时期百分比的差异。**$p<0.01$；*** $p<0.001$。

2. 7.24 为似然率卡方，因为有 25% 单元格期望频数小于 5，所以用似然率卡方进行修正。参见薛薇《SPSS 统计分析方法及应用》，电子工业出版社 2004 年版，第 95 页。

食品饮料广告（卡方值＝18.00，p＜0.001，自由度＝3）在各个时期所占百分比之间的差异在0.001的水平上具有统计显著性，1993—1997年的食品饮料广告明显多于其他时期。

服饰广告（卡方值＝93.92，p＜0.001，自由度＝3）在各个时期所占百分比之间的差异在0.001的水平上具有统计显著性，与其他时期相比，1986—1992年的服饰广告最多。

家具电器广告（卡方值＝155.24，p＜0.001，自由度＝3）在各个时期所占百分比之间的差异在0.001的水平上具有统计显著性，每个时期的家具电器广告都较多，但1993—1997年的家具电器广告还是明显多于其他时期。

日用品广告（卡方值＝80.60，p＜0.001，自由度＝3）在各个时期所占百分比之间的差异在0.001的水平上具有统计显著性，1982—1985年的日用品广告明显多于其他时期。

交通运输广告（卡方值＝70.01，p＜0.001，自由度＝3）在各个时期所占百分比之间的差异在0.001的水平上具有统计显著性，1998—2008年的交通运输广告最多，其他时期的交通运输广告都很少。

房地产广告（卡方值＝239.07，p＜0.001，自由度＝3）在各个时期所占百分比之间的差异在0.001的水平上具有统计显著性，与交通运输广告一样，1998—2008年的房地产广告最多，其他时期的房地产广告很少。

生产资料广告（卡方值＝119.72，p＜0.001，自由度＝3）在各个时期所占百分比之间的差异在0.001的水平上具有统计显著性，与其他时期相比，1982—1985年的生产资料广告最多。

服务产品广告（卡方值＝17.53，p＜0.01，自由度＝3）在各个时期所占百分比之间的差异在0.01的水平上具有统计显著性，与其他时期相比，1998—2008年的服务产品广告较多。

（二）各个历史时期《新民晚报》广告商品的产品类别

1. 1982—1985年《新民晚报》广告商品的产品类别

1982—1985年的样本广告共113个[①]，平均每期报纸1.13个。与

---

① 根据前面的抽样设计，1982—1985年和1986—1992年的样本广告均为"通栏及通栏以上版面的广告"。

1985年之后的各个时期相比，1982—1985年，我国报纸媒体上广告数量还比较少。虽然这一时期广告的绝对数量不多，但增长非常迅速。从1983年开始，中国广告业进入连续三年高速发展期，全国广告营业额年平均增长率达到59.2%，1983年之后，《新民晚报》上的广告明显增多。

从表3—2可以发现，在我国广告恢复时期，《新民晚报》上的生产资料广告最多（22.1%），其他依次为日用品广告（21.2%）、家具电器广告（19.5%）、服饰广告（14.2%）和医药保健广告（14.2%）等，较少的是交通运输广告（0.9%）和服务产品广告（1.8%），房地产广告尚未出现。

2. 1986—1992年《新民晚报》广告商品的产品类别

1986—1992年的样本广告共237个，平均每期报纸2.37个。1986—1992年，《新民晚报》广告数量比1982—1985年明显增多。现代广告机制的探索和建立、"卖方市场"向"买方市场"的过渡、市场竞争日趋激烈等因素使商家开始重视广告的销售作用。到1992年，中国广告业再次进入连续三年的超高速发展时期，全国广告营业额年平均增长率高达78.7%，1992年更是比1991年猛增93.4%。

从表3—2可以发现，1986—1992年，《新民晚报》上的家具电器广告最多（26.6%），其他依次为服饰广告（20.3%）、医药保健广告（12.2%）、日用品广告（11.4%）和服务产品广告（11.4%）等。房地产广告已经出现，但所占份额与交通运输广告同属最少（0.8%），曾在1982—1985年占最大份额的生产资料广告此时仅占7.6%，排在倒数第三位。

3. 1993—1997年《新民晚报》广告商品的产品类别

1993—1997年的样本广告共277个[①]，每期报纸平均2.77个。1993—1997年，我国报纸媒体上广告数量仍呈快速增长势头。社会主义市场经济体制的建立，我国对广告业的"政策松绑"，购买力强大的消费大市场的形成，促进了我国广告业的快速发展。1993年，广告业继续了上一年度的猛增势头，全国广告营业额比1992年增长97.57%。在随后

---

① 根据前面的抽样设计，1993—1997年和1998—2008年的样本广告均为"半版或半版以上版面的广告"。如果再把通栏广告计入，那么后两个时期的广告数量会更多。

的4年中，我国广告业的总体规模迅速膨胀。到1996年，全国广告营业额占国内生产总值的比重历史性地跃上了0.5%的台阶，我国广告业跨越了起步期，步入起飞期。

从表3—2可以发现，这一阶段《新民晚报》广告最突出的现象就是家具电器广告猛增，在所有广告中，份额占一半以上（57.0%），其他依次为食品饮料（11.6%）、医药保健（10.1%）等。房地产广告虽然还是很少，但与前一阶段相比，所占份额（4.3%）大为上升，曾在1982—1985年占最大份额的生产资料广告此时已微乎其微，仅1.1%，有销声匿迹之势。

4. 1998—2008年《新民晚报》广告商品的产品类别

1998—2008年的样本广告共556个，每期报纸平均5.56个。从1998年我国广告业进入"相对平稳发展时期"直到现在，我国报纸媒体上广告数量猛增，主要原因是我国经济发展迅速，人民生活水平提高，消费市场繁荣，从20世纪90年代后期开始，随着消费主导型经济在我国经济较发达地区初步出现，在生产与消费的关系中，消费成了矛盾的主要方面。[①] 另一方面，商品同质化严重，市场竞争白热化，广告成为推动消费，促进销售，开拓市场的强有力手段。

从表3—2可以发现，在我国广告"相对平稳发展时期"，《新民晚报》广告最突出的变化就是房地产广告跃居所有产品类别的首位，份额占到（37.2%），而家具电器广告比前一阶段明显减少，虽然在所有的广告产品类别中列第二位，但份额仅为16.5%，比前一阶段减少40.5%。紧随家具电器广告之后的是交通运输广告（13.5%）和服务产品广告（12.4%）。最少的是日用品广告（1.4%）和生产资料广告（0.7%），生产资料广告虽未销声匿迹，但所占份额已经微不足道了。

二 《新民晚报》同产品类别广告的文化符号和文化价值观

在广告实践中，产品类别是相当重要的因素，常因产品的性质运用

---

① 李新家、冯强、王军、杨华辉：《消费主导型经济的特征及其理论意义》，《学术研究》2003年第12期。

不同的广告策略（Zhang & Gelb, 1996; Vakratsas & Ambler, 1999）。[①] 有研究表明，广告商品的产品类别与广告诉求的文化价值观之间关系密切[②]，广告商品的产品类别也可能影响广告中运用的文化符号。在本研究的《新民晚报》样本广告中，各产品类别的分布比例不同，在对不同时期广告中的文化符号或文化价值观的差异进行比较前，必须确定差异不完全是由产品类别不同所造成，因此先针对某些特殊产品类别进行探讨就非常必要。[③] 为了确知不同历史时期广告中的文化符号或文化价值观是否真有差别，下面将对在每个历史时期都有大量出现的家具电器广告进行统计分析，以探讨在保持产品类别一致的情况下，不同时期广告的文化符号或文化价值观之间的差别是否仍然存在，由此我们就能进一步判断，广告中的文化符号或文化价值观是否确实会因所处历史时期不同而不同。

（一）《新民晚报》同产品类别广告表现中的文化符号

1982—2008 年《新民晚报》样本广告中共有 335 个家具电器广告，占总数的 28.3%。其中，1982—1985 年 22 个，1986—1992 年 63 个，1993—1997 年 158 个，1998—2008 年 92 个。对《新民晚报》家具电器广告"文化符号"与"广告所属时期"这两个变量进行相关性检验（见表 3—3），Cramer's V 系数和列联系数分别为 0.343 和 0.511，尽管这里的系数值较小，但因为概率 P 值为 0.000，小于显著水平 α 值（设为 0.05），应拒绝零假设，文化符号与广告所属时期之间存在相关关系。下面对《新民晚报》家具电器广告中的每一种文化符号在不同历史时期的分布情况进行卡方检验和具体分析，以便更清楚地研究这种相关性。

[①] 转引自郭贞《海峡两岸都会区户外广告中价值观与广告诉求之比较研究》，《广告大观》（理论版）2007 年第 2 期。

[②] 可参见 Hong Cheng & John C. Schweitzer, "Cultural values reflected in Chinese and U. S. television commercials." *Journal of advertising research*, Vol. 36, No. 3, May/June 1996, pp. 27–45. 冯捷蕴：《中国大陆的文化价值观：以 2004 年网络广告内容分析为例》，《现代传播》2004 年第 5 期。

[③] 郭贞：《海峡两岸都会区户外广告中价值观与广告诉求之比较研究》，《广告大观》（理论版）2007 年第 2 期。

表3—3 《新民晚报》家具电器广告中的文化符号与广告所属时期相关性检验

	系数值	概率p值
Cramer's V 系数	0.343	0.000
列联系数	0.511	0.000
有效样本	335	

1982—2008年《新民晚报》家具电器广告中的每一种文化符号及其分布变化情况如表3—4所示。

表3—4 1982—2008年《新民晚报》家具电器广告表现中的文化符号及其分布比较

文化符号	1982—1985年 n=22	1986—1992年 n=63	1993—1997年 n=158	1998—2008年 n=92	总计 n=335	卡方值[1]	概率p值
中式文化符号	1 4.5%	6 9.5%	43 27.2%	30 32.6%	80 23.9%	16.49**	0.001
西式文化符号	0 0%	0 0%	10 6.3%	6 6.5%	16 4.8%	9.64[2] *	0.022
其他	21 95.5%	57 90.5%	105 66.5%	56 60.9%	239 71.3%	24.32***	0.000

注：1. 这里自由度等于3。卡方值表示各文化符号在不同时期所占百分比的差异。**p<0.01；***p<0.001。

2. 9.64为似然率卡方，因为有37.5%单元格期望频数小于5，所以用似然率卡方进行修正。参见薛薇《SPSS统计分析方法及应用》，电子工业出版社2004年版，第95页。

观察表3—4发现，中式文化符号在各时期的频率分布发生了明显的变化。1982—1985年，《新民晚报》家具电器广告中中式文化符号出现的频率是4.5%，1986—1992年是9.5%，1993—1997年是27.2%，1998—2008年是32.6%，各百分比之间的差异在0.01的水平上具有统计显著性（卡方值=16.49，p<0.01，自由度=3）。同

样，西式文化符号的频率分布也发生了较为明显的变化。1982—1985年和1986—1992年，《新民晚报》家具电器广告中西式文化符号出现的频率均为0%，而1993—1997年是6.3%，1998—2008年是6.5%，频率分布变化在0.05的水平上具有统计显著性（卡方值=9.64，$p<0.05$，自由度=3）。其他文化符号与研究目的无关，不予讨论（下同）。由表3—4可知，无论在哪个时期，《新民晚报》家具电器广告中的中式文化符号都多于西式文化符号。

表3—5 《新民晚报》家具电器广告诉求的文化价值观与广告所属时期相关性检验

	系数值	概率p值
Cramer's V 系数	0.374	0.000
列联系数	0.543	0.000
有效样本	335	

（二）《新民晚报》同产品类别广告诉求的文化价值观

1. 1982—2008年《新民晚报》家具电器广告诉求的文化价值观及其分布

对《新民晚报》家具电器广告诉求的"文化价值观"与"广告所属时期"这两个变量进行相关性检验（见表3—5），得到Cramer's V系数和列联系数分别为0.374和0.543。尽管这里的系数值较小，但因为概率P值为0.000，小于显著水平α值（设为0.05），应拒绝零假设，所以家具电器广告诉求的文化价值观与广告所属的历史时期之间仍存在相关关系。下面对《新民晚报》家具电器广告的每一种文化价值观在不同历史时期的分布情况进行卡方检验和具体分析，以便更清楚地研究这种相关性。1982—2008年《新民晚报》家具电器广告中的每一种文化价值观及其分布变化情况如表3—6所示。

表3—6　　1982—2008年《新民晚报》家具电器广告诉求的
文化价值观及其分布比较

文化价值观	1982—1985年 n=22	1986—1992年 n=63	1993—1997年 n=158	1998—2008年 n=92	总计 n=335	卡方值[1]	概率 p值
美丽	0 (0.0%)	0 (0.0%)	0 (0.0%)	2 (2.2%)	2 (0.6%)	5.20	0.158
享乐	0 (0.0%)	2 (3.2%)	11 (7.0%)	3 (3.3%)	16 (4.8%)	4.54	0.209
休闲	1 (4.5%)	1 (1.6%)	2 (1.3%)	1 (1.1%)	5 (1.5%)	1.08	0.782
流行	0 (0.0%)	2 (3.2%)	1 (0.6%)	0 (0.0%)	3 (0.9%)	4.41	0.220
社会地位	0 (0.0%)	0 (0.0%)	1 (0.6%)	5 (5.4%)	6 (1.8%)	9.20*	0.027
智慧	0 (0.0%)	0 (0.0%)	1 (0.6%)	0 (0.0%)	1 (0.3%)	1.51	0.681
品位	0 (0.0%)	0 (0.0%)	0 (0.0%)	1 (1.1%)	1 (0.3%)	2.59	0.459
自由	0 (0.0%)	0 (0.0%)	0 (0.0%)	1 (1.1%)	1 (0.3%)	2.59	0.459
情感	0 (0.0%)	3 (4.8%)	2 (1.3%)	2 (2.2%)	7 (2.1%)	3.16	0.367
质量	9 (40.9%)	14 (22.2%)	28 (17.7%)	7 (7.6%)	58 (17.3%)	15.69**	0.001
独特	4 (18.2%)	5 (7.9%)	28 (17.7%)	13 (14.1%)	50 (14.9%)	3.63	0.305
便利	0 (0.0%)	1 (1.6%)	10 (6.3%)	6 (6.5%)	17 (5.1%)	5.29	0.152

续表

文化价值观	1982—1985年 n=22	1986—1992年 n=63	1993—1997年 n=158	1998—2008年 n=92	总计 n=335	卡方值[1]	概率 p值
节省	2 (9.1%)	8 (12.7%)	20 (12.7%)	16 (17.4%)	46 (13.7%)	1.65	0.648
功效	0 (0.0%)	2 (3.2%)	26 (16.5%)	14 (15.2%)	42 (12.5%)	11.01*	0.012
科技	0 (0.0%)	2 (3.2%)	13 (8.2%)	6 (6.5%)	21 (6.3%)	5.04	0.169
健康	0 (0.0%)	0 (0.0%)	0 (0.0%)	1 (1.1%)	1 (0.3%)	2.59	0.459
安全	0 (0.0%)	0 (0.0%)	0 (0.0%)	2 (2.2%)	2 (0.6%)	5.20	0.158
集体主义	0 (0.0%)	1 (1.6%)	0 (0.0%)	0 (0.0%)	1 (0.3%)	3.36	0.340
家庭	0 (0.0%)	0 (0.0%)	3 (1.9%)	1 (1.1%)	4 (1.2%)	2.62	0.455
传统	1 (4.5%)	2 (3.2%)	0 (0.0%)	0 (0.0%)	3 (0.9%)	8.39*	0.039
礼貌	3 (13.6%)	8 (12.7%)	3 (1.9%)	0 (0.0%)	14 (4.2%)	21.10***	0.000
竞争	0 (0.0%)	6 (9.5%)	3 (1.9%)	2 (2.2%)	11 (3.3%)	8.17*	0.043
个人主义	0 (0.0%)	0 (0.0%)	0 (0.0%)	3 (3.3%)	3 (0.9%)	7.83	0.050
现代感	0 (0.0%)	2 (3.2%)	4 (2.5%)	3 (3.3%)	9 (2.7%)	1.38	0.711
年轻	0 (0.0%)	0 (0.0%)	0 (0.0%)	1 (1.1%)	1 (0.3%)	2.59	0.459

续表

文化价值观	1982—1985年 n=22	1986—1992年 n=63	1993—1997年 n=158	1998—2008年 n=92	总计 n=335	卡方值[1]	概率 p值
其他	2 (9.1%)	4 (6.3%)	2 (1.3%)	2 (2.2%)	10 (3.0%)	6.01	0.111

注：1. 这里自由度等于3。卡方值表示各文化价值观在不同时期所占百分比的差异。$*p<0.05$；$**p<0.01$；$***p<0.001$。

2. 除"质量"、"独特"、"节省"和"功效"，其他文化价值观的卡方值为似然率卡方，因为有20%或20%以上单元格的期望频数小于5，所以用似然率卡方进行修正。参见薛薇《SPSS统计分析方法及应用》，电子工业出版社2004年版，第95页。

由表3—6可知，"社会地位""质量""功效""传统""礼貌"和"竞争"6种文化价值观的分布情况发生了显著或较显著的变化。

"社会地位"（卡方值=9.20，$p<0.05$，自由度=3）在各个时期所占百分比之间的差异在0.05的水平上具有统计显著性，与其他时期相比，1998—2008年诉求社会地位的广告最多（5.4%对0.6%，0.0%，0.0%）。

"质量"（卡方值=15.69，$p<0.01$，自由度=3）在各个时期所占百分比之间的差异在0.01的水平上具有统计显著性，1982—1985年诉求质量的广告明显多于其他时期（40.9%对22.2%，17.7%，7.6%）。

"功效"（卡方值=11.01，$p<0.05$，自由度=3）在各个时期所占百分比之间的差异在0.05的水平上具有统计显著性，1993—1997年诉求功效的广告比其他时期多（16.5%对15.2%，3.2%，0.0%）。

"传统"（卡方值=8.39，$p<0.05$，自由度=3）在各个时期所占百分比之间的差异在0.05的水平上具有统计显著性，与其他时期相比，1982—1985年诉求传统的广告最多（4.5%对3.2%，0.0%，0.0%）。

"礼貌"（卡方值=21.10，$p<0.001$，自由度=3）在各个时期所占百分比之间的差异在0.001的水平上具有统计显著性，1982—1985年诉求礼貌的广告明显多于其他时期（13.6%对12.7%，1.9%，0.0%）。

"竞争"（卡方值=8.17，$p<0.05$，自由度=3）在各个时期所占百

分比之间的差异在 0.05 的水平上具有统计显著性，1986—1992 年诉求竞争的广告比其他时期多（9.5%对2.2%，1.9%，0.0%）。

2.1982—2008 年《新民晚报》家具电器广告诉求的中国传统文化价值观和西方文化价值观及其分布变化

对 1982—2008 年《新民晚报》家具电器广告诉求的中国传统文化价值观和西方文化价值观进行统计，并对每种文化价值观在各时期所占百分比之间的差异进行卡方检验，结果如表 3—7 所示。

表 3—7　1982—2008 年《新民晚报》家具电器广告诉求的中国传统文化价值观和西方文化价值观及其分布比较

文化价值观	1982—1985 年 n=22	1986—1992 年 n=63	1993—1997 年 n=158	1998—2008 年 n=92	总计 n=335	卡方值[1]	概率 p 值
中国传统文化价值观	1 4.5%	6 9.5%	6 3.8%	8 8.7%	21 6.3%	3.84[2]	0.280
西方文化价值观	0 0%	10 15.9%	18 11.4%	13 14.1%	41 12.2%	4.26	0.235

注：1. 这里自由度等于3。两个卡方值分别表示中国传统文化价值观和西方文化价值观在不同时期所占百分比的差异。

2.3.84 为似然率卡方，因为有25%单元格期望频数小于5，所以用似然率卡方进行修正。参见薛薇《SPSS 统计分析方法及应用》，电子工业出版社 2004 年版，第 95 页。

观察表 3—7 发现，1982—2008 年中国传统文化价值观和西方文化价值观出现的频率变化均不明显。1982—1985 年，《新民晚报》家具电器广告诉求的中国传统文化价值观是 4.5%，1986—1992 年是 9.5%，1993—1997 年是 3.8%，1998—2008 年是 8.7%，但这些百分比之间的差异在 0.05 的水平上不具有统计显著性（卡方值=3.84，p>0.05，自由度=3）。1982—1985 年，《新民晚报》家具电器广告诉求的西方文化价值观是 0%，1986—1992 年是 15.9%，1993—1997 年是 11.4%，1998—2008 年是 14.1%，这些百分比之间的差异在 0.05 的水平上也不具有统计显著性（卡方值=4.26，p>0.05，自由度=3）。另外，除 1982—1985 年之外，在其他时期《新民晚报》家具电器广告诉求的中国传统文化价值观均少于西方文化价值观。

3. 1982—2008年《新民晚报》家具电器广告诉求的实用性文化价值观和象征性文化价值观及其分布变化

对1982—2008年《新民晚报》家具电器广告诉求的实用性文化价值观和象征性文化价值观进行统计，并对每种文化价值观在各时期所占百分比之间的差异进行卡方检验，结果如表3—8所示。

表3—8　　1982—2008年《新民晚报》家具电器广告诉求的实用性文化价值观和象征性文化价值观分布

文化价值观	1982—1985年 n=22	1986—1992年 n=63	1993—1997年 n=158	1998—2008年 n=92	总计 n=335	卡方值[1]	概率p值
实用性文化价值观	15 68.2%	32 50.8%	125 79.1%	65 70.7%	237 70.7%	17.53**	0.001
象征性文化价值观	2 9.1%	12 19.0%	22 13.9%	19 20.7%	55 16.4%	3.10	0.377

注：这里自由度等于3。两个卡方值分别表示实用性文化价值观和象征性文化价值观在不同时期所占百分比的差异。** p<0.01。

卡方检验表明，实用性文化价值观在各时期所占百分比发生了较为明显的变化。1982—1985年，《新民晚报》家具电器广告诉求的实用性文化价值观是68.2%，1986—1992年是50.8%，1993—1997年是79.1%，1998—2008年是70.7%，频率分布的差异在0.01的水平上具有统计显著性（卡方值=17.53，p<0.01，自由度=3）。但象征性文化价值观出现的频率变化不明显。1982—1985年，《新民晚报》家具电器广告诉求的象征性文化价值观是9.1%，1986—1992年是19.0%，1993—1997年是13.9%，1998—2008年是20.7%。频率分布的差异在0.05的水平上不具有统计显著性（卡方值=3.10，p>0.05，自由度=3）。

综合上述对《新民晚报》家具电器广告的分析可知，在保持广告类别不变的情况下，不同历史时期广告表现中的文化符号有较为明显差别。同时，虽然有研究证实广告商品的产品类别对广告诉求的文化价值观有影响[①]，但这里的同产品类别检验的结果也证明，在剔除了产品类别影响的情况下，不同时期广告诉求的文化价值观仍然存在差异。因此，各时期广告表现中的文化符号或广告诉求的文化价值观不只是与广告商品的产品类别有关，与当时的政治、经济、社会和文化状况也有密切关系。

三 《新民晚报》跨产品类别广告的文化符号和文化价值观

广告表现中的文化符号和广告诉求的文化价值观与广告所属历史时期的政治、经济、社会和文化状况有关。改革开放30年间，中国的社会面貌发生了巨大的变化，即使在跨产品类别的情况下，不同历史时期广告中的文化符号或文化价值观可能也会有所差异。下面对《新民晚报》样本广告的文化符号和文化价值观进行分类统计，对各类文化符号和文化价值观在不同历史时期的分布情况进行卡方检验，对不同历史时期广告中的文化符号或文化价值观的差异性进行研究。之后，我们就可以对前面提出的本研究要解决的第一个至第三个问题进行回答，并对研究假设1—9进行检验。

（一）《新民晚报》跨产品类别广告表现中的文化符号

对《新民晚报》样本广告的"文化符号"与"广告所属时期"这两个变量进行相关性检验（见表3—9），Cramer's V系数和列联系数分别为0.289和0.448，虽然这里的系数值较小，但因为概率P值为0.000，小于显著水平α值（设为0.05），应拒绝零假设，文化符号与广告所属时期之间存在相关关系。下面对《新民晚报》样本广告中的每一种文化符号在不同历史时期的分布情况进行卡方检验和具体分析。

表3—9 《新民晚报》样本广告的文化符号与广告所属时期相关性检验

	系数值	概率p值
Cramer's V 系数	0.289	0.000
列联系数	0.448	0.000
有效样本	1183	

---

① 参见 Hong Cheng & John C. Schweitzer, "Cultural values reflected in Chinese and U. S. television commercials." *Journal of advertising research*, Vol. 36, No. 3, May/June 1996, pp. 27–45.

1982—2008年《新民晚报》样本广告中的每一种文化符号及其分布变化情况如表3—10所示，图3—1直观地显示了各文化符号在不同历史时期所占百分比。

表3—10　1982—2008年《新民晚报》广告表现中的文化符号及其分布比较

文化符号	1982—1985年 n=113	1986—1992年 n=237	1993—1997年 n=277	1998—2008年 n=556	总计 n=1183	卡方值[1]	概率p值
中式文化符号	14 12.4%	19 8.0%	77 27.8%	149 26.8%	259 21.9%	46.13***	0.000
西式文化符号	1 0.9%	4 1.7%	14 5.1%	43 7.7%	62 5.2%	17.32**	0.001
其他	98 86.7%	214 90.3%	186 67.1%	364 65.5%	862 72.9%	67.37***	0.000

注：这里自由度等于3。卡方值表示各文化符号在不同时期所占百分比的差异。**$p<0.01$；***$p<0.001$。

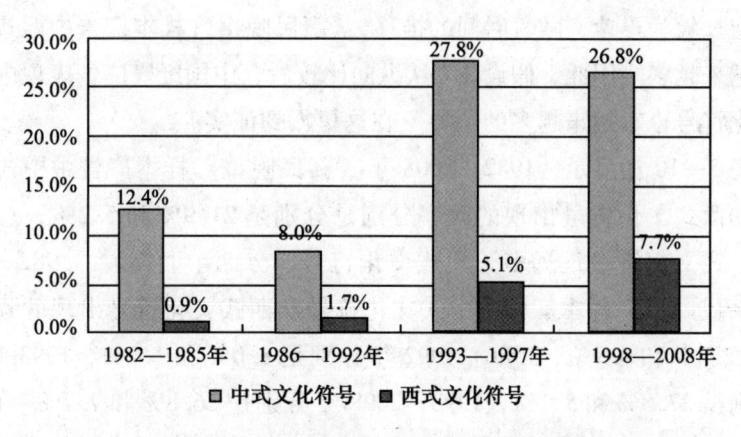

图3—1　1982—2008年《新民晚报》广告表现中中式文化符号和西式文化符号的分布及其变化

观察表3—10和图3—1可以发现，中式文化符号在各时期的频率分布发生了明显的变化。1982—1985年，《新民晚报》样本广告中中式文化符号出现的频率是12.4%，1986—1992年是8.0%，1993—1997年是

27.8%，1998—2008年是26.8%，各百分比之间的差异在0.001的水平上具有统计显著性（卡方值=46.13，p<0.001，自由度=3）。《新民晚报》样本广告中中式文化符号的频率分布有一条清晰的时间界限，这就是1993年。与1993年之前相比，1993年之后《新民晚报》样本广告中中式文化符号出现的频率大幅增长。虽然从1993—2008年，中式文化符号出现的频率不但没有增长，反而略有降低，但是变化并不显著（卡方值=0.09，概率p值=0.760，大于显著水平α值0.05，自由度=1），且考虑到中式文化符号所占百分比从1982—1985年的12.4%上升到1998—2008的26.8%。因此总的来看，可以说《新民晚报》样本广告表现中的中式文化符号越来越多。假设1"从纵向比较看，中国纸媒广告表现中的中式文化符号有越来越多的趋势"在这里基本得到证实。

同样，西式文化符号的频率分布也发生了较为明显的变化。1982—1985年，《新民晚报》样本广告中西式文化符号出现的频率只有区区0.9%，1986—1992年是1.7%，1993—1997年是5.1%，1998—2008年是7.7%，频率分布变化在0.01的水平上具有统计显著性（卡方值=17.32，p<0.01，自由度=3）。西式文化符号出现的频率也是在1993年之后增长较为迅速，随着时间的推移，《新民晚报》样本广告中西式文化符号越来越多。因此，假设2"从纵向比较看，中国纸媒广告表现中的西式文化符号也有越来越多的趋势"在这里得到证实。

表3—10还显示，1982—2008年《新民晚报》样本广告中中式文化符号和西式文化符号出现的频率分别是分别是21.9%和5.2%，总的来说，中式文化符号远远多于西式文化符号。分四个时期看，1982—1985年《新民晚报》样本广告中中式文化符号和西式文化符号出现的频率分别是12.4%和0.9%，1986—1992年分别是8.0%和1.7%，1993—1997年分别是27.8%和5.1%，1998—2008年分别是26.8%和7.7%。可见，无论是哪个时期，《新民晚报》样本广告中的中式文化符号都远多于西式文化符号（参见图3—1）。所以，假设3"总的来说，中国纸媒广告表现中的中式文化符号多于西式文化符号"在这里得到证实。

（二）《新民晚报》跨产品类别广告诉求的文化价值观

对《新民晚报》广告诉求的"文化价值观"与"广告所属时期"这两个变量进行相关性检验（见表3—11），得到Cramer's V系数和列联系数分别为 0.324 和 0.490。虽然这里的系数值较小,但因为概率 p 值为 0.000,小于显著水平 α 值(设为 0.05),应拒绝零假设,所以广告诉求的文化价值观与广告所属时期之间存在相关关系。

表 3—11　《新民晚报》样本广告的文化价值观与广告所属时期相关性检验

	系数值	概率 p 值
Cramer's V 系数	0.324	0.000
列联系数	0.490	0.000
有效样本	1183	

1982—2008 年《新民晚报》广告诉求的各种文化价值观及其分布情况如表 3—12 所示,对每一种文化价值观在不同历史时期所占百分比进行卡方检验的结果表明,有半数以上文化价值观的分布情况发生了显著或较显著的变化。

表 3—12　1982—2008 年《新民晚报》样本广告诉求的文化价值观及其分布比较

文化价值观	1982—1985 年 n=113	1986—1992 年 n=237	1993—1997 年 n=277	1998—2008 年 n=556	总计 n=1183	卡方值[1]	概率 p 值
美丽	3 (2.7%)	7 (3.0%)	0 (0.0%)	6 (1.1%)	16 (1.4%)	12.41**	0.006
享乐	0 (0.0%)	5 (2.1%)	12 (4.3%)	11 (2.0%)	28 (2.4%)	7.80	0.050
休闲	1 (0.9%)	1 (0.4%)	3 (1.1%)	15 (2.7%)	20 (1.7%)	7.39	0.060
流行	1 (0.9%)	5 (2.1%)	1 (0.4%)	1 (0.2%)	8 (0.7%)	8.08*	0.044
社会地位	0 (0.0%)	8 (3.4%)	3 (1.1%)	68 (12.2%)	79 (6.7%)	53.65***	0.000

续表

文化价值观	1982—1985年 n=113	1986—1992年 n=237	1993—1997年 n=277	1998—2008年 n=556	总计 n=1183	卡方值[1]	概率 p值
财富	0 (0.0%)	2 (0.8%)	0 (0.0%)	8 (1.4%)	10 (0.8%)	8.55*	0.036
智慧	0 (0.0%)	0 (0.0%)	2 (0.7%)	2 (0.4%)	4 (0.3%)	3.29	0.349
品位	0 (0.0%)	3 (1.3%)	1 (0.4%)	25 (4.5%)	29 (2.5%)	19.02***	0.000
自由	0 (0.0%)	0 (0.0%)	0 (0.0%)	2 (0.4%)	2 (0.2%)	3.02	0.388
情感	0 (0.0%)	7 (3.0%)	13 (4.7%)	17 (3.1%)	37 (3.1%)	5.92	0.115
质量	36 (31.9%)	56 (23.6%)	35 (12.6%)	51 (9.2%)	178 (15.0%)	54.91***	0.000
独特	9 (8.0%)	10 (4.2%)	33 (11.9%)	35 (6.3%)	87 (7.4%)	12.85**	0.005
便利	2 (1.8%)	2 (0.8%)	12 (4.3%)	19 (3.4%)	35 (3.0%)	6.48	0.091
节省	4 (3.5%)	27 (11.4%)	53 (19.1%)	103 (18.5%)	187 (15.8%)	21.64***	0.000
功效	29 (25.7%)	31 (13.1%)	42 (15.2%)	31 (5.6%)	133 (11.2%)	46.51***	0.000
科技	1 (0.9%)	3 (1.3%)	16 (5.8%)	15 (2.7%)	35 (3.0%)	11.85**	0.008
健康	1 (0.9%)	2 (0.8%)	2 (0.7%)	13 (2.3%)	18 (1.5%)	4.82	0.186
安全	1 (0.9%)	0 (0.0%)	0 (0.0%)	8 (1.4%)	9 (0.8%)	10.55*	0.014
集体主义	0 (0.0%)	3 (1.3%)	0 (0.0%)	0 (0.0%)	3 (0.3%)	9.68*	0.022

第三章 样本广告资料分析与结果 / 83

续表

文化价值观	1982—1985年 n=113	1986—1992年 n=237	1993—1997年 n=277	1998—2008年 n=556	总计 n=1183	卡方值[1]	概率 p值
家庭	0 (0.0%)	0 (0.0%)	6 (2.2%)	9 (1.6%)	15 (1.3%)	10.91*	0.012
面子	0 (0.0%)	1 (0.4%)	0 (0.0%)	0 (0.0%)	1 (0.1%)	3.22	0.359
尊老	0 (0.0%)	0 (0.0%)	0 (0.0%)	3 (0.5%)	3 (0.3%)	4.54	0.209
传统	6 (5.3%)	5 (2.1%)	3 (1.1%)	8 (1.4%)	22 (1.9%)	6.67	0.083
天人合一	0 (0.0%)	4 (1.7%)	3 (1.1%)	33 (5.9%)	40 (3.4%)	21.62***	0.000
礼貌	9 (8.0%)	22 (9.3%)	13 (4.7%)	9 (1.6%)	53 (4.5%)	26.65***	0.000
竞争	3 (2.7%)	15 (6.3%)	3 (1.1%)	12 (2.2%)	33 (2.8%)	14.75**	0.002
个人主义	0 (0.0%)	0 (0.0%)	3 (1.1%)	5 (0.9%)	8 (0.7%)	5.70	0.127
现代感	0 (0.0%)	5 (2.1%)	7 (2.5%)	10 (1.8%)	22 (1.9%)	4.94	0.176
年轻	0 (0.0%)	2 (0.8%)	0 (0.0%)	2 (0.4%)	4 (0.3%)	3.92	0.271
其他	7 (6.2%)	11 (4.6%)	11 (4.0%)	35 (6.3%)	64 (5.4%)	2.38	0.497

注：1. 这里自由度等于3。卡方值表示各文化价值观在不同时期所占百分比的差异。 $*p<0.05$；$**p<0.01$；$***p<0.001$。

2. 除"享乐""社会地位""品位""情感""质量""独特""便利""节省""功效""科技""天人合一""礼貌""竞争"和"其他"之外，其他文化价值观的卡方值均为似然率卡方，因为有20%或20%以上单元格的期望频数小于5，所以用似然率卡方进行修正。参见薛薇《SPSS统计分析方法及应用》，电子工业出版社2004年版，第95页。

1. 各时期《新民晚报》样本广告诉求的文化价值观

(1) 1982—1985年《新民晚报》样本广告诉求的文化价值观

观察表3—12可以发现，1982—1985年《新民晚报》样本广告诉求的文化价值观共有14种，而且频率分布集中在少数几个文化价值观上。其中最为常见的是"质量"(31.9%)和"功效"(25.7%)，两者合计占一半以上(57.6%)。其他依次为"独特"(8.0%)、"礼貌"(8.0%)、"传统"(5.3%)、"节省"(3.5%)等。除此之外，1982—1985年《新民晚报》样本广告诉求的文化价值观还有"美丽""竞争""便利""休闲""流行""科技""健康"和"安全"等，但这些文化价值观所占比例很小，特别是最后5种文化价值观，仅出现了1次(0.9%)。

在1982—1985年《新民晚报》样本广告诉求的14种文化价值观中，属于典型的中国传统文化价值观的只有"传统"(5.3%)。属于典型的西方文化价值观的只有"竞争"(2.7%)。属于典型的实用性文化价值观的有"质量"(31.9%)、"独特"(8.0%)、"便利"(1.8%)、"节省"(3.5%)、"功效"(25.7%)、"科技"(0.9%)、"健康"(0.9%)和"安全"(0.9%)。属于典型的象征性文化价值观的有"美丽"(2.7%)、"休闲"(0.9%)、"流行"(0.9%)和"传统"(5.3%)。

(2) 1986—1992年《新民晚报》样本广告诉求的文化价值观

从表3—12可以发现，1986—1992年《新民晚报》样本广告诉求的文化价值观比1982—1985年大为增加，总共有23种之多，说明从这一时期开始，《新民晚报》广告诉求的文化价值观开始出现多元化趋势。而且，文化价值观的分布情况也不像1982—1985年那样集中在少数文化价值观上，这一阶段各文化价值观出现频率的标准差为0.054，小于前一阶段的0.094，说明各文化价值观的频率分布有平均化趋势。

在1986—1992年《新民晚报》样本广告诉求的23种文化价值观中，出现最多的仍然是"质量"(23.6%)，其他依次为"功效"(13.1%)、"节省"(11.4%)、"礼貌"(9.3%)、"竞争"(6.3%)、"独特"(4.2%)、"社会地位"(3.4%)、"美丽"(3.0%)、"情感"(3.0%)等。与1982—1985年相比，"社会地位"、"情感"、"享乐"(2.1%)、"现代感"(2.1%)、"天人合一"(1.7%)、"品位"(1.3%)、"集体主义"(1.3%)、"财富"(0.8%)、"年轻"(0.8%)和"面子"(0.4%)

为首次出现,但出现的频率很低。

在1986—1992年《新民晚报》样本广告诉求的23种文化价值观中,属于典型的中国传统文化价值观有"社会地位"(3.4%)、"集体主义"(1.3%)、"面子"(0.4%)、"情感"(3.0%)、"传统"(2.1%)、"天人合一"(1.7%)。属于典型的西方文化价值观有"现代感"(2.1%)、"竞争"(6.3%)、"享乐"(2.1%)、"财富"(0.8%)、"年轻"(0.8%)。属于典型的实用性文化价值观的有"质量"(23.6%)、"独特"(4.2%)、"便利"(0.8%)、"节省"(11.4%)、"功效"(13.1%)、"科技"(1.3%)、"健康"(0.8%)等。属于典型的象征性文化价值观的有"美丽"(3.0%)、"情感"(3.0%)、"享乐"(2.1%)、"休闲"(0.4%)、"流行"(2.1%)、"品位"(1.3%)、"社会地位"(3.4%)、"年轻"(0.8%)、"现代感"(2.1%)、"财富"(0.8%)、"传统"(2.1%)、"面子"(0.4%)等。

(3) 1993—1997年《新民晚报》样本广告诉求的文化价值观

由表3—12可知,1993—1997年《新民晚报》样本广告诉求的文化价值观总共有21种,在数量上与1986—1992年基本相当。这一阶段各文化价值观出现频率的标准差为0.053,略小于前一阶段的0.054,频率分布有进一步平均化趋势。在这21种文化价值观中,出现最多的是"节省"(19.1%),其他依次为"功效"(15.2%)、"质量"(12.6%)、"独特"(11.9%)、"科技"(5.8%)、"情感"(4.7%)、"礼貌"(4.7%)、"享乐"(4.3%)、"便利"(4.3%)等。与以前相比,这一阶段又新出现了三种文化价值观,分别是"智慧"(0.7%)、"家庭"(2.2%)和"个人主义"(1.1%)。

在1993—1997年《新民晚报》样本广告诉求的21种文化价值观中,属于典型的中国传统文化价值观有"社会地位"(1.1%)、"家庭"(2.2%)、"情感"(4.7%)、"传统"(1.1%)、"天人合一"(1.1%)。属于典型的西方文化价值观有"个人主义"(1.1%)、"现代感"(2.5%)、"竞争"(1.1%)、"享乐"(4.3%)。属于典型的实用性文化价值观的有"质量"(12.6%)、"独特"(11.9%)、"便利"(4.3%)、"节省"(19.1%)、"功效"(15.2%)、"科技"(5.8%)、"健康"(0.7%)。属于典型的象征性文化价值观的有"情感"(4.7%)、"享乐"

(4.3%)、"休闲"(1.1%)、"流行"(0.4%)、"品位"(0.4%)、"社会地位"(1.1%)、"现代感"(2.5%)、"财富"(0.7%)、"传统"(1.1%)等。

(4) 1998—2008年《新民晚报》样本广告诉求的文化价值观

从表3—12可以发现，1998—2008年《新民晚报》样本广告诉求的文化价值观又有较大幅度增加，总共达到27种之多，比1993—1997年增加6种，广告诉求的文化价值观更加多样化。这一阶段各文化价值观出现频率的标准差为0.041，小于前一阶段的0.053，各文化价值观的频率分布又进一步平均化。在这27种文化价值观中，出现最多的仍然是"节省"(18.5%)，其他依次为"社会地位"(12.2%)、"质量"(9.2%)、"独特"(6.3%)、"天人合一"(5.9%)、"功效"(5.6%)、"品位"(4.5%)、"便利"(3.4%)和"情感"(3.1%)等。与1993—1997年相比，这一阶段新出现的6种文化价值观分别是"美丽"(1.1%)、"财富"(1.4%)、"自由"(0.4%)、"安全"(1.4%)、"尊老"(0.5%)和"年轻"(0.4%)。把1998—2008年《新民晚报》样本广告诉求的文化价值观的分布情况与此前的任何时期进行比较，发现的一个显著特征就是一些象征性文化价值观出现的频率猛增，相应的一些实用性文化价值观出现的频率大幅下降。如1998—2008年《新民晚报》样本广告中"社会地位"这一典型的象征性文化价值观出现的频率为12.2%，远多于此前的任何时期（1993—1997年为1.1%，1986—1992年为3.4%，1982—1985年为0.0%），而"功效"这个典型的实用性文化价值观出现的频率分别为5.6%，明显少于此前的任何时期（1993—1997年为15.2%，1986—1992年为13.1%，1982—1985年为25.7%）。

在1998—2008年《新民晚报》样本广告诉求的27种文化价值观中，属于典型中国传统文化价值观的有"社会地位"(12.2%)、"家庭"(1.6%)、"情感"(3.1%)、"尊老"(0.5%)、"传统"(1.4%)、"天人合一"(5.9%)。属于典型西方文化价值观的有"个人主义"(0.9%)、"现代感"(1.8%)、"竞争"(2.2%)、"享乐"(2.0%)、"财富"(1.4%)、"年轻"(0.4%)、"自由"(0.4%)。属于典型实用性文化价值观的有"质量"(9.2%)、"独特"(6.3%)、"便利"(3.4%)、"节省"(18.5%)、"功效"(5.6%)、"科技"(2.7%)、"健康"(2.3%)、

"安全"（1.4%）。属于典型象征性文化价值观的有"美丽"（1.1%）、"情感"（3.1%）、"享乐"（2.0%）、"休闲"（2.7%）、"流行"（0.2%）、"品位"（4.5%）、"自由"（0.4%）、"社会地位"（12.2%）、"年轻"（0.4%）、"现代感"（1.8%）、"财富"（1.4%）、"智慧"（0.4%）、"传统"（1.4%）等。

至此，我们就可以统计出1982—2008年各时期《新民晚报》样本广告诉求中常见[①]的各类文化价值观，结果见表3—13。

表3—13　　1982—2008年各时期《新民晚报》样本广告中常见的文化价值观

	1982—1985年	1986—1992年	1993—1997年	1998—2008年
中国传统文化价值观	传统 5.3%	社会地位 3.4% 情感 3.0%	情感 4.7%	社会地位 12.2% 天人合一 5.9% 情感 3.1%
西方文化价值观		竞争 6.3%	享乐 4.3%	
实用性文化价值观	质量 31.9% 功效 25.7% 独特 8.0% 节省 3.5%	质量 23.6% 功效 13.1% 节省 11.4% 独特 4.2%	节省 19.1% 功效 15.2% 质量 12.6% 独特 11.9% 科技 5.8%	节省 18.5% 质量 9.2% 独特 6.3% 功效 5.6% 便利 3.4%
象征性文化价值观	传统 5.3%	社会地位 3.4% 美丽 3.0% 情感 3.0%	情感 4.7% 享乐 4.3%	社会地位 12.2% 品位 4.5% 情感 3.1%

2. 1982—2008年《新民晚报》样本广告诉求的文化价值观分类统计

（1）关于中国传统文化价值观和西方文化价值观

对1982—2008年《新民晚报》样本广告诉求的中国传统文化价值观和西方文化价值观进行统计，并分别对两类文化价值观在不同历史时期

---

① 本文把"常见"定义为出现的频率大于或等于3%，且该文化价值观出现的频率在同一时期同一类别的价值观中居前五位。

出现频率的差异进行卡方检验，结果如表3—14所示，图3—2直观地显示了这两类文化价值观在不同历史时期所占的百分比。

表3—14　1982—2008年《新民晚报》广告诉求的中国传统文化价值观和西方文化价值观分布

文化价值观	1982—1985年 n=113	1986—1992年 n=237	1993—1997年 n=277	1998—2008年 n=556	总计 n=1183	卡方值[1]	概率p值
中国传统文化价值观	6 5.3%	28 11.8%	28 10.1%	138 24.8%	200 16.9%	49.09***	0.000
西方文化价值观	3 2.7%	29 12.2%	25 9.0%	50 9.0%	107 9.0%	8.55*	0.036

注：这里自由度等于3。两个卡方值分别表示中国传统文化价值观和西方文化价值观在不同时期所占百分比的差异。*p<0.05；***p<0.001。

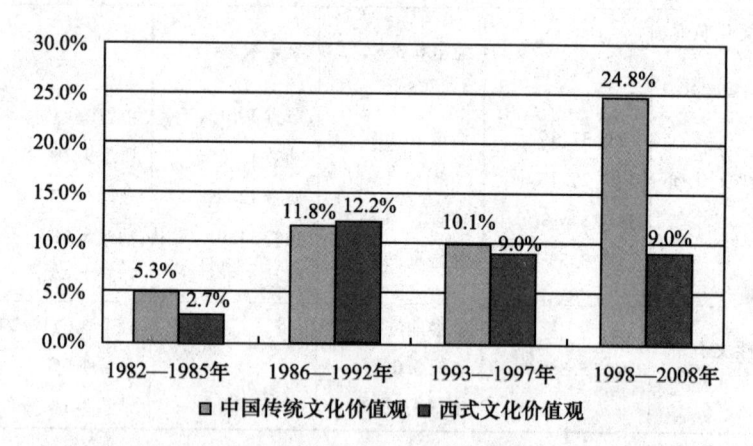

图3—2　1982—2008年《新民晚报》广告诉求的中国传统文化价值观与西方文化价值观比较

观察表3—14和图3—2发现，1982—2008年中国传统文化价值观出现的频率发生了明显的变化。1982—1985年，《新民晚报》样本广告诉求的中国传统文化价值观是5.3%，1986—1992年是11.8%，1993—1997年是10.1%，1998—2008年迅猛增至24.8%，频率分布的差异在0.001的水平上具有统计显著性（卡方值=49.09，p<0.001，自由度=3）。因

此，总的来看，可以说《新民晚报》样本广告诉求的中国传统文化价值观越来越多，假设4"从纵向比较看，中国纸媒广告诉求中国传统文化价值观有越来越多的趋势"在这里基本得到证实。

1982—2008年西方文化价值观出现的频率也发生了较为明显的变化。1982—1985年，《新民晚报》样本广告诉求的西方文化价值观是2.7%，1986—1992年是12.2%，1993—1997年是9.0%，1998—2008年是9.0%，频率分布的差异在0.05的水平上具有统计显著性（卡方值=7.40，$p>0.05$，自由度=3）。但是，西方文化价值观在1986—1992年增至12.2%之后，不但没有继续增长，反而有所减少。因此，假设5"从纵向比较看，中国纸媒广告诉求西方文化价值观也有越来越多的趋势"在这里未得到证实。

表3—14还显示，1982—2008年《新民晚报》样本广告诉求的中国传统文化价值观和西方文化价值观分别是16.9%和8.7%，总的来说，中国传统文化价值观多于西方文化价值观。分四个时期看，1982—1985年《新民晚报》样本广告诉求的中国传统文化价值观和西方文化价值观分别是5.3%和2.7%，1986—1992年分别是11.8%和12.2%，1993—1997年分别是10.1%和9.0%，1998—2008年分别是24.8%和9.0%。可见，除1986—1992年中国传统文化价值观比西方文化价值观略少外，其他时期《新民晚报》样本广告诉求的中国传统文化价值观都多于西方文化价值观，1998—2008年，两者的差距更是大幅拉大到将近16%（见图3—2）。所以，假设6"总的来说，中国纸媒广告诉求中国传统文化价值观多于诉求西方文化价值观"在这里基本得到证实。

（2）关于实用性文化价值观和象征性文化价值观

对1982—2008年《新民晚报》样本广告诉求的实用性文化价值观和象征性文化价值观进行统计，并分别对两类文化价值观出现频率的差异进行卡方检验，结果如表3—15所示，图3—3直观地显示了这两类文化价值观在不同历史时期所占的百分比。

如表3—15和图3—3所示，1982—2008年实用性文化价值观出现的频率发生了明显的变化。1982—1985年，《新民晚报》样本广告诉求的实用性文化价值观是73.5%，1986—1992年是55.3%，1993—1997年是69.7%，1998—2008年是49.5%，频率分布的差异在0.001的水平上具有

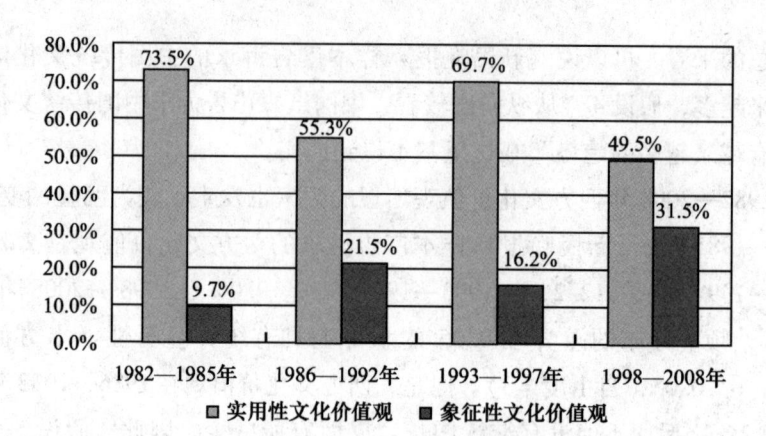

图 3—3　1982—2008 年《新民晚报》广告诉求的实用性
文化价值观与象征性文化价值观比较

统计显著性（卡方值＝43.78，p＜0.001，自由度＝3）。虽然实用性文化价值观所占百分比有所波动，1993—1997 年实用性文化价值观出现的频率比 1986—1992 年增加不少，但实用性文化价值观所占百分比从 1982—1985 年的 73.5%下降到 1998—2008 的 49.5%，总的来看，可以说《新民晚报》样本广告诉求实用性文化价值观越来越少，假设 7 "从纵向比较看，中国纸媒广告诉求实用性文化价值观有减少趋势" 在这里基本得到证实。

表 3—15　1982—2008 年《新民晚报》广告诉求的实用性
文化价值观和象征性文化价值观分布

文化价值观	1982—1985 年 n=113	1986—1992 年 n=237	1993—1997 年 n=277	1998—2008 年 n=556	总计 n=1183	卡方值[1]	概率 p 值
实用性文化价值观	83 73.5%	131 55.3%	193 69.7%	275 49.5%	682 57.7%	43.78***	0.000
象征性文化价值观	11 9.7%	51 21.5%	45 16.2%	175 31.5%	282 23.8%	39.74***	0.000

注：这里自由度等于 3。两个卡方值分别表示实用性文化价值观和象征性文化价值观在不同时期所占百分比的差异。*** p＜0.001。

1982—2008 年象征性文化价值观出现的频率也发生了明显的变化。1982—1985 年,《新民晚报》样本广告诉求的象征性文化价值观是 9.7%,1986—1992 年是 21.5%,1993—1997 年是 16.2%,1998—2008 年是 31.5%。频率分布的差异在 0.001 的水平上具有统计显著性(卡方值 = 39.74,p<0.001,自由度 =3)。虽然象征性文化价值观所占百分比同样有所波动,1993—1997 年象征性文化价值观出现的频率比 1986—1992 年有所减少,但象征性文化价值观所占百分比从 1982—1985 年的 9.7% 上升到 1998—2008 的 31.5%,总的来看,可以说《新民晚报》样本广告诉求的象征性文化价值观越来越多。因此,假设8"从纵向比较看,中国纸媒广告诉求象征性文化价值观有增多趋势"在这里基本得到证实。

观察表 3—15 还可以发现,1982—2008 年《新民晚报》样本广告诉求的实用性文化价值观和象征性文化价值观分别是 57.7% 和 23.8%,总的来说,实用性文化价值观远多于象征性文化价值观。分四个时期看,1982—1985 年《新民晚报》样本广告诉求的实用性文化价值观和象征性文化价值观分别是 73.5% 和 9.7%,1986—1992 年分别是 55.3% 和 21.5%,1993—1997 年分别是 69.7% 和 16.2%,1998—2008 年分别是 49.5% 和 31.5%。如前所述,在 1998—2008 年《新民晚报》样本广告诉求的象征性文化价值观猛增,实用性文化价值观大幅下降,但是仍未改变实用性文化价值观多于象征性文化价值观的局面,无论是在哪个时期,《新民晚报》样本广告诉求的实用性文化价值观都远多于象征性文化价值观(参见图 3—3)。所以,假设9"总的来说,中国纸媒广告诉求实用性文化价值观多于诉求象征性文化价值观"在这里得到证实。

第二节 《时装》杂志样本广告资料分析与结果

下面对《时装》杂志样本广告的文化符号和文化价值观进行分类统计,对各类文化符号和文化价值观在不同历史时期的分布情况进行卡方检验,对不同历史时期广告中的文化符号或文化价值观的差异性进行研究,对前面提出的本研究要解决的第一个至第三个问题进行回答,并对研究假设1—9进行检验。

一 《时装》杂志样本广告表现中的文化符号

对《时装》杂志样本广告的"文化符号"与"广告所属时期"这两个变量进行相关性检验（见表3—16），Cramer's V 系数和列联系数分别为 0.303 和 0.464，虽然这里的系数值较小，但因为概率 P 值为 0.000，小于显著水平 α 值（设为 0.05），应拒绝零假设，文化符号与广告所属时期之间存在相关关系。下面对《时装》杂志样本广告中的每一种文化符号在不同历史时期的分布情况进行卡方检验和具体分析，以便更清楚地研究这种相关性。

表3—16　《时装》杂志样本广告的文化符号与广告所属时期相关性检验

	系数值	概率 p 值
Cramer's V 系数	0.303	0.000
列联系数	0.464	0.000
有效样本	304	

1980—2008 年《时装》杂志样本广告中的每一种文化符号及其分布变化情况如表 3—17 所示，图 3—4 直观地显示了各文化符号在不同历史时期所占百分比。

时期	中式文化符号	西式文化符号
1980—1985年	69.2%	23.1%
1986—1992年	61.3%	9.7%
1993—1997年	58.2%	30.8%
1998—2008年	15.2%	59.6%

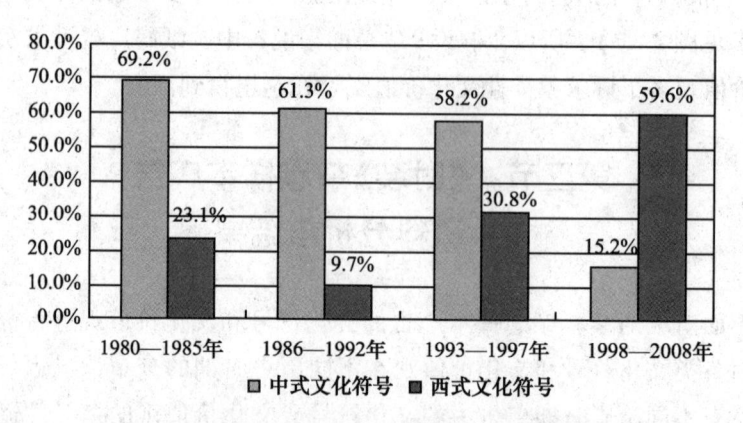

图3—4　1980—2008 年《时装》杂志广告表现中中式文化符号与西式文化符号比较

观察表3—17和图3—4发现，中式文化符号出现的频率发生了明显的变化。1980—1985年，《时装》杂志广告中中式文化符号出现的频率是69.2%，1986—1992年是61.3%，1993—1997年是58.2%，1998—2008年是15.2%，频率分布变化在0.001的水平上具有统计显著性（卡方值=60.36，p<0.001，自由度=3）。在前三个时期，《时装》杂志广告中中式文化符号所占比例都很大，其分布呈缓慢递减趋势，但到1998—2008年急剧下降到15.2%。总的来看，可以说《时装》杂志广告中中式文化符号越来越少。假设1"从纵向比较看，中国纸媒广告表现中的中式文化符号有越来越多的趋势"在这里没有得到证实。

表3—17　1980—2008年《时装》杂志广告表现中的文化符号及其分布比较

文化符号	1980—1985年 n=52	1986—1992年 n=62	1993—1997年 n=91	1998—2008年 n=99	总计 n=304	卡方值[1]	概率p值
中式文化符号	36 69.2%	38 61.3%	53 58.2%	15 15.2%	142 46.7%	60.36***	0.000
西式文化符号	12 23.1%	6 9.7%	28 30.8%	59 59.6%	105 34.5%	48.03***	0.000
其他	4 7.7%	18 29.0%	10 11.0%	25 25.3%	57 18.8%	14.82**	0.002

注：这里自由度等于3。卡方值表示广告表现中的各类文化符号在不同时期频率分布的差异。**p<0.01；***p<0.001。

同样，西式文化符号出现的频率也发生了明显的变化。1980—1985年，《时装》杂志广告中西式文化符号出现的频率为23.1%，1986—1992年是9.7%，1993—1997年是30.8%，1998—2008年是59.6%，频率分布变化在0.001的水平上具有统计显著性（卡方值=48.03，p<0.001，自由度=3）。西式文化符号出现的频率在1986—1992年一度有所减少，但之后增长较为迅速，随着时间的推移，《时装》杂志广告中的西式文化符号越来越多，从1980—1985年的23.1%增长至1998—2008年的

59.6%。因此，假设2"从纵向比较看，中国纸媒广告表现中的西式文化符号也有越来越多的趋势"在这里基本得到证实。

如表3—17所示，1980—2008年《时装》杂志广告中中式文化符号和西式文化符号出现的频率分别是分别是46.7%和34.5%，总的来说，中式文化符号多于西式文化符号。分四个时期看，1980—1985年《时装》杂志广告中中式文化符号和西式文化符号出现的频率分别是69.2%和23.1%，1986—1992年分别是61.3%和9.7%，1993—1997年分别是58.2%和30.8%，1998—2008年分别是15.2%和59.6%。虽然1998—2008年《时装》杂志广告中的中式文化符号大大少于西式文化符号，但在前三个时期，中式文化符号都远多于西式文化符号（图3—4）。所以，假设3"总的来说，中国纸媒广告表现中的中式文化符号多于西式文化符号"在这里基本得到证实。

二 《时装》杂志样本广告诉求的文化价值观

对《时装》杂志广告诉求的"文化价值观"与"广告所属时期"进行相关性检验（见表3—18），得到 Cramer's V 系数和列联系数分别为0.504和0.657，表明《时装》杂志广告诉求的文化价值观与广告所属时期之间存在一定的相关性。同时，概率 p 值为0.000，小于显著水平 α 值（设为0.05），应拒绝零假设，所以《时装》杂志广告诉求的文化价值观与广告所属时期之间确实具有相关关系。

表3—18　《时装》杂志样本广告的文化价值观与广告所属时期相关性检验

	系数值	概率 p 值
Cramer's V 系数	0.504	0.000
列联系数	0.657	0.000
有效样本	304	

下面具体分析《时装》杂志广告诉求的每一种文化价值观在各历史时期的分布变化，进一步研究这种相关性。1980—2008年《时装》杂志广告诉求的各种文化价值观及其分布情况如表3—19所示，对每一种文化价值观在不同历史时期所占百分比进行卡方检验的结果表明，有6种文

化价值观的分布情况发生了显著或较显著的变化。

表3—19 1980—2008年《时装》杂志样本广告诉求的文化价值观及其分布比较

文化价值观	1980—1985年 n=52	1986—1992年 n=62	1993—1997年 n=91	1998—2008年 n=99	总计 n=304	卡方值[1]	概率p值
美丽	8 (15.4%)	13 (21.0%)	8 (8.8%)	22 (22.2%)	51 (16.8%)	7.11	0.068
享乐	1 (1.9%)	0 (0.0%)	0 (0.0%)	3 (3.0%)	4 (1.3%)	5.82	0.121
休闲	1 (1.9%)	0 (0.0%)	0 (0.0%)	0 (0.0%)	1 (0.3%)	3.55	0.315
流行	1 (1.9%)	1 (1.6%)	0 (0.0%)	0 (0.0%)	2 (0.7%)	3.96	0.266
社会地位	0 (0.0%)	0 (0.0%)	2 (2.2%)	1 (1.0%)	3 (1.0%)	3.27	0.351
财富	0 (0.0%)	0 (0.0%)	0 (0.0%)	4 (4.0%)	4 (1.3%)	9.09*	0.028
智慧	0 (0.0%)	0 (0.0%)	1 (1.1%)	0 (0.0%)	1 (0.3%)	2.42	0.490
品位	8 (15.4%)	1 (1.6%)	0 (0.0%)	2 (2.0%)	11 (3.6%)	20.16***	0.000
情感	0 (0.0%)	0 (0.0%)	1 (1.1%)	2 (2.0%)	3 (1.0%)	3.10	0.376
质量	15 (28.8%)	35 (56.5%)	60 (65.9%)	1 (1.0%)	111 (36.5%)	99.76***	0.000
独特	1 (1.9%)	0 (0.0%)	3 (3.3%)	4 (4.0%)	8 (2.6%)	4.23	0.238
便利	3 (5.8%)	2 (3.2%)	0 (0.0%)	1 (1.0%)	6 (2.0%)	7.19	0.066

续表

文化价值观	1980—1985年 n=52	1986—1992年 n=62	1993—1997年 n=91	1998—2008年 n=99	总计 n=304	卡方值[1]	概率p值
功效	1 (1.9%)	0 (0.0%)	4 (4.4%)	12 (12.1%)	17 (5.6%)	15.25**	0.002
科技	1 (1.9%)	0 (0.0%)	0 (0.0%)	1 (1.0%)	2 (0.7%)	3.02	0.389
传统	4 (7.7%)	1 (1.6%)	0 (0.0%)	3 (3.0%)	8 (2.6%)	8.66*	0.034
天人合一	0 (0.0%)	0 (0.0%)	2 (2.2%)	0 (0.0%)	2 (0.7%)	4.86	0.183
礼貌	1 (1.9%)	2 (3.2%)	0 (0.0%)	0 (0.0%)	3 (1.0%)	6.13	0.106
个人主义	0 (0.0%)	1 (1.6%)	0 (0.0%)	4 (4.0%)	5 (1.6%)	7.25	0.064
现代感	4 (7.7%)	1 (1.6%)	2 (2.2%)	4 (4.0%)	11 (3.6%)	3.44	0.328
性吸引	0 (0.0%)	0 (0.0%)	0 (0.0%)	26 (26.3%)	26 (8.6%)	58.87***	0.000
年轻	0 (0.0%)	0 (0.0%)	1 (1.1%)	3 (3.0%)	4 (1.3%)	4.70	0.196
其他	3 (5.8%)	5 (8.1%)	7 (7.7%)	6 (6.1%)	21 (6.9%)	0.43	0.933

注：1. 这里自由度等于3。卡方值表示各文化价值观在不同时期所占白分比的差异。$*p<0.05$；$**p<0.01$；$***p<0.001$。

2. 除"美丽"、"质量"和"性吸引"之外，其他文化价值观的卡方值均为似然率卡方，因为有20%或以上单元格的期望频数小于5，所以用似然率卡方进行修正。参见薛薇《SPSS统计分析方法及应用》，电子工业出版社2004年版，第95页。

(一) 各时期《时装》杂志样本广告诉求的文化价值观

1. 1980—1985年《时装》杂志样本广告诉求的文化价值观

从表3—19可以发现，1980—1985年《时装》杂志样本广告诉求的文化价值观共有13种,其中最为常见的是"质量"(28.8%),其他依次为"美丽"(15.4%)、"品位"(15.4%)、"传统"(7.7%)、"现代感"(7.7%)和"便利"(5.8%)等。除此之外,1980—1985年《时装》杂志样本广告诉求的文化价值观还有"享乐""休闲""流行""独特""功效""科技"和"礼貌"等,但这些文化价值观所占比例很小,都仅出现了1次(1.9%)。

在1980—1985年《时装》杂志广告诉求的13种文化价值观中,属于典型的中国传统文化价值观的只有"传统"(7.7%)。属于典型的西方文化价值观的有"现代感"(7.7%)和"享乐"(1.9%)。属于典型的实用性文化价值观的有"质量"(28.8%)、"独特"(1.9%)、"便利"(5.8%)、"功效"(1.9%)和"科技"(1.9%)。属于典型的象征性文化价值观的有"美丽"(15.4%)、"享乐"(1.9%)、"休闲"(1.9%)、"流行"(1.9%)、"品位"(15.4%)、"传统"(7.7%)和"现代感"(7.7%)。

2. 1986—1992年《时装》杂志样本广告诉求的文化价值观

观察表3—19可以发现,1986—1992年《时装》杂志样本广告诉求的文化价值观比1980—1985年大为减少,仅有9种。而且,文化价值观的分布高度集中在少数文化价值观上,仅"质量"和"美丽"两项就占77.5%。这一阶段各文化价值观出现频率的标准差为0.174,大于前一阶段的0.079,说明各文化价值观的频率分布差别更加扩大了。在这9种文化价值观中,出现最多的仍然是"质量"(56.5%),其他依次为"美丽"(21.0%)、"便利"(3.2%)和"礼貌"(3.2%)等。与1980—1985年相比,"个人主义"为首次出现的文化价值观,但出现的频率很低(1.6%)。

在1986—1992年《时装》杂志广告诉求的9种文化价值观中,属于典型的中国传统文化价值观仍然只有"传统",而且只占区区1.6%。属于典型的西方文化价值观有"个人主义"(1.6%)和"现代感"(1.6%)。属于典型的实用性文化价值观的有"质量"(56.5%)和"便利"(3.2%)。属于典型的象征性文化价值观的有"美丽"(21.0%)、"流行"(1.6%)、"品位"(1.6%)、"传统"(1.6%)和"现代感"(1.6%)等。

3. 1993—1997年《时装》杂志样本广告诉求的文化价值观

表3—19显示，1993—1997年《时装》杂志样本广告诉求的文化价值观总共有10种，在数量上与1986—1992年相当。这一阶段各文化价值观出现频率的标准差为0.190，略高于前一阶段的0.174，频率分布变得进一步不平衡。在这10种文化价值观中，出现最多的仍然是"质量"（65.9%），其他依次为"美丽"（8.8%）、"功效"（4.4%）和"独特"（3.3%）等。与以前相比，这一阶段新出现的文化价值观有"社会地位"（2.2%）、"智慧"（1.1%）、"情感"（1.1%）、"独特"（3.3%）、"功效"（4.4%）、"天人合一"（2.2%）和"年轻"（1.1%）。

在1993—1997年《时装》杂志广告诉求的10种文化价值观中，典型的中国传统文化价值观有"社会地位"（2.2%）、"情感"（1.1%）、"天人合一"（2.2%）。典型的西方文化价值观有"现代感"（2.2%）和"年轻"（1.1%）。典型的实用性文化价值观有"质量"（65.9%）、"独特"（3.3%）、"功效"（4.4%）。典型的象征性文化价值观有"美丽"（8.8%）、"社会地位"（2.2%）、"智慧"（1.1%）、"情感"（1.1%）、"现代感"（2.2%）、"年轻"（1.1%）。

4. 1998—2008年《时装》杂志样本广告诉求的文化价值观

表3—19显示，1998—2008年《时装》杂志样本广告诉求的文化价值观大为增加，总共达到16种之多，广告诉求的文化价值观趋于多样化。这一阶段各文化价值观出现频率的标准差为0.074，小于前一阶段的0.190，各文化价值观的频率分布有平均化趋势。在这16种文化价值观中，出现最多的是"性吸引"（26.3%），其他依次为"美丽"（22.2%）、"功效"（12.1%）、"财富"（4.0%）、"独特"（4.0%）、"个人主义"（4.0%）、"现代感"（4.0%）、"享乐"（3.0%）、"传统"（3.0%）和"年轻"（3.0%）等。与1993—1997年相比，这一阶段新出现的8种文化价值观分别是"享乐"（3.0%）、"财富"（4.0%）、"品位"（2.0%）、"便利"（1.0%）、"科技"（1.0%）、"传统"（3.0%）、"个人主义"（4.0%）和"性吸引"（26.3%）。

在1998—2008年《时装》杂志样本广告诉求的16种文化价值观中，典型的中国传统文化价值观有"社会地位"（1.0%）、"情感"（2.0%）、

"传统"（3.0%）等。典型的西方文化价值观有"享乐"（3.0%）、"财富"（4.0%）、"个人主义"（4.0%）、"现代感"（4.0%）、"性吸引"（26.3%）和"年轻"（3.0%）。典型的实用性文化价值观有"质量"（1.0%）、"独特"（4.0%）、"便利"（1.0%）、"功效"（12.1%）、"科技"（1.0%）。典型的象征性文化价值观有"美丽"（22.2%）、"享乐"（3.0%）、"社会地位"（1.0%）、"财富"（4.0%）、"品位"（2.0%）、"情感"（2.0%）、"传统"（3.0%）、"现代感"（4.0%）、"年轻"（3.0%）等。

至此，我们就可以统计出1980—2008年各时期《时装》杂志样本广告诉求中常见的各类文化价值观，结果见表3—20。

表3—20　　1980—2008年各时期《时装》杂志样本广告中常见的文化价值观

	1980—1985年	1986—1992年	1993—1997年	1998—2008年
中国传统文化价值观	传统 7.7%			传统 3.0%
西方文化价值观	现代感 7.7%			性吸引 26.3% 财富 4.0% 个人主义 4.0% 现代感 4.0% 享乐 3.0% 年轻 3.0%
实用性文化价值观	质量 28.8% 便利 5.8%	质量 56.5% 便利 3.2%	质量 65.9% 功效 4.4% 独特 3.3%	功效 12.1% 独特 4.0%
象征性文化价值观	美丽 15.4% 品位 15.4% 传统 7.7% 现代感 7.7%	美丽 21.0%	美丽 8.8%	美丽 22.2% 财富 4.0% 现代感 4.0% 享乐 3.0% 传统 3.0% 年轻 3.0%

(二) 1980—2008年《时装》杂志样本广告诉求的文化价值观分类统计

1. 关于中国传统文化价值观和西方文化价值观

对1980—2008年《时装》杂志样本广告诉求的中国传统文化价值观和西方文化价值观进行统计，并分别对两类文化价值观在不同历史时期出现频率的差异进行卡方检验，结果如表3—21所示，图3—5直观地显示了这两类文化价值观在不同历史时期所占的百分比。

表3—21　　1980—2008年《时装》杂志广告诉求的中国传统文化价值观和西方文化价值观分布

文化价值观	1980—1985年 n=52	1986—1992年 n=62	1993—1997年 n=91	1998—2008年 n=99	总计 n=304	卡方值[1]	概率p值
中国传统文化价值观	4 7.7%	1 1.6%	5 5.5%	6 6.1%	16 5.3%	2.92[2]	0.404
西方文化价值观	5 9.6%	2 3.2%	3 3.3%	44 44.4%	54 17.8%	72.62***	0.000

注：1. 这里自由度等于3。两个卡方值分别表示不同时期广告诉求的中国传统文化价值观和西方文化价值观频率分布的差异。 *** $p<0.001$。

2. 2.92为似然率卡方，因为有37.5%单元格期望频数小于5，所以用似然率卡方进行修正。参见薛薇《SPSS统计分析方法及应用》，电子工业出版社2004年版，第95页。

观察表3—21和图3—5发现，1980—2008年中国传统文化价值观出现的频率没有发生明显的变化。1980—1985年，《时装》杂志广告诉求的中国传统文化价值观是7.7%，1986—1992年是1.6%，1993—1997年是5.5%，1998—2008年是6.1%，频率分布的差异在0.05的水平上不具有统计显著性（卡方值=2.41，$p>0.05$，自由度=3）。因此，总的来看，不可以说《时装》杂志广告诉求的中国传统文化价值观越来越多，假设4"从纵向比较看，中国纸媒广告诉求中国传统文化价值观有越来越多的趋势"在这里没有得到证实。

与中国传统文化价值观不同，三十年间西方文化价值观出现的频率发生了明显的变化。1980—1985年，《时装》杂志广告诉求中西方文化价

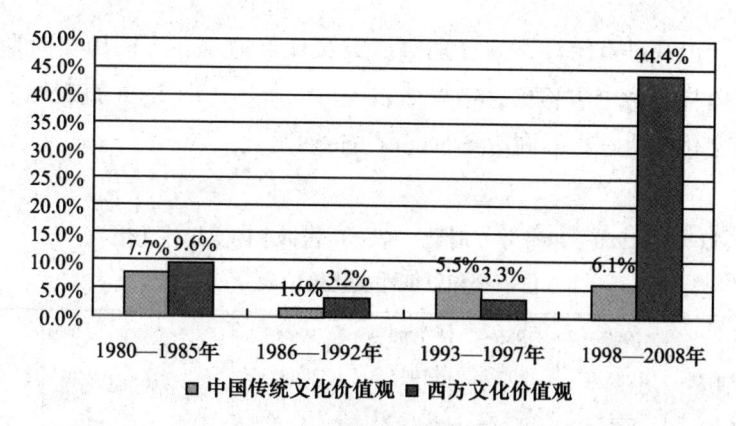

图 3—5 1980—2008 年《时装》杂志广告诉求的中国传统文化价值观与西方文化价值观比较

值观出现的频率是 9.6%，1986—1992 年是 3.2%，1993—1997 年是 3.3%，1998—2008 年飙升至 44.4%，频率分布的差异在 0.001 的水平上具有统计显著性（卡方值 = 72.62，p < 0.001，自由度 = 3）。我们特别注意到，1998—2008 年《时装》杂志广告诉求的西方文化价值观远远高于此前的任何时期。因此，假设 5 "从纵向比较看，中国纸媒广告诉求西方文化价值观也有越来越多的趋势"在这里基本得到证实。

如表 3—21 所示，1980—2008 年《时装》杂志广告诉求的中国传统文化价值观和西方文化价值观分别是 5.3% 和 16.4%，总的来说，中国传统文化价值观少于西方文化价值观。分四个时期看，1980—1985 年《时装》杂志广告诉求的中国传统文化价值观和西方文化价值观分别是 7.7% 和 9.6%，1986—1992 年分别是 1.6% 和 3.2%，1993—1997 年分别是 5.5% 和 3.3%，1998—2008 年分别是 6.1% 和 44.4%。可见，除了 1993—1997 年之外，在其他时期《时装》杂志广告诉求的中国传统文化价值观都少于西方文化价值观，1998—2008 年，西方文化价值观更是比中国传统文化价值观多出 38.3%（见图 3—5）。所以，假设 6 "总的来说，中国纸媒广告诉求中国传统文化价值观多于诉求西方文化价值观"在这里没有得到证实。

2. 关于实用性文化价值观和象征性文化价值观

对 1980—2008 年《时装》杂志广告诉求的实用性文化价值观和象征

性文化价值观进行统计，并分别对两类文化价值观在不同历史时期出现频率的差异进行卡方检验，结果如表3—22所示，图3—6直观地显示了这两类文化价值观在不同历史时期所占的百分比。

表3—22　1980—2008年《时装》杂志广告诉求的实用性文化价值观和象征性文化价值观分布

文化价值观	1980—1985年 n=52	1986—1992年 n=62	1993—1997年 n=91	1998—2008年 n=99	总计 n=304	卡方值[1]	概率p值
实用性文化价值观	21 40.4%	37 59.7%	67 73.6%	19 19.2%	144 47.4%	61.48***	0.000
象征性文化价值观	27 51.9%	17 27.4%	15 16.5%	44 44.4%	103 33.9%	25.94***	0.000

注：这里自由度等于3。两个卡方值分别表示不同时期广告诉求的实用性文化价值观和象征性文化价值观频率分布的差异。*** $p<0.001$。

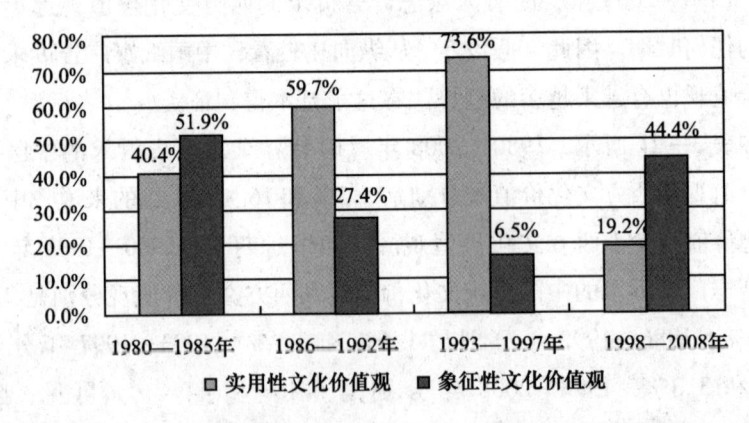

图3—6　1980—2008年《时装》杂志广告诉求的实用性文化价值观与象征性文化价值观比较

观察表3—22和图3—6发现，1980—2008年实用性文化价值观出现的频率发生了明显的变化。1980—1985年，《时装》杂志广告诉求的实用性文化价值观是40.4%，1986—1992年是59.7%，1993—1997年是73.6%，1998—2008年是19.2%，频率分布的差异在

0.001的水平上具有统计显著性（卡方值＝61.48，p<0.001，自由度＝3）。实用性文化价值观所占比例先是快速上升，1993—1997年高达73.6%，至1998—2008年又急剧下降至19.2%。因此不可以笼统地说《时装》杂志广告诉求实用性文化价值观越来越少，《时装》杂志广告诉求的实用性文化价值观与所属历史时期之间并非简单的线性关系，假设7"从纵向比较看，中国纸媒广告诉求实用性文化价值观有减少趋势"在这里没有得到证实。但是，我们注意到1998—2008年《时装》杂志广告诉求的实用性文化价值观比之前的任何时期都大为减少。

同样，1980—2008年象征性文化价值观出现的频率也发生了明显的变化。1980—1985年，《时装》杂志广告诉求中象征性文化价值观出现的频率是51.9%，1986—1992年是27.4%，1993—1997年是16.5%，1998—2008年是44.4%。频率分布的差异在0.001的水平上具有统计显著性（卡方值＝25.94，p<0.001，自由度＝3）。同样，《时装》杂志广告诉求的象征性文化价值观与所属历史时期之间也不是简单的线性关系，象征性文化价值观所占比例先是急剧下降，1980—1985年曾占51.9%，1993—1997年仅16.5%，至1998—2008年又大幅上升至44.4%。因此，不可以简单地说《时装》杂志广告诉求象征性文化价值观越来越多。假设8"从纵向比较看，中国纸媒广告诉求象征性文化价值观有增多趋势"在这里没有得到证实。但是，我们同样注意到，1998年以来，《时装》杂志广告诉求的象征性文化价值观又大为增加，且远远多于实用性文化价值观。

表3—22显示，1980—2008年《时装》杂志广告诉求的实用性文化价值观和象征性文化价值观分别是47.4%和33.9%，总的来说，实用性文化价值观多于象征性文化价值观。假设9"总的来说，中国纸媒广告诉求实用性文化价值观多于诉求象征性文化价值观"在这里基本得到证实。分四个时期看，1980—1985年《时装》杂志广告诉求的实用性文化价值观和象征性文化价值观分别是40.4%和51.9%，1986—1992年分别是59.7%和27.4%，1993—1997年分别是73.6%和16.5%，1998—2008年分别是19.2%和44.4%。有两个时期，实用性文化价值观多于象征性文化价值观，另两个时期，象征性

文化价值观多于实用性文化价值观。我们还注意到，图表显示出实用性文化价值观和象征性文化价值观刚好有着相反的变化轨迹，实用性文化价值观所占比例先升后降，象征性文化价值观所占比例先降后升（如图3—6），如今《时装》杂志广告中的象征性文化价值观已远远多于实用性文化价值观。

第 四 章

广告商品产品类别的变化

从这一章开始，研究者将用三章的篇幅，对前面样本广告资料分析的结果进行讨论，讨论将围绕第二章提出的4个具体问题和9个研究假设详细展开，分三个方面进行：一是关于《新民晚报》广告商品的产品类别；二是关于中国纸媒广告中的实用性文化价值观和象征性文化价值观；三是关于中国纸媒广告中的中西式文化符号和中西方文化价值观。下面先讨论三十年来《新民晚报》广告商品产品类别的变化。

媒体广告商品的产品类别首先与媒体类型有关，因为各类媒体具有不同的特点，适合不同类别产品的广告，比如房地产广告多刊登在当地有广泛影响的日报上，日用品常常通过电视媒体做广告，而时装、美容化妆产品、珠宝首饰等广告常刊登在印刷精美的时尚杂志上，等等。

其次，媒体广告商品的产品类别还与媒体发达程度有关。与电子媒体和各类新兴媒体相比，报纸历史悠久。在媒体不发达的时期，由于媒体种类少，数量少，市场细分不明确，广告主的媒体选择非常有限，无论什么类别产品的广告，都可能刊登在报纸上。在电子媒体、户外媒体和以网络媒体为代表的新媒体等各种载体的媒体兴起后，在各种专业性媒体发育成熟后，广告主将根据自己产品的市场定位，对媒体各取所需，报纸上的广告必然分流到其他媒体。

最后，广告商品产品类别的发展变化还是社会转型的结果，是社会消费结构变化的客观反映。在经济水平较低，温饱问题尚未解决时，人们的消费重点是满足基本的衣食住行，媒体上不可能会出现大量的房地产、汽车、高档家具电器、珠宝首饰之类的广告。而生活富裕之后，消费结构随之升级，人们消费需求的重点将由价值较低的日常必需品转向价值较高的大件商品、耐用商品、高档商品，由追求温饱转向追求发展和享受。

除了来自媒体特性及媒体发达程度的影响之外,《新民晚报》广告商品产品类别的变化客观上反映了社会转型和社会消费结构的发展变化,或者换句话说,社会转型和社会消费结构的升级是《新民晚报》广告商品产品类别发展变化的一大根本原因。

第一节 消费革命

改革开放之前,虽然中国人民翻身做国家的主人已经三十年,但中国人民的生活水平却没有翻身,中国的大地上依然延续着物质匮乏之苦,贫困的幽灵在这个东方大国到处游荡。人们的衣食住行条件十分艰苦,基本的生活需求难以满足,现在流行的玩乐、旅游更是不敢想象。而如今,衣服要讲漂亮,饮食要讲健康,住所要讲宽敞,出行要讲快捷,玩乐要讲时尚,有时间还要时不时地出去"游山玩水"一趟,三十年来的变化可谓天翻地覆,曾一度被忽视甚至被压抑的居民个人的消费有了广阔的满足空间,以前为少数有着特殊关系的人所拥有的消费品,如洗衣机和电冰箱,现在成为许多普通家庭的日常用品,许多在过去被视为新奇、带有异国情调的产品现已充斥于中国城乡的许多零售商店之中……因此可以毫不夸张地说这真是一场消费的革命。[①]

一 消费结构升级

改革开放以来,中国经济飞速发展,国内生产总值从 1978 年的 3645.2 亿元增至 2006 年的 210871.0 亿元,年均增速 9.7%;人均国内生产总值从 1978 年的 381 元增至 2006 年的 16084 元。人民生活水平大幅度提高,城镇居民家庭人均可支配收入从 1978 年的 343.4 元增至 2006 年的 11759.5 元;农村居民家庭人均纯收入从 1978 年的 133.6 元增至 2006 年的 3587.0 元。城镇居民消费水平从 1978 年的 405 元增至 2006 年的 10359 元;农村居民消费水平从 1978 年的 138 元增至 2006 年的 2848 元。城乡

---

① Deborah S. Davis, ed. *The Consumer Revolution in Urban China*, 转引自郑红娥《传统与转变——读〈中国城市消费革命〉》,《二十一世纪》2003 年第 4 期。

居民人民币储蓄存款余额从1978年的210.6亿元增至2006年的161587.3亿元。①（以上绝对数均按当年价格计算）

与收入和消费大幅增长相应的是，居民家庭消费结构发生了巨大变化。食品消费占消费总额的比例（恩格尔系数）是衡量一个国家或地区生活水平的重要数据，联合国粮农组织提出的标准认为，恩格尔系数在59%以上的地区为绝对贫困，50%—59%为勉强度日，40%—50%为小康水平，30%—40%为富裕，30%以下为最富裕。我国城镇居民家庭恩格尔系数从1978年的57.5%降至2006年的35.8%，已达富裕水平（见表4—1）；农村居民家庭恩格尔系数从1978年的67.7%降至2006年的43.0%，已达小康水平。②与恩格尔系数持续下降相反，人们用于居住、教育发展、生活享受和卫生保健方面的支出在消费总额中所占的比例不断增加，这表明我国居民家庭消费结构正向较高层次升级，以前居民消费侧重满足或改善的是最基本的吃穿用，现在侧重满足的是居住、出行、交往条件和精神、文化生活方面的需求，一场深刻的转变正在悄然进行。

表4—1　城镇居民人均消费性支出构成（人均消费性支出=100）③

	1985年	1990年	1995年	2000年	2006年
食　品	52.3	54.3	50.1	39.4	35.8
衣　着	14.6	13.4	13.6	10.0	10.4
家庭设备用品及服务	8.6	8.5	7.4	7.5	5.7
医疗保健	2.5	2.0	3.1	6.4	7.1
交通通信	2.1	3.2	5.2	8.5	13.2
教育文化娱乐服务	8.2	8.8	9.4	13.4	13.8
居住	4.8	4.8	8.0	11.3	10.4
杂项商品与服务	7.0	5.2	3.3	3.4	3.6

---

① 《发展回顾系列报告之一：大开放 大发展 大跨越》，2007年9月18日，http://www.stats.gov.cn/ztjc/ztfx/shfzhgxlbg/200709/t20070918_60530.html。
② 同上。
③ 根据中华人民共和国国家统计局相关统计数据制作。

二 消费市场繁荣

改革开放前人们挖野菜，吃粗粮，而且吃得少，那是因为没得吃，那时候一家之主常常为怎样让家人吃饱而苦恼，能做到一年到头都不挨饿的家庭就算不错了。在农村，一到冬天，许多人家每晚都早早上床，这样就可以省得吃晚餐，又不至于因为热量不足而受冻。现在，人们也挖野菜，吃粗粮，也吃得少，这是因为好吃的、营养丰富的东西太多了，吃腻了，吃多了怕吃出毛病。一来出门一边挖野菜一边踏青休闲，可以锻炼身体，呼吸新鲜空气；二来粗粮和野菜是餐桌上的绿色食品，有利于健康。改革开放前人们会为衣服上有破洞或补丁而耿耿于怀，那是生活贫穷、社会地位低下的象征。如今，年轻人却会故意穿上有破洞或补丁的衣服，并因此洋洋自得，因为这是时尚、前卫、个性的象征，人们的好衣服实在太多，非如此打扮不足以使自己显得与众不同。在不同的历史阶段，生活现象竟是如此相似，而人们的消费心理又是这样的不同，须知现在的粗粮、野菜非昔日的粗粮、野菜可比，今天的"补丁裤"也不再是昨日的"补丁裤"的含义，这些都并非简单的岁月轮回。曾在凭票供应时代习惯了勒紧裤带过日子的消费者现在可以挑肥拣瘦了，人们充分的选择自由都源于市场供应的极大丰盛。

改革开放30年中，中国消费市场发生了翻天覆地的变化，市场规模持续扩大，2006年，全国社会消费品零售总额达76410.0亿元，是1978年的49倍（按当年价格计算）。多渠道、多层次、多品种、全方位、网络化的消费市场体系日渐形成。超级市场、大型商场、连锁店、专卖店、便利店等各种实体商店遍布大街小巷，电视购物、电子商务等与国际接轨、具有高科技含量的商业形态竞相发展，外资巨型零售企业登陆中国，刷卡消费、电子付账、分期付款、先消费后付款、特许经营等现代营销模式不断涌现。一座座具有时代气息和多种服务功能的大型综合商厦纷纷建成，各种品牌和档次的商品在这里争奇斗艳，一个人从出生下地到入土安息所需要的一切都可以在里面买到。这些超市或购物中心均有一流的设施，优美的环境，丰富的商品，优质的服务，广大顾客在购物的同时，可以尽享现代时尚生活。

三 消费观念跃迁

消费的变革不仅是消费品数量和品质的变化,而且是消费者的价值观念、生活取向的变革,更是社会结构、社会关系的变化。[1] 消费观念是指人们对消费行为的看法以及商品价值追求的取向,是消费者主体在进行或准备进行消费活动时对消费对象、消费行为方式、消费过程、消费趋势的总体认识与价值判断。消费观念既是消费者个性心理的反映,又是社会文化在人们消费行为上的折射,社会文化价值观的变化、西方消费主义意识形态的输入、人们收入的增长、教育的普及和社会文明程度的提高等都对消费观念的变迁有深刻的影响。经济高速发展,收入大幅增加,当人们安排生活的能力有了提高之后,原先那些表示社会各成员之间关系的习惯观念和方式,就不再能产生跟以前同样的结果。中国消费市场繁荣的背后是一场更为深刻的革命——消费观念的变迁。改革开放30年间,我国居民消费观念发生了显著变化。

改革开放前后,勤俭节约是我国居民消费观念的核心。中国自古以来就视勤俭节约为美德,计划经济体制时期,经济发展滞后,市场供应匮乏,居民收入微薄,国家倡导艰苦奋斗,勤俭建国,进一步强化了这种消费观念。改革开放后随着人们收入不断增加,各种消费品越来越丰富,能挣会花和多挣多花的消费观念应运而生。这一观念开始出现时,一度成为社会议论的焦点,但是最终对它的正面阐释成了主流。大约从1984年开始,高消费的浪潮一浪高过一浪。[2] 现在,超前消费、借贷消费等消费方式被社会普遍接受,为了"圆今天的梦",人们不惜"花明天的钱",按揭购房、贷款买车等成为时尚、明智的选择。更具根本性的转变是,人们从追求物质享受飞跃到物质享受与精神愉悦并重。一方面,从消费结构上看,人们的有形物质消费所占的比例越来越少,而无形的休闲娱乐和文化教育等消费支出不断增多,内容越来越丰富;另一方面,从消费对象上看,人们的消费在对物质实体消耗的基础上又添加了对物

---

[1] 转引自郑红娥《传统与转变——读〈中国城市消费革命〉》,《二十一世纪》2003年第4期。

[2] 张太原:《社会主义时期北京居民消费观念的变化》,《北京社会科学》2005年第3期。

品象征意义的"吸取",通过消费不仅获得物质满足,而且获得人际关系和谐和精神愉悦。

第二节 《新民晚报》广告商品产品类别变化的基本轨迹

分析前一章的相关数据,发现《新民晚报》广告商品产品类别变化的基本轨迹有三:一是由生产消费品向生活消费品转变;二是由"小件"的日用消费品向大件、耐用消费品转变;三是由温饱型消费品转向发展和享受型消费品。《新民晚报》广告商品产品类别的发展变化与上述我国消费变革之间是紧密相关的。

一 从生产消费品转向生活消费品

社会的物质生产力不发达的时候,人类生活的主要内容是为解决生存问题而进行"物"的生产,我们可以把这样的社会定义为"生产型社会"。当解决生存问题的"物"的生产已经作为前提而存在的时候,人类才开始了"真正的生产",即"生活的生产",人的全面"生产",我们可以把这样的社会定义为"生活型社会"。人类社会的发展就是从"生产型社会"向"生活型社会"转型的过程。[①]

图4—1 20世纪80年代早期,《新民晚报》刊有大量的机械设备等生产资料广告。图为无锡县东亭电机厂产品广告,载于《新民晚报》1984年4月7日第3版

---

① 王雅林:《从"生产型社会"到"生活型社会"》,《社会观察》2006年第10期。

由于"十年动乱"的破坏,在改革开放初期,我国社会生产力水平比较低,科学技术水平落后,全社会产品短缺,质量低下,结构不合理。在生产与消费的矛盾中,生产表现为矛盾的主要方面,生产处于主导地位,恢复生产是当时国家政治经济生活的主要任务,宏观经济决策主要是促进社会生产的发展。农村实行家庭联产承包责任制,国家提出扩大企业自主权,允许城镇个体经济的发展,鼓励农民开办各种企业……在形势和政策的鼓舞之下,全国各地生产热情高涨,各种企业、工厂纷纷建立。在一块刚刚苏醒的土地上,设备和生产能力往往是强大的竞争力,各行各业生产资料需求大增,加工机械、生产设备、工业仪表、原材料等广告红红火火。统计表明,1982—1985年《新民晚报》生产资料广告所占比例比其他任何时期都大(22.1%对7.6%、1.1%、0.7%,卡方值=119.72,$p<0.001$,自由度=3)。在1982—1985年期间,生产资料广告在全部广告中所占份额也多于其他任何类别产品的广告。而相对于其他历史时期,1982—1985年的生活资料比较缺乏,很多领域仍然实行严格的配给制,其销售对广告的依赖性较低,甚至可以享受一段不需要做广告也能销售一空的美好时光。

随着生产力水平的提高,消费品供应日益丰富,中国慢慢度过了经济短缺的寒冬,曾经严格实施的配给制逐渐被取消。1983年,中国取消了长达三十年的布票制,由国家统一限量供应的主要消费品只剩粮食和食用油两种。[①]到20世纪90年代,绝大部分商品由供给不足变为供大于求,中国社会完成从"卖方市场"向"买方市场"过渡,从此告别物资短缺时代。1993年,配给制被完全取消。生产的发展使消费者有较大的选择权,消费方式多样化。家电消费、服装消费、交通通信、医疗消费、旅游消费等激增,并形成一浪又一浪的消费高峰。特别是进入21世纪以来,我国迎来了"消费者创造世界"的时代,在生产与消费的矛盾中,消费表现为矛盾的主要方面,起主导作用。生产能力过剩,而消费需求不足,不扩大消费,生产就不能实现,宏观经济指导重视消费需求对经济增长的拉动作用,扩大内需、刺激消费成为国家保持经济快速增长的

[①] 中国广告猛进史课题组等:《中国广告猛进史 1979—2003》,华夏出版社2004年版,第34页。

重要措施。① 与市场供应日益丰富相应的是消费观念的悄然转变,早在 1984 年,社会上就出现了"鼓励消费,消费能刺激生产"的观点,"能挣会花""高收入""高消费"一度成为社会惯用语。改善生活质量成为人们新的追求,消费成为社会生活的"主旋律"和人们的主要生活方式,中国社会生活主题从生产转向消费,从生产主导转向消费主导。另一方面,市场竞争趋于激烈,对生活消费品而言,曾经的那个"皇帝的女儿不愁嫁"的年代一去不复返,各种各样的生活资料广告登上媒体的版面或屏幕,变换着各种各样的手段,吸引人们的眼球,生活资料成为媒体上广告商品的主要产品类别,而生产资料广告慢慢淡出人们的视野,至今已很难觅到踪迹。(生产资料广告份额变化参见图 4—2)

年份	比例
1982—1985年	22.1%
1986—1992年	7.6%
1993—1997年	1.1%
1998—2008年	0.7%

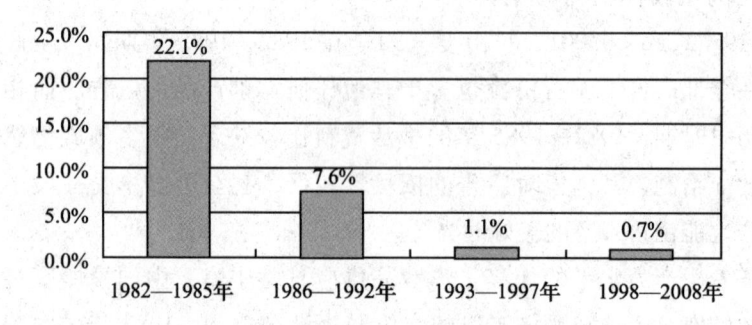

图 4—2　1982—2008 年《新民晚报》生产资料广告份额变化统计

二　从"小件"日用消费品转向大件耐用消费品

从日用品的丰富到大件耐用商品的普及,中国消费品市场的繁荣是全面繁荣。从上一章有关的数据可知,《新民晚报》上的日用品广告、服饰广告、家具电器广告、交通运输广告和房地产广告在所有产品类别的广告中所占的份额,分别在不同的历史时期达到最高点。

1982—1985 年《新民晚报》上的日用品广告所占比例高于其他任何时期 (21.2%对 11.4%、4.3%、1.4%,卡方值 =80.60, $p<0.001$,自由度 =3),在当时仅次于生产资料居第二位。此后,日用品广告不断减

---

① 李新家、冯强、王军、杨华辉:《消费主导型经济的特征及其理论意义》,《学术研究》2003 年第 12 期。

少，到1998—2008年，其所占的份额仅有1.4%（参见图4—3）。服饰广告在1982—1985年已占相当的比例（14.2%），1986—1992年服饰广告所占比例达到最高点（20.3%对14.2%、3.2%、2.3%，卡方值=93.92，p<0.001，自由度=3），且在当时仅次于家具电器广告居第二位。此后，服饰广告不断减少，到1998—2008年，其所占的份额仅为2.3%（参见图4—4）。食品饮料广告所占比例一路上升，1993—1997年达到最高点（11.6%对8.0%、4.3%、3.5%，卡方值=18.00，p<0.001，自由度=3），在当时仅次于家具电器广告居第二位，到1998—2008年又急降至3.5%（参见图4—5）。家具电器一直是《新民晚报》广告商品中主要的产品类别，无论在哪个时期所占比例均较大。1986—1992年，家具电器广告所占份额跃居到所有产品类别之首，并一直保持到1993—1997年。在1993—1997年，家具电器广告所占份额达到最高点（57.0%对26.6%、19.5%、16.5%，卡方值=155.24，p<0.001，自由度=3），在所有广告中占一半以上（参见图4—6）。而交通运输产品广告在1998年之前所占份额微不足道，其达到最高点的时间是1998—2008年（13.5%对1.4%、0.9%、0.8%，卡方值=70.01，p<0.001，自由度=3），且在当时仅次于房地产和家具电器广告位居第三位（参见图4—7）。

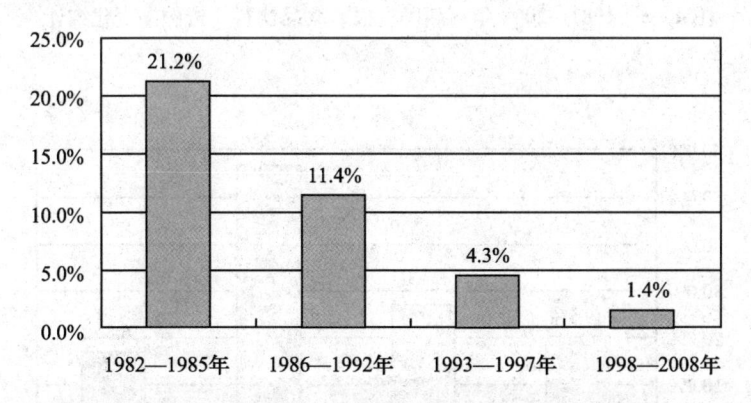

图4—3 1982—2008年《新民晚报》日用品广告份额变化统计

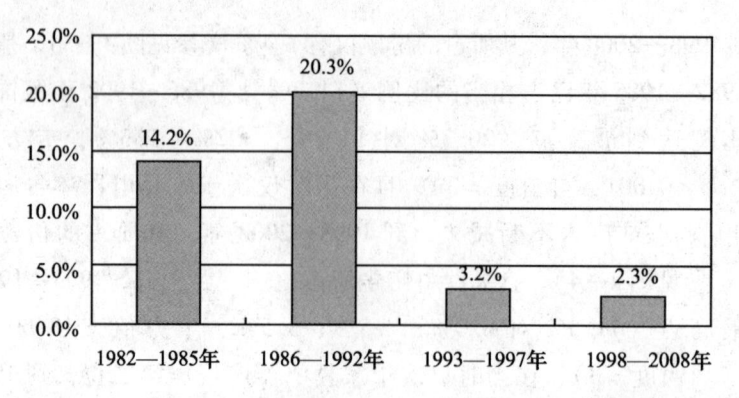

图 4—4　1982—2008 年《新民晚报》服饰广告份额变化统计

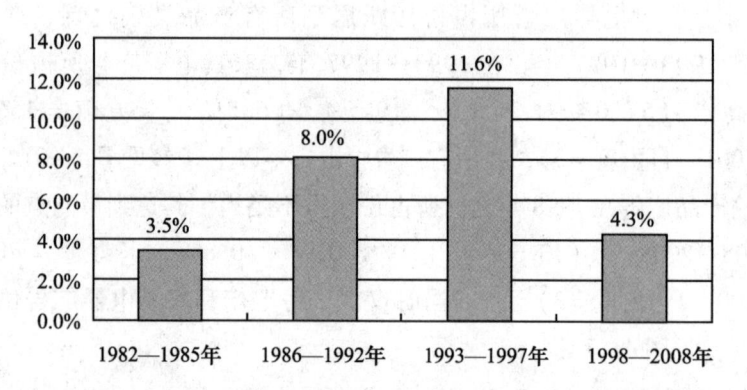

图 4—5　1982—2008 年《新民晚报》食品饮料广告份额变化统计

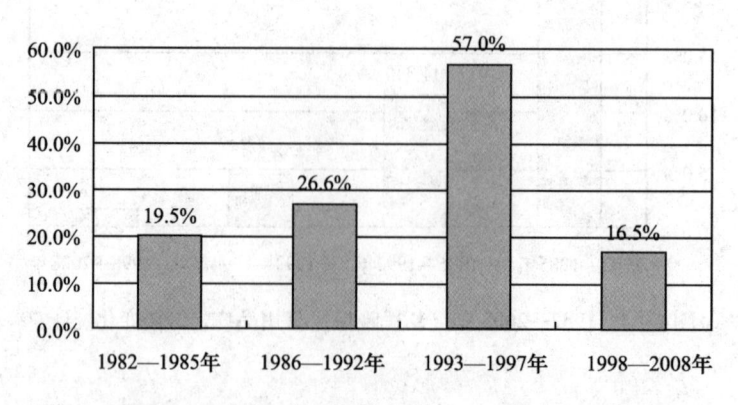

图 4—6　1982—2008 年《新民晚报》家具电器广告份额变化统计

同样，房地产广告在1998年之前所占的份额也很小，房地产广告所占份额达到最高点的时间也是1998—2008年（37.2%对4.3%、0.8%、0%，卡方值=239.07，p<0.001，自由度=3），且多于同时期的其他任何产品类别的广告（参见图4—8）。

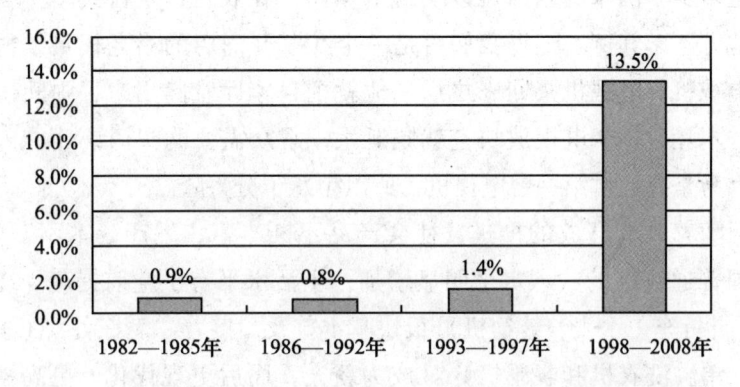

图4—7　1982—2008年《新民晚报》交通运输广告份额变化统计

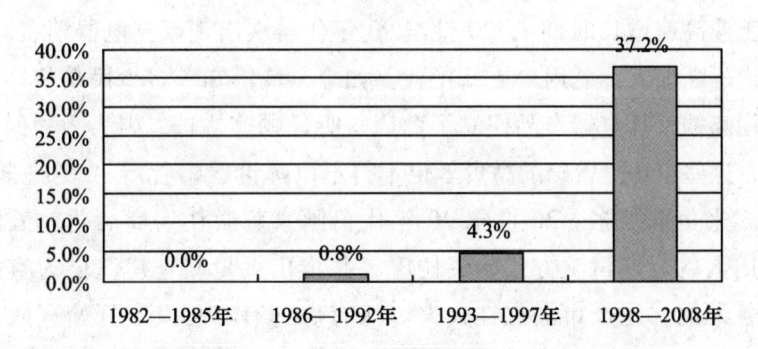

图4—8　1982—2008年《新民晚报》房地产广告份额变化统计

上述数据显示了一条清晰的轨迹，这就是"小件"的日常用品广告所占比例越来越小，大件耐用高档消费品广告所占比例越来越大，表4—1显示的我国居民消费结构的变化——如食品、衣着支出所占比例减少，居住支出所占比例增多——在这里得到了更为细致与形象的体现。在改革开放初期，我国温饱问题尚未解决，消费者可支配收入很低，因此人们的消费以满足日常生活的衣食住行需要为主。而家具、自行车、缝纫机、电视机等大件家居耐用品不仅价格不菲，有的购买时还有诸多限制（如上海金星C472型18英寸彩色电视机上市时，仅限上海市个人用户购买），或者需要凭票购买，甚至托朋友、找关系、连夜排队。象征现代化生活的家用电器离中国人的生活曾经那么遥远，拥有一台电视机不知是多少中国家庭当时难以实现的梦想。在农村，全村共享一台电视机的地方不乏其例。记得我们村是一个在家开商店的小老板买了村里第一台电视机。电视机买回来之后，他就把自家厅堂腾出来，中间摆好一排排的木凳，一个电视放映室就此诞生，观众需要购买门票才能入内观看。因为是我们村第一台电视机，所以生意十分兴隆。

但随着改革开放的推进，社会产品不断丰富，生产成本不断降低，而中国普通百姓的收入水平明显增加，生活水平有了空前提高，"老三件"（自行车、手表、缝纫机）很快基本普及，接着"新三件"（黑白电视机、单缸洗衣机和收录机）又成为新宠，而后更现代化、更高档、更奢华的"精三件""金三件"等成为大家新的追求，电器产品一代接着一代推陈出新。1985—1988年，我国迎来以家用电器进入居民家庭为特征的轻工业高速增长时期①，20世纪90年代再次出现家具电器消费高峰，新用户不断加入，老用户更新换代。如今，曾不知令多少民众望之兴叹的耐用高档家具电器产品摆满了商店，听任顾客挑选，因为激烈的市场竞争，这些市场上曾经的高贵者也不得不以降价、赠礼等"委屈自己"的方式来争取顾客。20世纪90年代，国家刺激住房商品化，鼓励房屋租用人以分期付款方式购买住房，并推出大量新建房屋供人直接购买，各地的房地产市场红红火火。从有房到有车，汽车开始进入了寻常百姓家，私家车消费在2001年后成为城市居民消费的新热点。② 20世纪末以来，房地产、小轿车和以电脑数码产品为代表新一代家具电器等大件耐用高档消费品逐渐成为21世纪消费者的主要消费对象，而媒体上曾盛极一时的日用品、食品和服饰广告也逐渐让位给大件耐用高档消费品广告。

---

① 余虹、邓正强：《中国当代广告史》，湖南科学技术出版社2000年版，第47页。
② 卢泰宏等：《中国消费者行为报告》，中国社会科学出版社2005年版，第8页。

三 从温饱型消费品转向发展和享受型消费品

改革开放30年间，除了大件耐用高档消费品广告显著增长之外，《新民晚报》中服务产品广告所占份额也有明显变化，从1982—1985年的区区1.8%增长到1998—2008年的12.4%（参见图4—9），服务产品广告在各个历史时期所占百分比之间的差异在0.01的水平上具有统计显著性。服务产品广告所占份额的变化趋势，与我国城镇居民教育文化娱乐服务消费性支出的变化趋势也是基本吻合的（参见表4—1）。

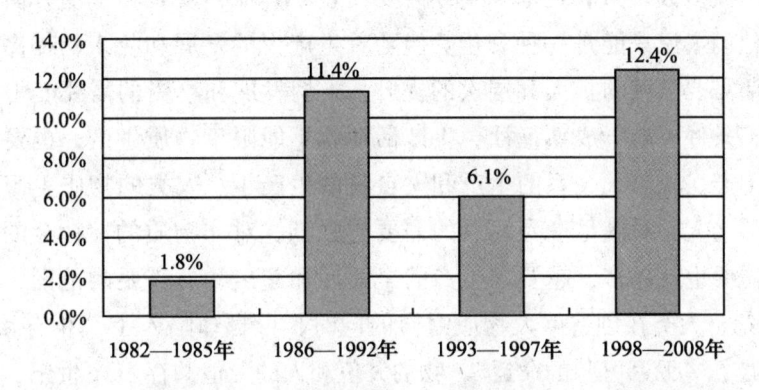

图4—9 1982—2008年《新民晚报》服务产品广告份额变化统计

服务产品与人们生活关系密切，对生活质量有重要影响，服务业是国民经济的主要组成部分，其发达程度是一个国家现代化水平的重要标志。目前，各国服务业增加值占国内生产总值的比重平均达到60%以上，而发达国家则达70%以上。改革开放以来，我国非常重视服务业的发展。1981年，《人民日报》发表社论《正确认识流通的作用，大力举办商业服务业》，此后二十多年，国家出台了一系列鼓励服务业发展的政策措施。服务业的大发展，是改革开放30年来我国产业结构调整最鲜明的特征之一。交通运输、批零贸易、住宿餐饮等传统服务业得到了长足的发展，金融保险、中介咨询、电子商务、现代物流、观光旅游、网络通信、教育培训、保养健身、文化娱乐等一大批新兴现代服务业呈加速发展态势。1979年，我国服务业增加值占国内生产总值的比重仅为21.4%，2002年达到了历史最高点41.7%，2007年为39.1%，我国服务业年平均增速超过10%，高于国内生产总值平均增长速度。据称，今后我国服务业仍将处于快速发展的战略机遇期，到2020年中国服务业占国内生产总值的比重将超过50%。

《新民晚报》服务产品广告增多既是我国产业结构转型的直观反映，也是消费者消费需求变化的必然结果。人的理想生存状态并非仅达到自然生命的延续，而是把自我发展和人生享受和谐统一起来。人们自我发展、人生享受方式的丰富性决定了社会生活的丰富多彩，相应地要求有全面、多样的社会生产满足人们发展和享受的需要。当社会生产力不发达时，大多数人为满足基本生存需要而疲于奔命，发展和享受方面的满足对他们来说只能是一种奢望。但随着生产力的发展和收入的提高，人的生活需要领域的扩大和层次的提升，人们发展和享受的需要变得日益突出，条件也趋于成熟，社会生产活动就不能限于物质生产，也要从事精神生产、人与人关系的生产和人自身的生产了。人类的物质生产越发达，那么人类对满足享受发展的需要越强烈，对非物质的、社会的、精神的需要也就越多，越要求生产的全面性和超出物质需要的范围。回首20世纪，人类在创造巨大物质财富的同时，自身却陷入了"生存困境"和遭遇了"无家可归的命运"，物的升值和人的贬值共存。21世纪，人类面临的主要任务就是解决好自身生存和构建更符合人的本性的生活方式。人类已进入了信息时代，人的生存模式已由单纯注重经济增长，转变为更加注重生活质量和生活幸福。[①] 在我国吃穿用等基本的生活需要早已满足，三十年改革开放的巨大成就给人们的发展和享受提供了雄厚的物质基础，不再为衣食住行发愁的人们进一步拓展自己的享受天赋，新颖的社交和休闲方式流行起来，开party、泡吧、旅游、宴会、健身、艺术欣赏、插花、茶艺、收藏等各种名目繁多的生活方式不再为享有特权和地位的人所专有，因此旅游度假、休闲娱乐、保养健身、金融保险、通信网络等服务产品成为主要的消费需求之一。文化教育消费同样受到重视，职业培训、进修学习、出国留学，人们在学习上花钱越来越多。消费者在接受各种服务的过程中享受着美好的生活，同时也为服务业的发展及其广告市场的兴旺带来前所未有的机遇。

---

① 王雅林：《从"生产型社会"到"生活型社会"》，《社会观察》2006年第10期。

根据上述分析可知，改革开放初期《新民晚报》上的广告商品以生产、生存和生活必需品为主，而今已经转向以高档化和享受型的消费品为主，其中不乏非生活必需品。三十年间，我国消费方式发生重大转变，即由以节俭为主要特征、以满足基本生存生活需要为目的的消费方式，转变为以高消费为主要特征、以满足更高的发展和享受需要为目的的消费方式。从消费结构的升级、消费观念的变迁和消费市场的丰富等方面看，这完全可以称得上是一次史无前例、翻天覆地的消费革命。

第 五 章

实用性文化价值观和象征性文化价值观的变化

第一节 中国纸媒广告中常见的实用性文化价值观

综合对《新民晚报》广告和《时装》杂志广告的分析结果,我们发现,中国纸媒广告中常见的实用性文化价值观主要有四种,它们分别是"质量""节省""独特"和"功效"。

一 质量

在1982—2008年的各个时期,《新民晚报》诉求"质量"的广告所占百分比分别是31.9%、23.6%、12.6%和9.2%（参见图5—1）,百分比之间的差异在0.001的水平上具有统计显著性（卡方值=54.91,$p<0.001$,自由度=3）。1982—1985年和1986—1992年,"质量"是《新民晚报》广告中最为常见的实用性文化价值观。而对于《时装》杂志来说,四个时期中诉求"质量"的广告分别占28.8%、56.5%、65.9%和1.0%（参见图5—2）,各百分比之间的差异在0.001的水平上具有统计显著性（卡方值=99.76,$p<0.001$,自由度=3）。在1998年之前,"质量"一直是《时装》杂志广告中最为常见的实用性文化价值观。

"质量"这一文化价值观得到高度重视,有以下一些原因。首先,质量问题曾是中国消费者的心中之痛。中国产品在质量方面经历了一个与日本产品相似的发展历程。在《激荡三十年》中有这样一段话:"NBC节

第五章　实用性文化价值观和象征性文化价值观的变化　/　121

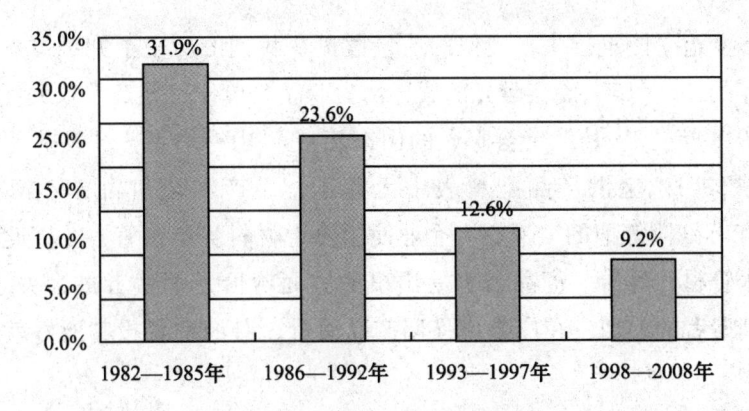

图 5—1　1982—2008 年各时期《新民晚报》中诉求"质量"的广告所占百分比

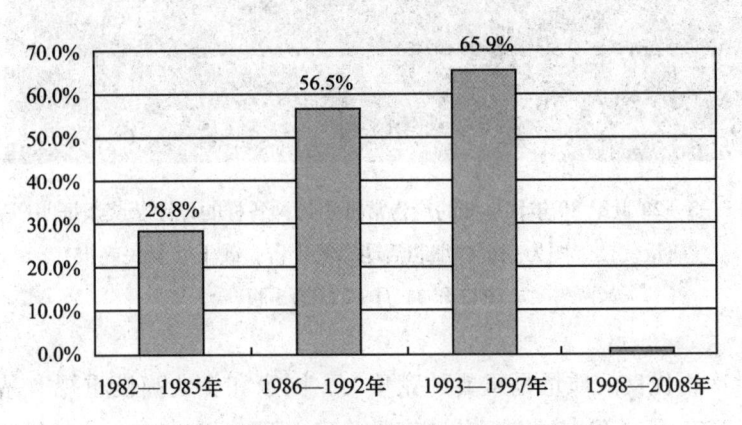

图 5—2　1980—2008 年各时期《时装》杂志中诉求"质量"的广告所占百分比

目主持人说道："十来年前（指 20 世纪 70 年代——笔者注），日本人以制造伪劣产品昭著于世，'日本制造'一词成为取笑劣质产品的口头禅。但时至今日，'日本制造'已经是品质优秀的代名词，美国的年轻人现在以开日本的小跑车为荣。"[1] 中国产品质量的发展历程何尝不是如此？虽然现在的中国产品品质都比较有竞争力，但过去的中国制造也曾以"质次价低"而"闻名于世"，发生在 2008 年的"三鹿有毒奶粉事件"让中

---

[1]　吴晓波：《激荡三十年——中国企业 1978—2008 上》，中信出版社、浙江人民出版社 2007 年版，第 60 页。

国制奶业遭受惨重损失，类似的质量危机在我们的历史上并不鲜见，看看每年的"3·15"晚会曝光的假冒伪劣商品名单便可知其严重程度。比如，2018年"3·15"晚会曝光的山东枣庄"山寨食品"，核桃乳产品无核桃仁，八宝粥产品配料表中无莲子，生产环境脏乱差；河南洛阳、江苏江阴等地的"黑心"企业使用再生材料生产水管，并以此冒充饮用水管材，等等。商品最容易出事的方面恰恰是消费者最为关注的，针对消费者的关切，在广告中强调产品质量，对消费者投其所好就在情理之中了。

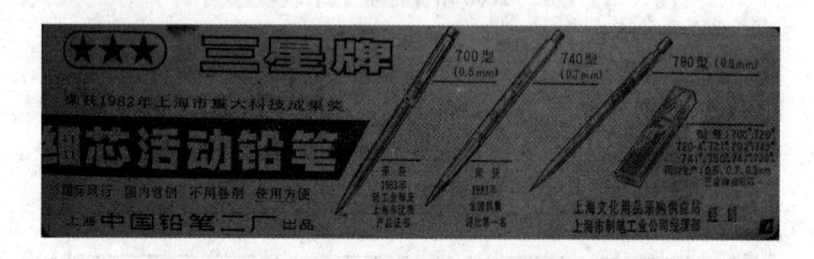

图5—3 20世纪80年代早期的广告常常用各种各样的评比获奖来证明产品质量优良。图为三星牌细芯活动铅笔广告，载于《新民晚报》1983年11月12日第3版

其次，优良的质量是重要的竞争力，国家和企业高度重视产品质量问题。1979年，我国颁布《优质产品奖励条例》，决定对工业的优质产品颁发国家质量奖。1983年，中国29个省（自治区、直辖市）广播电台联合举办"全国优质名牌产品节目"广告大联播，如果某产品有幸上榜，那么将获得巨大竞争优势。翻看早期的《新民晚报》和《时装》杂志，可以发现突出各种评比获奖信息的广告比比皆是。正是因为消费者质量意识的觉醒，才有了上文提到的"3·15"晚会——从1983年起，中央电视台在"消费者权益日"推出3·15现场直播晚会，对某些有质量问题的产品和企业予以曝光。以"质量"为主题的事件营销也曾震惊全国。1985年，张瑞敏把76台有质量问题的冰箱砸成废铁，职工心疼得流下了眼泪，但海尔的质量跃上了台阶，海尔的品牌开辟了新天地。如今，原本是一个小小的集体企业的"海尔"已发展成了营业额超千亿元的世界第四大白色家电制造商。"出现于商品短缺时期的第一代企业家的自我蜕

变正是从质量意识的觉醒开始的。"① 党中央、国务院高度重视名牌战略。早在1992年，邓小平同志南方视察企业时就指出："我们应该有自己的拳头产品，创出我们中国自己的名牌，否则就要受人欺负。"在邓小平同志讲话精神的推动下，在经济发展和人民生活水平日益提高、市场竞争日趋激烈的形势下，很多企业认识到争创名牌的重要性，提出了实施名牌战略的口号。② 1992年，以"打假、扶优、维权"为宗旨的"中国质量万里行"活动启动，在神州大地引起强烈反响。三十年来，无论是本土品牌还是外来品牌，无论是大众化商品还是高档商品，靠"质量"叫卖的声音不绝于耳，"质高款新寰宇颂，国际名表西铁城"（西铁城手表，1987）、"容声，容声，质量的保证"（容声冰箱，1989）等广告口号令人记忆犹新。

二 节省

就《新民晚报》来说，诉求"节省"的广告在各个时期所占百分比分别是3.5%、11.4%、19.1%和18.5%（参见图5—4），各百分比之间的差异在0.001的水平上具有统计显著性（卡方值=21.64，$p<0.001$，自由度=3），与其他时期相比，1993—1997年诉求节省的广告最多。"节省"也是中国纸媒广告中常见的实用性文化价值观，尤其是在1993年之后的《新民晚报》中，"节省"更是成为用得最多的实用性文化价值观。本书研究《新民晚报》广告所得的结论与冯捷蕴（2004）得出的结论较为一致，冯捷蕴发现在中国网络广告诉求中，"实惠"（即这里所说的"节省"——笔者注）这一文化价值出现的频率最高（30%）。这就说明，无论十几年前还是现在，无论是传统媒体还是新兴媒体，"节省"都是中国广告的一个重要价值诉求点。

第一，中国人自古以来就有勤俭持家的优良传统，提倡"居安思危""量入为出"。虽然现在生活富裕了，社会上很早就出现了"能挣会花"

---

① 吴晓波：《激荡三十年——中国企业1978—2008 上》，中信出版社、浙江人民出版社2007年版，第128页。
② 国家质量监督检验检疫总局、中国名牌战略推进委员会：《中国名牌战略发展报告》，《福建质量管理》2007年第3期。

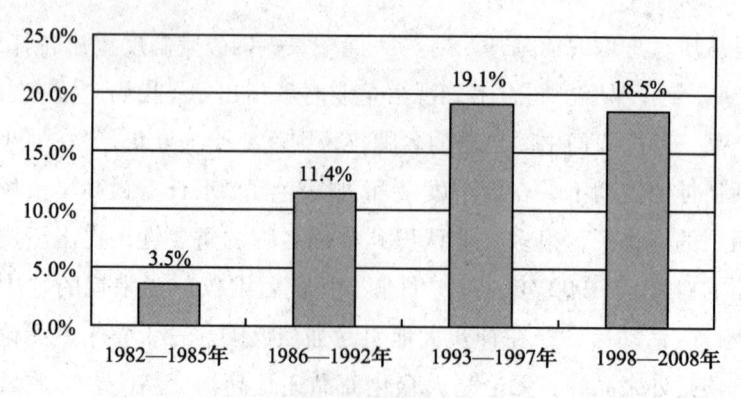

图 5—4　1982—2008 年各时期《新民晚报》中诉求
"节省"的广告所占百分比

的消费观，但传统文化中诸如"历览前贤国与家，成由勤俭败由奢""一粥一饭，当思来处不易；半丝半缕，恒念物力维艰"之类的古训深入人心，艰苦朴素一直被中华民族作为一大传统美德一代一代往下传承，国家也一直提倡艰苦奋斗，勤俭节约。在这种以"节俭"为主要特征的消费观念的支配下，勤俭节约、艰苦朴素的精神和行为是对人进行社会评价的重要标准，实惠与廉价成为人们对商品一个重要追求。因此，当广告告诉消费者，购买某一品牌可以节省一笔开支，或能够获得额外优惠时，一般是能够让消费者动心的。第二，《新民晚报》作为一份大众化报纸，读者对象多为普通百姓，他们收入较为有限，"节省"对他们来说是有吸引力的。索尼公司创始人之一盛田昭夫在接受《读卖新闻》采访时认为，任何面向中国的产品都应该要"简单、实用、便宜"①，这一评价可谓一语中的。第三，"节省"这一文化价值出现频繁，也说明商品供给充足，市场竞争激烈，打折、降价、赠品、抽奖等促销方式被商家广为运用。20 世纪 80 年代早期，政府和有关部门曾要求一切工商企业立即停止用"抽奖"等办法推销商品，如今时代不同了，价格战或变相价格战此起彼伏。第四，时代不一样，"节省"的含义也会有变化。一般来说，"节省"属于实用性价

---

① 吴晓波：《激荡三十年——中国企业 1978—2008 上》，中信出版社、浙江人民出版社 2007 年版，第 34 页。

值。但在现代社会，"节省"也被看作是一种先进的现代意识和较高的素质。以最小的代价获得最大的收益，不铺张浪费，是能力与教养的表现。所以，无论是从经济的角度还是从体面的角度，诉求"节省"都能吸引消费者。我们常常可以看到，人们到高级餐厅用餐，吃不完的东西打包带走，这恐怕不仅仅是出于使用价值的考虑，谁能说"节省"现在不是一种时尚呢？

不过，在《时装》杂志的样本广告中，"节省"这一文化价值观没有出现。这并不难解释，因为《时装》杂志上的广告商品绝大部分是高档服装、高级化妆品和珠宝饰品，消费者购买这些东西本来就不是冲着便宜去的。高档商品、奢侈品是社会地位的象征，这些商品大多价格不菲，价格是其与大众化商品相区别的主要门槛之一。若价格便宜反倒给人以档次不高的大路货之感，无法表明目标消费者的"明显有闲"和"明显浪费"[①]，无法突出目标消费者身份和地位。

三 独特和功效

中国纸媒广告中常见的实用性文化价值观还有"独特"和"功效"。"独特"在《新民晚报》各个时期的广告中出现的频率分别是 8.0%、4.2%、11.9% 和 6.3%（参见图5—5），各百分比之间的差异在 0.01 的水平上具有统计显著性（卡方值 = 12.85，$p < 0.01$，自由度 = 3），与其他时期相比，1993—1997 年诉求"独特"的广告最多。无论在哪个历史时期，"独特"都是《新民晚报》广告中常见的实用性文化价值观。1993 年之后，"独特"也成为《时装》杂志广告中常见的实用性文化价值观。

达彼思广告公司的总裁罗瑟·瑞夫斯曾提出广告经典理论"独特销售主张"（Unique Selling Proposition），这一理论认为，每个广告都必须向消费者陈述一个主张，这个主张一定要独特，必须是竞争者所不能或

---

① 凡勃伦认为，有闲阶级的炫耀有两种基本方式，即"明显有闲"和"明显浪费"。明显有闲是指他们的有闲非常直观地体现在职业活动、身形体态、兴趣爱好、衣着打扮等方面，周围人据此非常容易判断他们的有闲阶级身份。明显浪费是指多余的消费，有闲阶级以此满足自己"歧视性对比"的需求，并在"金钱竞赛"中赢得荣誉。

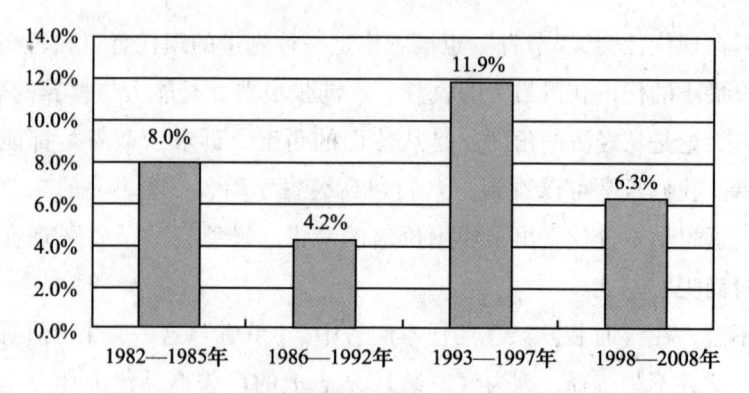

图 5—5 1982—2008 年各时期《新民晚报》中诉求"独特"的广告所占百分比

不会提出的,这一主张一定要能够强有力地打动千百万消费者。独特就是商机,独特就是卖点。商品就如曲艺界的各大明星,有特点才能引人注目,赵本山的逗,陈佩斯的头,潘长江的发型,巩汉林的瘦,哪一个没有给观众留下深刻的印象?广告强调商品与众不同的或无与伦比的特性,同样可以给消费者留下深刻印象。另外,"独特"还有区分产品的作用,在自由开放的市场上,任何时期的任何产品一般都不会只有一种品牌,只有有特点的产品才能最先抓住消费者的注意力,在广告宣传中强调产品独一无二的特性,实际上是为产品争取一个独一无二的市场空间。

就《新民晚报》而言,各个时期诉求"功效"的广告分别占 25.7%、13.1%、15.2% 和 5.6%(参见图 5—6),各百分比之间的差异在 0.001 的水平上具有统计显著性(卡方值 = 46.51,$p < 0.001$,自由度 = 3),1982—1985 年诉求"功效"的广告多于其他任何时期。就《时装》杂志而言,诉求"功效"的广告在各个时期所占的百分比分别为 1.9%、0%、4.4% 和 12.1%(参见图 5—7),各百分比之间的差异在 0.01 的水平上具有统计显著性(卡方值 = 15.25,$p < 0.01$,自由度 = 3),1998—2008 年诉求功效的广告比其他时期多。无论在哪个历史时期,"功效"都是《新民晚报》广告中常见的实用性文化价值观。1993 年之后,"功效"也是《时装》杂志广告中常见的实用性文化价值观。

第五章 实用性文化价值观和象征性文化价值观的变化 / 127

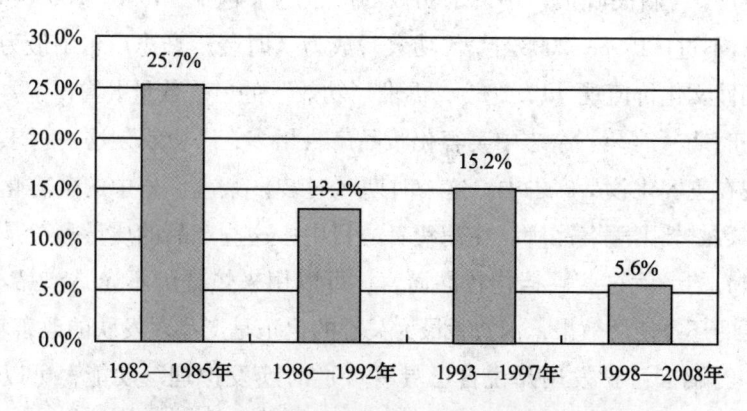

图5—6 1982—2008年各时期《新民晚报》中诉求"功效"的广告所占百分比

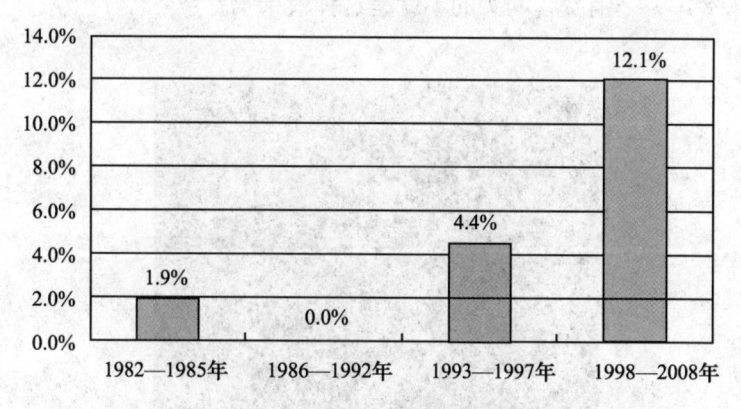

图5—7 1980—2008年各时期《时装》杂志中诉求"功效"的广告所占百分比

产品的功能与使用效果是消费者最为关心的内容之一，也是广告中最为常见的一个诉求点。Leiss 等（1990）认为广告从低到高有四个发展阶段，这四个阶段分别是：提供产品信息、塑造产品形象、形成产品个性和塑造生活风格。在"提供产品信息阶段"，广告把重点放在解释产品的利益和作用。越是发展到高级阶段，广告诉求实用性价值越少，诉求象征性价值越多。1982—1985年，中国广告市场刚刚恢复，广告创作较为简单，内容多是产品功能与效果等浅层信息的直接告白，这一时期《新民晚报》中诉求"功效"的广告占 25.7%。随着中国广告从低级阶段向高级阶段发展，《新民晚报》中诉求功效的广告越来越少，1998—2008 年仅为 5.6%。不过，1998—2008 年，"功效"成为《时装》杂志广告中最为常见的实用性文化价值观（12.1%），诉求"功效"的广告数量大增，主要是因为这一时期《时装》杂志中美容化妆品广告增多，"功效"这一诉求也主要出现在美容化妆品广告中。这一时期《时装》杂志广告中的美容化妆品绝大多数是外国著名品牌，在消费者心目中，这些产品的质量一般是可以让人放心的。就这些高档化妆品而言，可以用来炫耀的不光是产品本身，更主要的还是使用效果，消费者最为关心的也正是产品对发肤的改善功能。因此，巴黎卡诗护发用品说自己具有"逆时焕发护理"功能，可以达到"抵御岁月痕迹，为流失青春光彩的头发注入青春能量"的效果，而迪奥雪晶灵焕白亮采系列则声称可使女性肌肤"奢白无瑕，独炫钻光！"（参见图 5—8）……消费者购买的不就是这种效果吗？

图 5—8　迪奥（Dior）诉求"功效"广告，见《时装》杂志 2008 年 6 月号封底

第二节 中国纸媒广告中常见的
象征性文化价值观

中国纸媒广告中常见的象征性文化价值观主要有"社会地位""情感"和"美丽"。

一 社会地位

在 1982—2008 年的各个时期,《新民晚报》诉求"社会地位"的广告所占百分比分别是 0%、3.4%、1.1% 和 12.2%（参见图 5—9），百分比之间的差异在 0.001 的水平上具有统计显著性（卡方值 = 53.65，$p < 0.001$，自由度 =3）。"社会地位"曾两度成为《新民晚报》中出现最多的象征性文化价值观，1998—2008 年，"社会地位"出现的频率高达 12.2%，仅次于"节省"。在 1998 年之后，"社会地位"出现的频率如此之高，绝不是偶然的，这反映了刚刚富裕了的人们，消费心理从追求"实惠"到追求"意义"的转变，至此中国消费者的消费需求发生明显的变化。

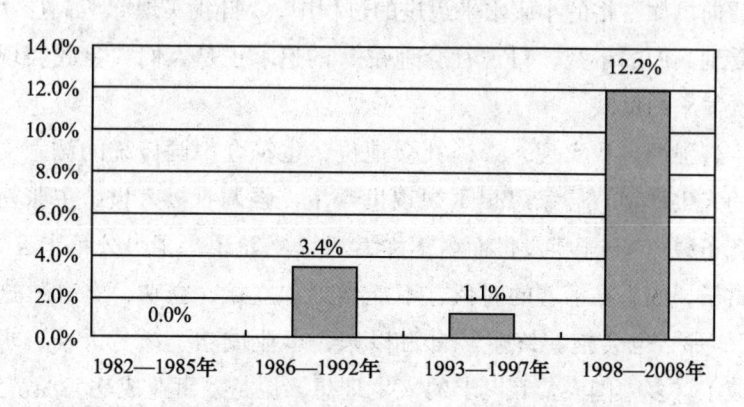

图 5—9 1982—2008 年各时期《新民晚报》中诉求
"社会地位"的广告所占百分比

一个完整的人有各种各样的需要，如衣食住行、安全、爱和归属感、尊重和成就感等，这些需要是人作为一个自然个体和社会个体所必然拥有的。但是，需要与需求并不是一回事，需要是没有得到满足的感受上的缺乏状态，需求是对有能力购买并且愿意购买某个具体产品的欲望，有某种生活需要，不等于有相应的市场需求。无论是贫穷还是富足，人人都会有上述各种需要，但这些需要转化成为现实的需求，必须具备一定的社会历史条件。很难想象，在一般情况下，一个食不果腹的人，会想方设法去购买使用各种名牌，来显示自己的"社会地位"，赢得别人的尊重。1943年，美国心理学家马斯洛于提出了"需要层次理论"，把人类多种多样的需要划分为五种基本类型：生理的需要、安全的需要、爱和归属、尊重的需要和自我实现的需要。马斯洛还认为，上述各种需要是按低级到高级的层次组织起来的，其中生理需要位于最低层次，自我实现是最高层次的需要。通常，低层次的需要得到满足后，较高层次的需要才会出现。经过30年的改革开放，中国经济建设成就巨大，在中国广大的地区，人们早已不为解决温饱这样的低层次需求所困扰，到20世纪末，人民生活水平总体上达到了小康水平。生活富裕了，腰包鼓起来了，较低层次的生活需要满足了，在这个基础上，原本属于较高层次的需要转化成了现实的需求，经济上站得更高的人们又有了新的追求。广告越来越多地诉求"社会地位"，说明在生活向更加富裕的小康水平迈进的过程中，"自我实现"等高层次需求日益受到人们的重视，对"社会地位"的追求正是人们"自我实现"等高层次需求的反映。

广告强调自我实现，崇尚社会地位，也符合中国传统的儒家文化所主张的人生理想。儒家思想重视现世今生，强调积极入世，主张奋发有为，孔子说："君子疾没世而名不称焉。"（《论语·卫灵公第十五》）即使是君子，如果在活着的时候，不能做到"立德、立功、立言"这"三不朽"，那么也会抱憾终生。自古以来，事业成功、扬名天下、永垂不朽，成了许多中国人梦寐以求的人生理想。但是，事业成功、经济富有、社会地位等并不是写在脸上的，而现代社会"交通的发达与人口的流动，使个人的接触面有了扩大，这时他所接触到的广大群众要推断他的声望和地位，除了以他在他们直接观察之下所能夸示的财物（也许还有仪态与礼貌）为依据外，已别无其他方法"①。"明园世纪城，为时代菁英度身定造"，"赫赫门风，匹配巅峰人士非凡气度"，在这里可以与"归国华侨，艺术界精英，商界巨子为邻"，这里是"王者的天地"（明园世纪城广告，参见图5—10）。通过诸如此类的言说，广告把商品塑造成为身份识别的依据，为社会打造一套身份识别系统，它默默地把使用者身份与地位展露得一览无余。正是在这个意义上，消费过程不仅是物品和服务的消耗，而且是社会地位的再现和生产，由于具备这种功能，消费成为各阶层竞相争夺的一个符号资源。②

图5—10　上海明园世纪城广告，载于《新民晚报》2002年7月4日第39版

二　情感

"情感"是《新民晚报》广告中较为常见的象征性文化价值观。根据"需要层次理论"，情感的需要也是人的高级需要之一，人特别害怕孤独，

---

①　［美］托斯丹·邦德·凡勃伦：《有闲阶级论：关于制度的经济研究》，蔡受百译，商务印书馆1964年版，第69页。

②　［法］尼古拉·埃尔潘：《消费社会学》，孙沛东译，社会科学文献出版社2005年版，序二第3—4页。

需要心灵依靠，需要爱和归属。人的情感需要也是较低层次需要得到较充分的满足之后开始成为主导性需求的。研究发现，在1986年之前的广告中很少有诉求情感的，1986—1992年，诉求"情感"的广告逐渐增多，而在1993—1997年，"情感"成为最主要的象征性文化价值观。

"情感"的促销作用是与市场供应状况相联系的。在物质短缺时，广告只要说明哪里有卖就可以达到较好的宣传效果，那是一个不需要做广告或不需要认真做广告的时代，这也是在我国广告刚刚恢复时期出现大量"信息告白加简单装饰式广告"的根本原因。当市场供应日益丰富，有了一定的市场竞争时，消费者不在乎能不能买到，而在乎买到的产品好不好，此时"信息告白加简单装饰式广告"必将退出历史舞台，广告将极尽突出产品优点之能事。当市场供应进一步丰富时，市场竞争白热化时，消费者不但在乎产品的使用价值，而且在乎产品的附加值。"情感"就是这样一种附加值，广告把各种各样的情感附加在商品上，商品就成了各种各样美好感情的象征，如威力洗衣机变成了"献给母亲的爱"，孔府家酒会让人想起家庭的温暖，而"金心"足金首饰的广告说："……更忘不了，是你送的金心足金手链。恒久不变的足金，一如真挚情感，甜蜜余韵，萦绕心头不散。"（图5—12）真爱就如真金，真金代表真爱，千锤百炼，天长地久，不禁让人怦然心动。

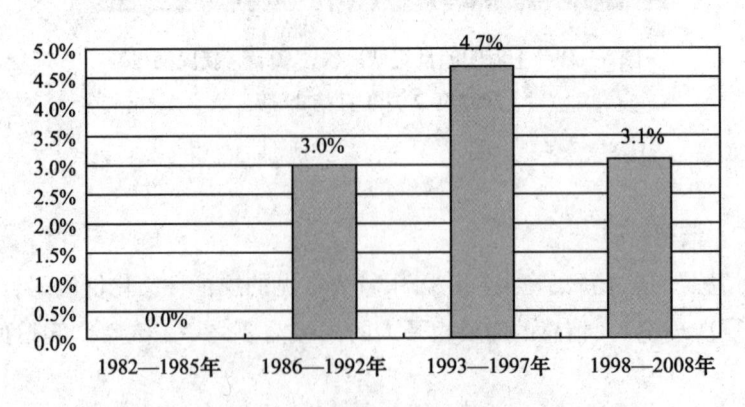

图5—11 1982—2008年各时期《新民晚报》中诉求"情感"的广告所占百分比

广告最主要的功能就是改变消费者的态度。在过去的研究中，很多

第五章　实用性文化价值观和象征性文化价值观的变化 / 133

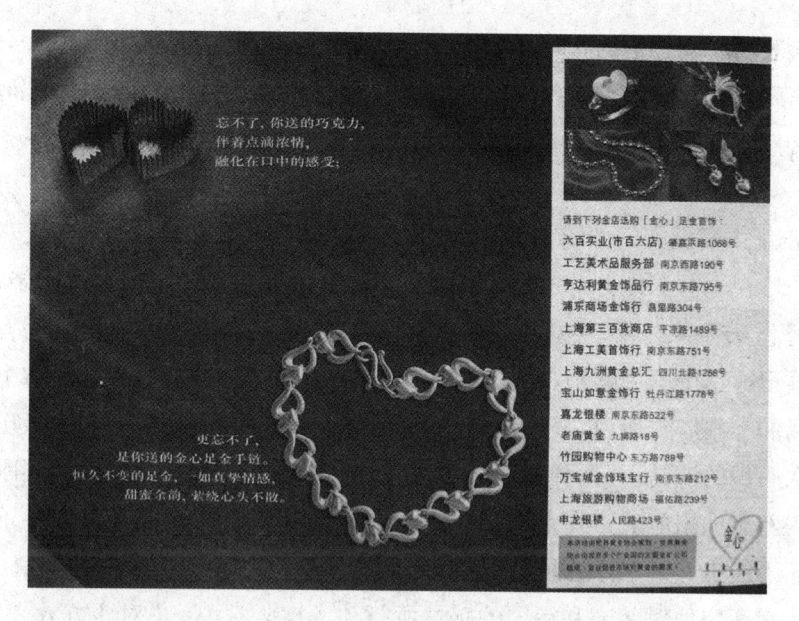

图 5—12　金心首饰广告，载于《新民晚报》
1995 年 9 月 15 日第 24 版

学者从不同角度对态度下过定义，这些定义大概可以分为三种：第一种认为，态度主要是情感的表现，反映的是人们的一种好恶观。心理学家瑟斯顿认为，态度是人们对心理客体的肯定或否定的情感；赖茨曼将态度定义为对某种对象或某种关系的相对持久的积极或消极的情绪反应。第二种认为，态度是情感和认知的统一。美国学者罗森伯格写道：对态度客体的情感反应是以对客体进行评价所持的信念或知识为依据的。所以，态度既有情感成分，又有认知成分。第三种定义则将态度视为由情感、认知和行为构成的综合体。克雷奇和克拉茨菲尔德把态度理解为一种与个人所处环境有关的动机、情绪、知觉和认识过程所组成的持久结构；弗里德曼在其所著的《社会心理学》一书中，将态度理解为一种带有认知成分、情感成分和行为倾向的持久系统。[1] 以上三种看法虽然有所分歧，但每一种看法都认为态度包涵情感要素，可见"情感"是态度核心要素。态度往往是感情用事的产物，传播学创立者施拉姆说："大量的

---

[1] 陈林兴：《态度理论在企业广告策略中的运用》，《企业经济》2007 年第 3 期。

实验表明，动感情的呼吁较之逻辑的呼吁更可能导致态度的改变。"当产品高度同质化，诉求使用价值难以奏效时，诉诸"情感"等附加值是一种必然。

对于中国人来说，"情感"可能是比物质更能打动人的东西，经历了2008年抗震救灾的中国人无不为国人无私的情怀深感自豪，中国人对感情的珍视也深深地打动了国际友人。中国是个非常重感情的社会，亲情、爱情、乡情、友情、爱国之情……历来广为文人墨客所歌咏。当笔者写到这里时，中国人刚刚欢度了2009年农历新年，正如可口可乐针对中国市场的一则广告所说"没有一种感觉比得上回家"，我们的心灵又经历了一次感情的洗礼。"两弹元勋"邓稼先放弃美国优异的生活条件回到刚刚获得新生的祖国时，别人问起他带回了什么，他笑言："带了几双眼下中国还不能生产的尼龙袜子送给父亲，还带了一脑袋关于原子核的知识。"[1]听者无不为他对父亲和祖国的感情所打动。林语堂说："对西方人来说，一个观点只要逻辑讲通了，往往就能认可。对中国人来说，一个观点在逻辑上正确还不够，它同时必须合乎人情。实际上，合乎人情，即'近情'比合乎逻辑更受重视。"[2] 1985，广告业界人士接受《广告世界》采访时说："在日本广告中，设定氛围和形象非常重要。所有的广告都会诉求情感……日本人对美国式的非常逻辑化的广告不是很理解，不明确的广告比明确的广告效果更好。成功促销活动的关键是软销售，不是硬销售。"[3] 对感情在精神生活中占有重要地位的中国人来说，这点也是适用的。

三 美丽

"美丽"是《时装》杂志广告使用最多的象征性文化价值观，这一文化价值观在《时装》杂志各个时期的广告中出现的频率分别是15.4%、

---

[1] 许长荣、朱秋德：《多难兴邦》，2008年12月17日，人民网（book.people.com.cn/GB/69399/1D7423/141300/141301/8536079.html）。

[2] Lin yutang. *My Countey and My People*，转引自翟学伟《人情、面子与权力的再生产》，北京大学出版社2005年版，第85页。

[3] Barbara Mueller. "Standardization vs. Specialization: An Examination of Westernization in Japanese Advertising." *Journal of Advertising Research*, Vol. 32, No. 1, 1992, p. 17.

21.0%、8.8%和22.2%（参见图5—13），无论在哪个时期，"美丽"都是出现频率最高的象征性文化价值观。在每个时期的所有文化价值观中，"美丽"出现的频率也一直居于第二位。"美丽"在《时装》杂志广告诉求中使用如此频繁，是因为这一文化价值观与该杂志的广告商品类别非常匹配。《时装》杂志上的广告商品绝大部分是时装、化妆品和首饰，我们把这些统称为"美丽产品"，其主要功能就是让使用者显得更漂亮，以"美丽"作为广告的主要诉求点，是非常合适的，对消费者来说也是非常有诱惑力的。1986—1992年，"美丽"也是《新民晚报》上使用最多的象征性文化价值观之一，其出现频率仅次于"社会地位"，居第二位。而在这一时期，《新民晚报》上也出现了大量的服饰产品广告（20.3%），其出现的频率仅次于家具电器广告（26.6%），1986—1992年是《新民晚报》服饰广告最多的时期，这再次证明了广告诉求的文化价值观与产品类别之间的密切关系。

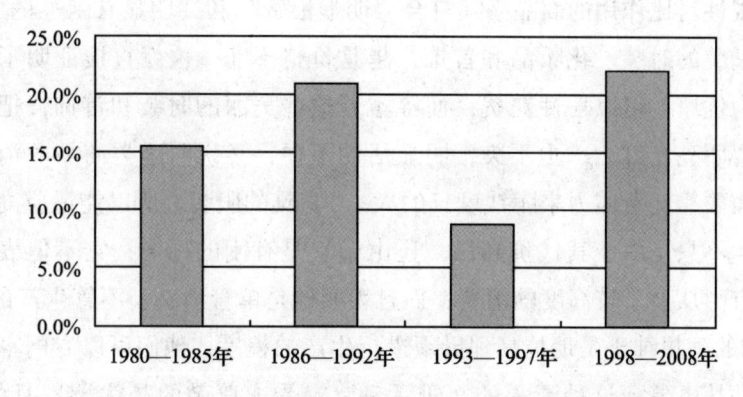

图5—13　1980—2008年各时期《时装》杂志中诉求"美丽"的广告所占百分比

"美丽"这一象征性文化价值观在时装、化妆品和首饰等广告中大量使用，既有社会经济原因，也有心理和文化原因。（1）社会经济方面。任何时代都会有炫耀性消费，但经济发展水平不同，用来炫耀的东西也不同。当社会消费品严重短缺时，物品本身就是值得炫耀的，当社会消费品不再匮乏时，物品本身将失去炫耀价值，此时人们的消费将出现审美化趋势，物品的风格、优雅、端庄、艺术感将取代金钱成为新的炫耀内容。1998年之前，《时装》杂志广告中诉求"质量"等实用性文化价值观的占了极大的比例，而1998—2008年，"美丽""性吸引"等非实用性文化价值观的比例迅速上升，并远远超过实用性文化价值观。"中国由温饱向小康过渡的速度加快，人们长期沿袭的'耐穿、实用、经济、美观'的静态服装观，逐渐更新为'个性、美丽、时尚、身份、艺术'的动态服装观。"① （2）心理和文化方面。20世纪70年代，马斯洛对他1943年提出的"需要层次理论"进行修正，在以前分类的基础上又增添了认知和审美两种需要。审美的需要是出于人类爱美的天性，表现为对美好事物的追求和向往，中国也有句老话，"爱美之心，人皆有之"，对女性尤其如此。"女人们不仅愿意而且非常喜欢赶时髦。即使由此带来身体上的不适，也在所不惜。"② 《时装》正是一本以女性为主要读者对象的杂志，③ 其广告以"美丽"为主要诉求点是自然而然的事。"美丽"之所以如此有吸引力，还因为它具有歧视性对比的作用。凡勃伦认为，具有歧视性对比作用的商品必须符合"明显浪费"和"明显有闲"的原则。越是精美的时装、化妆品和首饰，越是价格不菲，这就直接证明了消费者财力优厚、可以任性花费；而穿戴着这些美丽的时装和首饰，把自己打扮得明亮光鲜、一尘不染，明显活动不便，又说明这类商品的消费者是不需要靠耗费体力来赚钱度日的人。"高雅的服装之所以能适应高雅的目的，不只是由于其代价高昂，还由于它是有闲的标志；它不但表明穿的人有力从事于较高度的消费，而且表明他是单管消费、不管生产的。"④ "中国的理想绅士是地位高到毋须进行生产的程度，他们可以专门享受清福，并从事象征这种清福的文雅活动。最受人尊敬的是优游岁月的人，而不是在忙得不可开交的事务活动中干得比别人出色的人。"⑤ 费正清的话虽然说的是中国绅士，对《时装》杂志的读者对象来说，恐怕也是恰

---

① 卢泰宏等：《中国消费者行为报告》，中国社会科学出版社2005年版，第17页。
② 林语堂：《中国人》，郝志东等译，学林出版社1994年版，第110页。
③ 《时装》现在的定位是"精英女性阶层为读者对象的高端杂志"，以高档女装和上流社会时尚生活为主要内容。
④ ［美］托斯丹·邦德·凡勃伦：《有闲阶级论：关于制度的经济研究》，蔡受百译，商务印书馆1964年版，第134页。
⑤ ［美］费正清：《美国与中国》，张理京译，世界知识出版社2003年版，第46页。

如其分的。

第三节　实用性文化价值观和象征性文化价值观的消长变化

雨果曾把人活着的状态划分为两个层次：生存和生活。他说："有了物质，人才能生存；有了理想，人才能生活。生存与生活有什么不同呢？动物是生存，而人则应该生活。"梁漱溟先生则把人的生存发展分为三个时代：人对物质的问题之时代（生存问题时代），处理人与自然生理的关系——解决作为"物质自然人"的肉体生存发展问题，满足自然人的各种生理本能需求；人对人的问题之时代（社会问题时代），处理人与人、人与社会之间的关系——解决作为"社会人"的生存发展问题，满足自我在社会的精神价值实现需求；人对自己的问题之时代（心灵问题时代），处理人与自我情感的关系——解决作为"心灵人"的心灵生存发展问题，满足自我情感与心灵皈依需要。这三重内涵的生存发展问题不是截然分开，而是交织在一起并衍生出包括消费在内的各种人类活动。①

著名市场营销学家菲利普·科特勒把人们的消费行为大致分为三个阶段：第一是量的消费阶段。这一阶段商品短缺，人们追求量的满足。第二是质的消费阶段。这一阶段商品的数量极为丰富，人们开始追求同类商品中高质量的商品。第三是感性消费阶段。在这一阶段，市场上商品丰富且日益同质化，不同品牌的商品之间很难在质量、性能等方面分出高低。这时消费者所看重的已不是商品的数量和质量，而是最能体现自己个性与价值的商品或者能寄托自己情感的商品。当某种商品能够满足消费者的某些心理需要时，它在消费者心目中的价值可能远远超出商品本身。例如，人们戴名表、开名车，不仅仅是为了计时准确和交通方便，更是一种身份和地位的象征，能够展示自我形象，获得自

---

① 梁漱溟：《东西文化及其哲学》，商务印书馆1999年版，第171页；罗纪宁：《中国消费者心理原型实证研究》，载卢泰宏等《中国消费者行为报告》，中国社会科学出版社2005年版，第77页。

尊的满足。① 在感性消费阶段，人的生存问题已经解决，生活问题凸显出来，消费者更注重商品对"社会人"和"心灵人"的满足。人们消费的对象主要不是物而是物所代表的符号意义。人们从消费中得到物质与精神满足，甚至是人生的幸福和意义，消费成为自我实现的全部过程。②

当人们解决了生存问题面向生活问题时，作为人们解决生存和生活问题的重要手段的消费将发生明显的变化——从实用性消费向象征性消费转变，表现在广告中即针对生存问题强调产品使用价值的广告减少，针对生活问题强调产品象征价值的广告增多。观察《新民晚报》样本广告统计数据发现，实用性文化价值观所占百分比从 1982—1985 年的 73.5% 下降到 1998—2008 年的 49.5%，象征性文化价值观所占百分比从 1982—1985 年的 9.8% 上升到 1998—2008 年的 31.6%，广告诉求的实用性文化价值观越来越少，象征性文化价值观越来越多（参见第三章的表 3—15 和图 3—3）。不过，总体而言《时装》杂志广告诉求变化的趋势不如《新民晚报》广告明确，但是我们注意到，《时装》杂志广告诉求的实用性文化价值观从 1993—1997 年的 73.6% 陡然下降到 1998—2008 年的 19.2%，同时象征性文化价值观从 16.5% 猛升至 44.4%，1998—2008 年，象征性文化价值观远远超过实用性文化价值观（参见第三章的表 3—22 和图 3—6），所以就《时装》杂志的广告而言，至少可以说，近十五年来，实用性消费显著减少，而象征性消费显著增长。

中国纸媒广告诉求的实用性文化价值观减少，象征性文化价值观增多的主要原因是人的生存状态发生了根本的变化。中国改革开放 30 年的历程可以简单地概括为一个从解决生存问题向解决生活问题过渡的过程。1987 年，我国已经基本解决温饱问题。"生产分配既有安排，则生存不成问题，人心目中的问题不在生存，而在别处了。"③ 当生存问题解决之后，生存之外的问题便突显出来，中国人又在为解决生活问题而努力，目前这个过程正在进行而且还将持续进行下去。

---

① 转引自曹颖、王琨、秦燕《感性消费广告诉求策略》，《合作经济与科技》2006 年第 3s 期。
② 范萍：《鲍德里亚"消费社会文化理论"简析》，2007 年 4 月 3 日，学术中华网。
③ 梁漱溟：《东西文化及其哲学》，商务印书馆 1999 年版，第 171 页。

相对来说，生存问题内容比较单一，吃喝拉撒睡性。而生活问题包括和谐社会关系的建立和自身精神与心理的满足，其内容是丰富多彩的；生存需要是有限的，而生活需要是无限的。消费既有解决生存问题的功能，又有解决生活问题的功能。解决生存问题靠的是消费品的自然属性、使用价值，解决生活问题靠的是消费品的社会属性、象征价值。当生存问题是社会主要矛盾时，广告将强调商品使用价值方面的特性，诉求实用性文化价值观；当生活问题取代生存问题成为社会主要矛盾时，广告将由强调商品使用价值方面的特性、诉求实用性文化价值观向强调商品的附加值、诉求象征性文化价值观转变，中国广告目前就处在这种转变的过程中。

商品的象征性价值之所以重要，是因为商品具有"代理传播"的作用——商品代理消费者自己，传递身份、社会地位等信息。通过大量的观察之后，保罗·福塞尔认为，"人的生活品味和格调决定了人们所属的社会阶层，而这些品味格调只能从人的日常生活中表现出来。比如一个人的穿着，家里的摆设，房子的样式和格局，开什么车，车里的装饰，平时爱喝什么，用什么杯子喝，喜欢什么休闲和运动方式，看什么电视和书，怎么说话，说什么话，等等。……有品位有生活格调立刻能够使人们对你刮目相看，使你获得更多的尊重和欣赏，因而提高了你的社会地位。金钱固然重要，但是只有金钱并不能使你获得普遍的认可、尊重和赏识。你怎样花你的钱，用它带来什么样的消费，这些消费使你呈现出什么特征，则成为更加要紧的问题"[①]。象征性消费让有钱阶级以令人咋舌的方式花钱，是较高社会地位的标志，无可置疑地给消费者带来面子。

经济越发达，社会越进步，象征性消费现象将会越普遍，这是人的"社会生存"需要和"心理生存"需要使然。弗洛姆认为，人不仅需要"生理生存"，也要"心理生存"，"心理生存"是人无法逃避的宿命，所谓的自尊、面子等，不过是谋求心理生存的通俗表达。广告本是"广而告之"，但在象征性消费的情况下，广告早已不止提供信息，而主要是提

---

① [美]保罗·福塞尔：《格调：社会等级与生活品味》，梁丽真等译，广西人民出版社2002年版，中译本第1版序言。

供"意义",如品位、个性、情感、社会地位等。换言之,就是在一个"歧视性对比"的社会结构中,提供一种价值符号,这种价值符号使拥有该广告商品的人与没有拥有该广告商品的人在"价值"上区别开来,并且以前者的价值排序位置偏高来对比后者的价值排序位置偏低,从而使该商品的消费者感到优越,获得心理生存上的比较优势。①同样,人也需要"社会生存"。广告通过象征性手法,把商品塑造成为爱护、关怀、忠诚、归属等的代名词,其潜台词就是购买、使用或赠送这种商品,消费者就能生产或再生产出亲情、爱情、友谊、内部团结、群体归属感……从而建立或巩固良好的人际关系,为自己获得更为广阔的社会生存空间。

第四节 消费主义在中国的发育程度

消费主义与消费的本质区别就在于,消费是基于人的生理需要的、对商品使用价值和自然属性的消耗,而消费主义是基于人的精神和心理需要的、对商品象征价值和社会意义的追逐。人有限的生理需要决定了人的消费是有限度的,但精神和心理需要的无限性决定了消费主义的贪婪无度,其表现就是无限的财富占有欲望和沉溺于物质享乐的生活方式和价值观念。第二次世界大战后消费社会的发展加速了,并随着新兴中产阶级的崛起、郊区化的发展、电视的普及,以及国家和企业官僚制的发展、大学的扩展和美国资本主义扩展到全球而进一步加快。② 处在全球化浪潮中的中国也不可避免地受到消费主义的冲击。

商品象征价值是消费主义的一个关键因素,因此广告中象征性文化价值观的使用程度是反映消费主义发育程度的一个重要指标,通过观察这个指标的变化,我们可以窥见消费主义的发育状况。数据表明,中国的大众阶层和中产阶层分别处在消费主义的不同发展阶段。

改革开放 30 年来,《新民晚报》广告诉求的实用性文化价值观不断

---

① 石勇:《"歧视性对比"、心理竞争与消费主义意识形态》,《天涯》2007 年第 6 期。
② 罗伯特·古德曼、史蒂芬·帕普森:《绿色营销与商品自我》,载吴琼、杜予《形象的修辞——广告与当代社会理论》,中国人民大学出版社 2005 年版,第 202 页。

减少，象征性文化价值观不断增多，但如我们在第三章所证实的，总的来说，《新民晚报》的广告诉求实用性文化价值观还是远远多于诉求象征性文化价值观。《新民晚报》是适合大众阶层阅读的通俗报纸，根据《新民晚报》广告中的实用性文化价值观和象征性文化价值观的分布情况可知，中国大众阶层正在向消费主义的旋涡中迈进，但消费主义意识形态尚未完全形成。这一结论也可以从我们身边的生活现象得到佐证。近年来，在购物消费方面，中国甚至已经超过了美国，一个建立在鼓励消费基础上的经济正在蓬勃发展。中国的购物中心、超级市场发展神速，数量越来越多，规模越来越大。目前，中国境内规模不等的超级购物中心不下 400 家，有四家超级购物中心的规模超过了"美国购物中心"[1]，预计到 2010 年，世界十大超级购物中心至少有 7 家在中国。[2] 不过，我们还应看到另一方面，大众阶层仍然对消费品的价格非常敏感，购买时也是根据生活需要，尽量做到物尽其用。中国的超级市场一般都是以低价吸引顾客，"为了赢得竞争优势，扩大市场份额，各大超市纷纷采取竞争策略，包括价格、品质、广告和目标群体差异化等竞争手段，其中采用最多而又最为有效的手段则是价格策略"[3]。

但是，《时装》杂志广告的统计数据反映的情况与《新民晚报》大不一样。《时装》杂志是定位于高端市场的杂志，其目标读者属于中产阶级人士，这就说明，消费主义生活方式在中国的中产阶层与大众阶层中发展程度不同。早在 1980—1985 年，《时装》杂志中诉求象征性文化价值观的广告就占有相当大的比例（51.9%），中国的中产阶层[4]一开始就在为消费主义生活方式大喝其彩。虽然从 1986—1997 年，《时装》杂志中诉求象征性文化价值观的广告有所减少，中产阶级的消费主义生活方式

---

[1] The Mall of America，位于明尼苏达州，曾经连续 10 年保持着北美最大购物中心的地位，它甚至曾经是世界上最大的购物中心。

[2] William Kowinski：《消费主义正在中国悄然兴起》，2005 年 7 月 5 日，中国经济网（www.ce.cn/ztpd/hqmt/main/yaowen/200507/05/t20050705_4121229.shtml）。

[3] 王莉莉、周庆行：《对中国超市价格策略制定步骤的分析》，《现代管理科学》2007 年第 6 期。

[4] 也许我们不能把 20 世纪 80 年代早期的《时装》杂志广告商品的目标消费者称为中产阶层，但他们在经济地位上明显高于大众阶层，也有着中产阶层的生活方式，为了使名称保持前后一致，这里权且这样称呼。

有所收敛，但最近十年又卷土重来，象征性消费受到热烈追捧。所以，在中国的中产阶层中，消费主义生活方式已经发育得比较成熟。如果把消费主义发育状态比作一个阶梯，越往上发育越充分，那么大众阶层正处在向上迈进的征程之中，而中产阶层则已经站在较高的层级上挥手致意。看看中产阶层的生活方式，就可以发现消费主义就在他们中间。人逢喜事，希望放纵一下，不妨去购物；心情不好，需要发泄一下，还是去消费；无论是喜是悲，都需要去商场消费。有时觉得生活很乏味，但只要去消费，就不会觉得日子空虚。平日里精神很差，走路都要瞌睡，一旦进了超市，立即像服用了兴奋剂。总是记不住日期，但任何一个节日都不会忘记，因为那天商场里一定会有特卖会。各种各样的衣服已经塞满了衣柜，但每次逛街发现新的"猎物"，一定要把它带回。买到了就是胜利，是不是真的需要暂不考虑。"三日不购物，便觉面目可憎"（1995年台湾中兴百货的广告语），除了消费，还是消费。以上刻画的是典型的"购物狂"，可以说，消费已经成为中产阶层的主要生活方式，我消费，我存在。有一篇网络文章《一只消费主义的猫》，文中的这只猫故作优雅和端庄，经常对着镜子，搔首弄姿或者溺于沉思，这只猫很不一般的地方在于品牌意识强烈，要吃俄罗斯进口的日本海鳕鱼、用"华伦天奴"洗澡、玩铜铃铛、定期摔瓷器。文章把消费主义者的形象刻画得入木三分，即精神空虚，爱慕虚荣，时尚前卫，注重品牌，铺张浪费，物质至上。

《时装》杂志上为和这只消费主义的猫类似的中产阶级推介物质享乐的广告比比皆是。

> "都市就像一个巨大的漩涡，吸附了生活在其间的一切人的梦想。在梦想实现的同时，蓦然发现，你和我之间已经快没有差别。住在长得差不多的小区，身上穿着同样的品牌，喝着满街都是的星巴克，连说话的腔调、耸肩的姿势都如出一辙⋯⋯这是一个被同质化的事实，然而并不是每个人都对此无动于衷。实际上，每个人的心理都不想只做灰调的基底，每个人都渴望着与众不同，渴望着出位，渴望着做万灰丛中出色的一点红、黄、绿或蓝。这并不难，如果懂得秘诀。不用冲破既有的规范，

脱离现在的轨道,只要在生活的细节上花一点点心思,每个人都可以出色兼出位。"

——诺基亚 7210 手机广告,载于《时装》,2002 年 10 月,第 19 页

在消费主义者眼里,买手机考虑的不是通信功能,而是能否使自己与众不同、出色出位。要做到这一点并不难,只要将诺基亚 7210 收入囊中即可。当然,一旦这种手机因普及到社会地位较低的阶层而过时后,你可以迅速地把它抛弃并转向另一种时尚款式。

谢瑞麟"挑情"系列钻石饰品广告更是对贪婪物欲直言不讳:"拿得起,放不下,都是钻石惹的祸。新的惹火系列单粒钻戒与铂金完美结合,尽显美钻的极致光彩!搭配单粒美钻项坠,让你贪恋钻石光彩,甘心沉醉其中。"

消费已成为当代自我表达与认同的一种方式。据称,在"一部分人先富了起来"之后,中国兴起了一个奢侈品消费群体,让这个群体感到烦恼的不是如何赚更多的钱,而是如何花更多的钱。中国品牌战略协会的研究发现,我国目前的奢侈品消费人群已经达到总人口的 13%,年消费量达 60 亿美元左右,占全球总份额的 12%,并且正以平均每年 20% 左右的速度增长。[1] 中国年轻人逐渐成为超前消费和奢侈品消费的主体。[2] "目前,全球的奢侈品消费,中国排在美国之后,但未来 1—2 年,中国市场将成为全球最大的奢侈品消费市场。"TOP 系列奢侈品展创始人,博锐会展董事总经理盛磊如此展望。[3] 奢侈品消费是消费主义活生生的体现,由此可见,消费主义文化正在中国社会步步深化。

---

[1] 丁依囡:《正在崛起的中国奢侈品消费市场》,《上海商业》2007 年第 5 期。
[2] 御翔:《消费主义的中国味道变革静悄悄》,2007 年 5 月 22 日,金融界网站(news1.jrj.com.cn/2007-05-22/000002257537.html)。
[3] 徐毅儿:《中国成奢侈品消费避风港 将超过美国成最大市场》,《信息时报》2009 年 1 月 4 日第 A04 版。

第 六 章

中西式文化符号和中西方
文化价值观的变化

第一节 中国纸媒广告中常见的
中国传统文化价值观

中国纸媒广告中常见的中国传统文化价值观有"传统""社会地位""情感"和"天人合一",关于"社会地位"和"情感"第五章已有论述,此处不再赘述。

一 传统

1982—2008 年各时期的《新民晚报》广告中,"传统"这一文化价值观出现的频率分别是 5.3%、2.1%、1.1% 和 1.4%(参见图 6—1)。1980—2008 年各时期的《时装》杂志广告中,"传统"这一文化价值观出现的频率分别是 7.7%、1.6%、0% 和 3.0%(参见图 6—2)。无论是《新民晚报》还是《时装》杂志,1986 年之前最为常见的中国传统文化价值观都是"传统"。

Cheng 等人(1996)的研究也发现,"传统"是中国纸媒广告中最常见的文化价值观之一。他们进一步分析说,这可能是因为中国历史悠久。[1] 应该说确实如此,中国有着悠久的历史和灿烂的文化艺术,上下五千年,绵延至今,不曾中断。中华民族以自己的勤劳和智慧,为人类社

---

[1] Hong Cheng & John C. Schweitzer, "Cultural values reflected in Chinese and U.S. television commercials." *Journal of advertising research*, Vol. 36, No. 3, May/June 1996, pp. 33, 39.

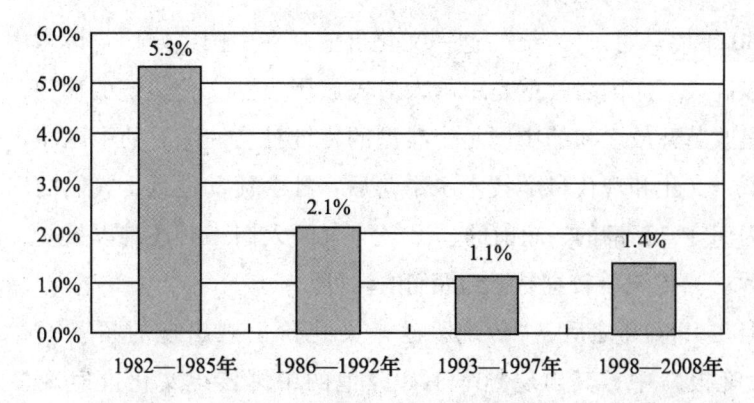

图 6—1　1982—2008 年各时期《新民晚报》中诉求
"传统"的广告所占百分比

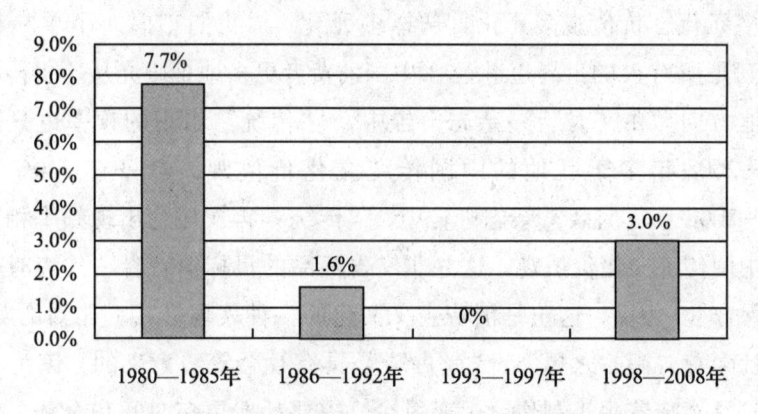

图 6—2　1980—2008 年各时期《时装》杂志中诉求
"传统"的广告所占百分比

会的进步作出过重大贡献，中国人为自己的传统文化感到骄傲，对传统文化的情结已经内化为民族精神的一部分。Chu 和 Ju（1993）评估了 18 种中国传统文化价值观在目前的地位，他们发现 91.2% 的调查对象对"中国历史悠久的文化遗产"感到自豪。[1] 中国纸媒广告对"传统"这一文化价值观的偏爱，符合当代中国人的心理，能够吸引中国消费者。[2] 20

---

[1] Hong Cheng & John C. Schweitzer, "Cultural values reflected in Chinese and U. S. television commercials." *Journal of advertising research*, Vol. 36, No. 3, May/June 1996, p. 30.

[2] Hong Cheng & John C. Schweitzer, "Cultural values reflected in Chinese and U. S. television commercials." *Journal of advertising research*, Vol. 36, No. 3, May/June 1996, p. 39.

世纪80年代早期,"传统"这一文化价值观在中国纸媒广告诉求中出现频率较高,其原因之一就是中国人对民族历史和文化传统的珍视,原因之二是改革开放之初的中国是个典型的传统社会。那时的中国城市化水平极低,文化和现代科学技术水平落后,社会流动性低,人们的思想观念较为保守,新潮的、超前的、出格的东西人们一时还难以接受,商品广告诉求"传统"较容易得到人们的认可。

但在1986年之后,"传统"这一文化价值观出现的频率不高。在《新民晚报》中,其出现频率不如其他的中国传统文化价值观多。这一变化表明,改革开放给人们的思想观念带来巨大变化,如果说以前的中国人珍视传统,那么现在的中国人是既珍视传统而又开放兼容,社会多元化,价值观多元化,选择多元化,"我们正向一个单一规格无法满足所有人的世界迈进"[1],中国消费者更多地把眼光从历史传统投向其他方向。在《时装》杂志广告中,"传统"出现的频率也只是在1998—2008年多于其他的中国传统文化价值观,但只有3.0%。在1998—2008年《时装》杂志广告中,"传统"再次成为出现频率相对较多的中国传统文化价值观,这并非广告商品的目标消费者"外表时尚而内心保守"。相反,这正是消费主义文化的一种表现形式。凡勃伦发现,上流社会有"尚古之风","尚古"是具有社会等级意义的,因为"古旧"往往意味着手工制作、生产量少,需要耗费更多时间和金钱,产品独特而罕有,而"现代"则是机器加工、批量生产的象征,是没有特点和廉价的代表。"上层等级把对古风的忠诚视作自己这个等级的准则。至于那些较低的等级,除了迫不及待地冲向新鲜事物,不能有什么别的打算。"[2]

二 天人合一

"天人合一"在各个时期《新民晚报》的广告中出现的频率分别是

---

[1] David, Kushner. *From the Skin Artist, Always a Free Makeover.* 转引自 [美] 迈克尔·R. 所罗门、卢泰宏《消费者行为学(中国版)》,电子工业出版社2007年版,第127页。

[2] [美] 保罗·福塞尔:《格调:社会等级与生活品味》,梁丽真等译,广西人民出版社2002年版,第115页。

第六章 中西式文化符号和中西方文化价值观的变化 / 147

0%、1.7%、1.1%和5.9%（参见图6—3），各百分比之间的差异在0.001的水平上具有统计显著性（卡方值=21.62，p<0.001，自由度=3）。"天人合一"这一文化价值观在《新民晚报》样本广告中总共出现40次，33次是出现在1998—2008年（82.5%），而这33次中又有31次是出现在房地产广告中（93.9%）。在1998—2008年的《新民晚报》广告中，"天人合一"是出现频率仅次于"社会地位"的中国传统文化价值观。其直接原因是这一时期房地产广告大量增加，从深层次来看，则是中国传统文化的"自然观"及其影响下形成的"居住文化"使然。

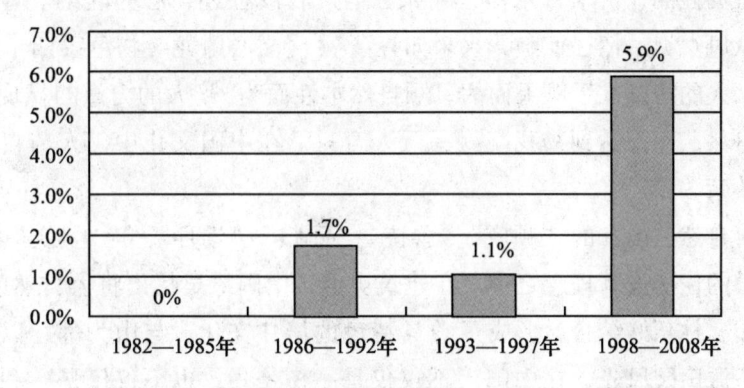

图6—3 1982—2008年各时期《新民晚报》中诉求"天人合一"的广告所占百分比

人与自然的关系在中国哲学和西方哲学中都是一个重要的命题，但中西方文化的"自然观"有着根本的区别。在西方文化中，人和自然是对立的关系。人是"万物之灵"，他高高在上，掌管着包括自然在内的世间一切，自然是作为人的对立物而存在的，它是人支配的对象，实践的客体，是人的主动性任意发挥的舞台，对自然的征服显示着人的强大的力量。而中国传统文化认为，人只不过是群体关系中的一个环节，宇宙间的一切事物，有形的、无形的；有机的、无机的；有生命的、无生命的，都具有共同的本源并密不可分地联结在一起。[1] 因此，应把环境、资源、他人视为与自己密切相连的共同体，万物一体、万物和谐、和而不

---

[1] 王中江：《儒学与人类"共生"理念》，《北京日报》2001年8月27日第15版。

同，谁征服谁都不对，消灭对方就是消灭自己。在中国文化看来，自然和人是宇宙中平等的一员，不分主客，自然也具有人的性情，人心与自然可以交流沟通。"国破山河在，城春草木深。感时花溅泪，恨别鸟惊心。"（杜甫《春望》）国仇家恨，离愁别绪让诗人不胜伤感，身边花、鸟也被人的情绪感染，禁不住流泪、惊心①，移情于物而又物显于情，达到了"物我同一"的境界。"独坐幽篁里，弹琴复长啸。深林人不知，明月来相照。"（王维《竹里馆》）诗人在幽静茂密的竹林里独坐，并不孤单，因为有明月做知音，倾听诗人的心曲。在中国人的眼里，自然万物都是有灵性的，"水沓水匝，树杂云合。目既往还，心亦吐纳。春日迟迟，秋风飒飒。情往似赠，兴来如答"。（《文心雕龙·物色第四十六》）所以，人的智慧在乎顺天而为，顺自然本性而为。② 人的力量的显现不是征服自然，而是达到物我交融，天人合一。在中国文化中，人与自然是共生共荣关系。

对自然、山水的"顺应""善待""回归""崇拜"和"赞美"融入了中国的住房设计理念之中。在建筑史上，中国最早提出将大自然的山、水、园、林巧妙结合，形成了独具特色的居住文化。与山为邻，以水为友，一派田园风光，在中国人不仅仅是一窗美景，也不仅仅是有利于身体健康，最重要的是可以回归自然，与自然融为一体，返璞归真，颐养性情。"田园生活的模式总被认为是最理想的生活方式。在艺术、哲学与生活中的这种田园理想，深深地扎根在中国普通人的意识中。……接近自然就意味着身体与精神上的康健。退化的只是城市人，并非农村人，所以城市中的学者与富庶人家总是有一种渴望自然的感觉。"③

因此，好的居家设计表面上是对一物一景的巧妙配置，其实是对人心的妥帖安置，不仅要创造优美的物质环境，而且要创造精神意义，找到一方可以安顿人的思想感情的地方。创造优美的物质环境由建筑来完

---

① "感时花溅泪，恨别鸟惊心"，这一句历来有两种解释：一、因为感时恨别，诗人见了花鸟等美好的事物，反而落泪惊心；二、拟人的写法，感时恨别，花也落泪，鸟也惊心。两说有别，精神相通，这里取第二种解释。

② 钱超英：《中国文艺美学与东方自然观》，2007年6月5日，钱超英博客（blog.sina.com.cn/slblog_4c7edf7d010008ml.html）。

③ 林语堂：《中国人》，郝志东等译，学林出版社1994年版，第49页。

成，创造精神意义则交由广告和宣传来完成。房地产广告中总会不厌其烦地突出小区最优美的自然环境，多数不无夸张，有个土包就是山，有汪浅水就是湖。

"叠泉潺潺、碧水粼粼。"

——"金桥湾"广告，《新民晚报》1999年3月12日第37版

"近点，再近点，这次靠水更近。"

——"中远两湾城"广告，《新民晚报》2001年5月25日第12版

"6月初夏时，绝对好辰光
绿洲长岛的钥匙握手中
打开50年前的原生态森林水景
60000m² 的天然水域
50000m² 的自然景观
开启未来100年智能仁居生活的序幕
人与自然的交流融合，演绎现代'绿野仙踪'
超脱预想的魅力，敬请亲身体验"

——"绿洲长岛花园"广告（参见图6—4）

广告以自然山水美景为诉求，说明身处都市丛林的中国现代消费者，无论心里如何焦灼，内心深处还是有一种对真正的丛林和原野的向往。

总之，人与自然和谐相处是中国传统文化的基本精神之一，"仁者乐山，智者乐水。"当"达则兼济天下"时，人们仍不忘追求山水之乐，当"穷则独善其身"时，退隐山林往往成为最好的选择之一。不管怎样，寄情山水，亲近自然都是一种高雅的志趣。在现实生态环境日益恶化的情

图6—4 "绿洲长岛花园"广告，载于《新民晚报》
2001年5月25日第9版

况下，受传统文化影响的中国人仍把"天人合一"作为一种境界和一大追求。本研究还发现，没有一个广告以与"天人合一"相反的文化价值观"征服自然"为诉求，据此也可以反证"天人合一"在中国思想中的重要地位。

广告中"天人合一"的诉求增多也是绿色消费观念兴起的结果。近年来，我们的生活中出现了一些引人注目的现象，如有偿提供购物塑料袋，拎着竹篮买菜，饭店里出现"适量消费、减少打包"的提示，楼道门口放置了干电池专用回收箱，北京奥运会把"绿色奥运"确定为三大理念之一，在环境保护方面做出许多承诺……这一切都告诉人们，一种绿色生活方式正在深入人心。绿色消费是近三十年中随着环保运动发展而兴起的一种理性的高层次消费理念，作为国际消费者联合会的工作主题已有多年，我国近年倡导绿色消费旨在改变传统消费观念，保护环境，节约资源，促进健康，实现可持续发展。中消协把2001年定为全国性绿色消费主题活动年，当年3·15的主题就是"绿色消费"。2006年，3·15以"消费与环境"为主题，主张构建和谐的市场环境、生态环境，倡导节约资源。绿色消费现在已成为时尚、有教养和讲文明的标志。绿色消费不仅包括消费绿色产品，还包括物资循环利用，节约能源，保护环境，亲近自然，维护物种多样化等。国际上一些环保专家把绿色消费概括成 5R，即：节约资源，减少污染（Reduce）；绿色生活，环保选购（Reevaluate）；重复使用，多次利用（Reuse）；分类回收，循环再生（Recycle）；保护自然，万物共存（Rescue）五个方面。[①] 资源日益枯竭和越来越严峻的环境危机使人们意识到人类的幸福必须建立在人与自然和谐相处的基础上，返璞归真、和谐共存成为人们处理自己和自然关系的基本态度，建设环境友好型社会是实现可持续发展的必由之路，也是全面建设小康社会的必然选择。

第二节　中国纸媒广告中常见的西方文化价值观

中国纸媒广告中常见的西方文化价值观有"竞争""现代感"和"性吸引"。

一　竞争

根据第四章的操作性定义，"竞争"包括提及竞争商品名称的直接比较和使用诸如"第一""领先者"之类词语的间接比较。"竞争"在各时期的《新民晚报》广告中出现的百分比分别是 2.7%、6.3%、1.1% 和 2.2%（参见图 6—5），四个百分比之间的差异在 0.01 的水平上具有统计显著性（卡方值 =14.75，$p<0.01$，自由度 =3），"竞争"是 1986—1992 年《新民晚报》广告中最常见的西方文化价值观，但在其他时期出现较少，在《时装》杂志广告中也没有出现。

进一步分析发现，中国纸媒广告诉求的"竞争"多为不提及竞争对手的间接比较，如"设计最新，工艺最精，历年来上海销量第一；款式豪华，价格合理，小康生活水平的最佳组合；家庭、宾馆，融为一体，体现室内设计的最新潮流。"（华东木器广告，《新民晚报》1986 年 10 月

[①]《什么是绿色消费?》，2006 年 5 月 8 日，中华人民共和国环境保护部网站（www.zhb.gov.cn）。

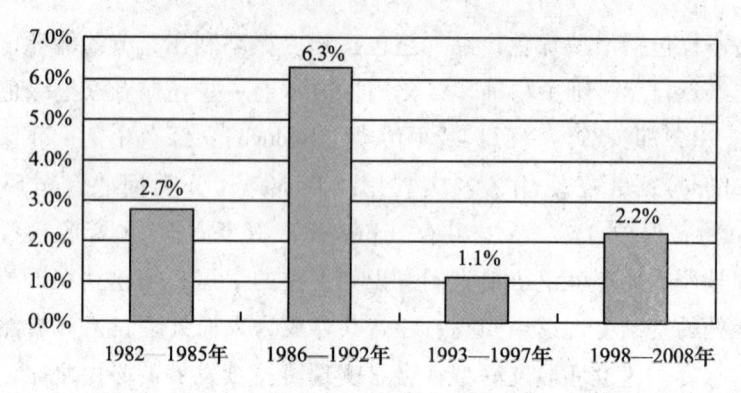

图6—5 1982—2008年各时期《新民晚报》中诉求
"竞争"的广告所占百分比

10日）研究者在所抽取的样本广告中没有发现明确的直接比较广告。"竞争"在中国纸媒广告中出现的过程与特点有以下原因：

　　第一，随着改革开放力度的加大，一些西方文化观念进入我国，包括"竞争"在内的各种西方文化价值观渐渐被国人接受。第二，市场经济的本质是竞争经济，"允许一部分人先富起来"，鼓励个人发展，提倡优胜劣汰，把资源配置到效率高、效益好的地方去。1987年，中国共产党第十三次全国代表大会确定全面深化改革的决策与目标，明确提出在国有企业逐步推行承包经营负责制，试行租赁制和股份制等多种经营形式。国有企业开始成为自主经营、自负盈亏的经济实体，私营经济合法化，全国绝大多数商品价格相继放开。于是，20世纪80年代中期之后，中国大陆的市场环境开始了由传统市场向现代市场的急剧转向，竞争趋于激烈，企业的"进攻性"增强，使用"竞争"这一文化价值观的广告增多。第三，中国纸媒广告中的"竞争"多为间接比较主要源于中国传统文化心理。与西方文化重个人、重竞争不同，中国传统文化以"和"为贵，重义轻利，重视集体的作用，把谋求人际关系的和谐作为人生理想，提倡忍耐、谦让、奉献、共存，不崇尚竞争，反对人的独立意识和锐意进取，个体的竞争意识不强，靠竞争来取得自己的利益通常不为社会所认可。"君子喻于义，小人喻于利。"即使"君子爱财"，也要"取之有道"，否则将要失去社会和谐，也将破坏内心的和谐与安宁。当市场主体增多，人们不得不面对竞争时，要在取胜市场和维护和谐两方面取得平衡，间接比较广告可能是比较好的选择。第四，"竞争"这一文化价值观在1992年之后的广告中迅速减少，我国广告管理法规日益完善是个重要原因。虽然我国1982年就有了《广告管理暂行条例》，1987年又有了《广告管理条例》，但这两个条例及其实施细则中对竞争性广告未作详细规定，相关条文仅有"有诽谤性宣传的"（《广告管理暂行条例》）和"贬低同类产品的"（《广告管理条例》）禁止刊播。20世纪80年代中期后的数年内，经济的发展，竞争的激烈，带来了企业对广告的重视。全民办广告的"繁荣景象"出现了，广告经营单位和从业人员剧增。管理法规粗糙不全，观念落后，广告人整体素质偏低，导致广告市场乱象丛生，我国广告业进入高速而又无序发展的局面，有人称之为广告"乱市"，打政策擦边球，甚至违法乱纪的现象很多。[①] 1993年和1994年，我国相继出台了几部重要的广告管理法律与法规，包括《广告审查标准（试行）》（国家工商行政管理局1993年7月15日颁布实施）、《反不正当竞争法》（1993年9月2日第八届全国人民代表大会常务委员会第三次会议通过）和《广告法》（1994年10月27日第八届全国人民代表大会常务委员会第十次会议通过）等。这些法律和法规对竞争性广告作了比之前更权威、更具体、更具操作性的规定，尤以《广告审查标准（试行）》最为详细，其中的第四章以整整一章的篇幅对"比较广告"作了专门的详细的规定。比较广告因操作尺度难以把握，企业维权意识增强，使用率下降。从此，媒体中各种不当比较广告或"疑似"不当比较广告大为减少。

二 现代感

"现代感"是《时装》杂志广告中常见的西方文化价值观，在《新民晚报》广告中不多见。在各时期的《时装》杂志广告中，"现代感"出现的频率分别为7.7%、1.6%、2.2%和4.0%（参见图6—6）。1980—1985年，"现代感"是《时装》杂志广告中出现频率最多的西方文化价值观。1998—2008年，其出现频率仅次于"性吸引"。在《时装》杂志广告中，"现代感"主要表现为"时尚"，"时尚"几乎成为"现代

[①] 余虹、邓正强：《中国当代广告史》，湖南科学技术出版社2000年版，第52、54页。

感"的代名词。

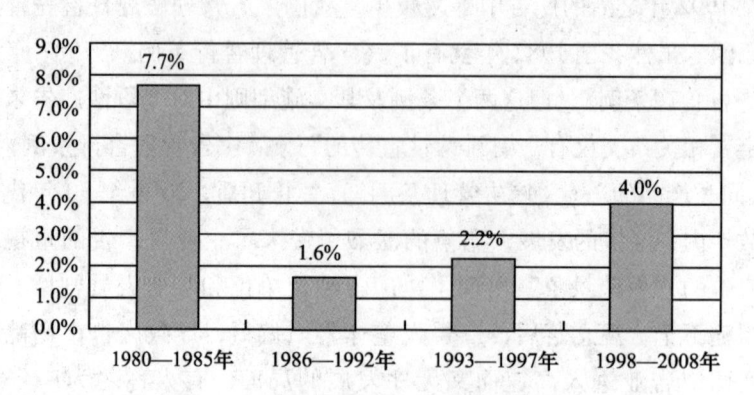

```
图表数据：
1980—1985年：7.7%
1986—1992年：1.6%
1993—1997年：2.2%
1998—2008年：4.0%
```

图6—6 1980—2008年各时期《时装》杂志中诉求"现代感"的广告所占百分比

"现代感"大量出现在《时装》杂志广告诉求中，而在《新民晚报》广告诉求中较少，与媒体的市场定位和广告商品的产品类别有关。《时装》杂志的市场定位是"精英女性阶层为读者对象的高端杂志"，以高档时装和上流社会时尚生活为主要内容，广告商品的产品类别主要是时装、化妆品和首饰，而《新民晚报》是以广泛的大众阶层为对象的市民报纸，广告商品的产品类别各种各样。时尚是有经济门槛的，而且这个门槛还不低。一般来说，只有那些拥有高级职位、较强经济实力、较高社会地位和社会影响力、较有生活品味的社会精英才能够引领时尚，从经济上讲，时尚天然就是精英的标签。所以，广告诉求时尚，适合《时装》杂志的内容定位和读者对象定位。

精英需要时尚。一方面，时尚具有身份联合和区隔的双重意义。"时尚一方面意味着相同阶层的联合，意味着一个以它为特征的社会圈子的共同性。"[①] 在身份联合的同时，时尚也把较高社会阶层与较低社会阶层区隔开来。较低社会阶层当然不会甘于被较高社会阶层排斥的命运，他们发现为自己贴上较高社会地位的标签其实很容易，只要模仿上层阶级

[①] ［德］齐奥尔格·西美尔：《时尚的哲学》，费勇等译，文化艺术出版社2001年版，第73页。

的消费方式即可，不同阶层、群体之间的界限就这样不断地被突破。一旦较低社会阶层越过较高社会阶层已经划定的界限并且毁坏他们在这种时尚中所具有的带象征意义的同一性，那么较高的社会阶层就会从这种时尚中转移而去采用一种新的时尚，从而使他们自己再次与广大的社会大众区别开来。① 在这种快乐的、周而复始的身份斗争游戏中，时尚不断地被生产。"时尚是阶级分野的产物，并且像其他一些形式特别是荣誉一样，有着既使既定的社会各界和谐共处，又使他们相互分离的双重作用。""关联与差异在此不可分离地相联结成为两个基本的功能，它们构成了一种相互对照的逻辑关系，一方成为另一方实现的条件。"② 另一方面，"时尚"为精英心安理得地浪费提供了一个冠冕堂皇的理由。一旦某种商品被贴上时尚的标签，它就难以逃脱很快落伍的命运，一件昂贵的商品就是在被隆重地装扮成潮流的领跑者后在辉煌中死亡。精英要保持社会地位的领先，就得不断地追逐、抛弃、再追逐、再抛弃……时尚消费背后的浪费是惊人的，但精英是万万不可因铺张浪费而让自己背上没有教养、缺乏现代意识的恶名的，此时能够为抛弃找到的最好的理由也许只有"过时"。"时尚可以使一个既暖和又有用的上衣不能穿，让一个又结实又舒适的椅子变得寒酸。时尚就像通往未来之路，但事实上最主要的作用是让人们对现实产生不满，特别是对他们周围的所有事物产生不满。"③

　　广告主也需要时尚。一则广告道出了其中的真谛："时尚出真资""时尚是伟大生财力"（"静安新格公寓"广告，《新民晚报》2002年11月28日第38版）时尚工业是建立在源源不断地生产出来的新款式的基础上的。加利福尼亚盖尔公司的一位高级金融官员凯文·温楚度看到销售量在四年内增加50倍时，他告诉《华盛顿邮报》说："如果你谈论鞋的特性，你只需一两双。如果你谈论流行式样，你就是在谈论无

---

① ［德］齐奥尔格·西美尔：《时尚的哲学》，费勇等译，文化艺术出版社2001年版，第72—74页。
② 同上书，第72—73页。
③ ［美］托马斯·翰：《Shopping大解码——购物文化简史》，梅清豪等译，上海人民出版社2006年版，第100页。

图6—7　昂贵的时尚。路易·威登广告，载《时装》
2008年8月封面、封二和扉页

数双鞋子。"① 靠式样取胜的商品注定不能太长命，如果时尚产品不能迅速退出市场，那么其生产者就将迅速退出市场。所以，不断地变换式样，让消费者总是离时尚保持那么一点距离，生产商就能源源不断地赚钱，时尚的"生财力"正在于此。流行样式自从出现一直加速变换。根据美国技术评估局的资料，高级流行样式在20世纪80年代末每两个半月变换一次。② "今天，生产的东西，并不是根据其使用价值或其可能的使用时间而存在，而是恰恰相反——根据其死亡。……生产秩序的存在，是以这种所有商品灭绝、永久性的预有安排的'自杀'为代价的。这项活动是建立在技术'破坏'或以时尚的幌子蓄意使之陈旧的基础之上的。广告耗费巨资实现了这一奇迹。其唯一的目的不是增加而是去除商品的使用价值，去除它的时间价值，使它屈从于时尚价值并加速更新。"③

---

① ［美］艾伦·杜宁：《多少算够——消费社会与地球的未来》，毕聿译，吉林人民出版社1997年版，第67—68页。

② 同上书，第67页。

③ ［法］让·波德里亚：《消费社会》，刘成富等译，南京大学出版社2006年版，第21页。

三 性吸引

"性吸引"是1998—2008年《时装》杂志广告最为常见的西方文化价值观，在这一时期的所有文化价值观中，其出现频率都是最高的（26.3%），但"性吸引"也只是出现在这一时期，在1998年之前，《时装》杂志没有广告以"性吸引"为诉求。在所有的《新民晚报》样本广告中，研究者也没有发现有广告诉求这一文化价值观。

同样，"性吸引"成为1998—2008年《时装》杂志广告最常见的文化价值观，既有观念方面的原因，也有产品方面的原因。经过改革开放30年的洗礼，中国人的性观念发生了明显变化，谈性色变的时代早已远去了。早在1988年，就出现了"性学热"。而如今，人们对未婚同居、一夜情、婚外性行为、同性恋等现象也见怪不怪，"性"这个让国人原本十分忌讳的字眼，现在登堂入室，公开化地成为婚姻是否幸福的重要因素。[①] 在穿衣打扮方面，总的趋势也是越来越开放。近年来，许多女性把以前被捂得死死的私密部位，大大方方、原汁原味地袒露在别人面前，并冠之以"美""时髦""前卫""开放"等词语来形容。虽然在中国这样一个相对传统的社会里，性诉求广告一直没有取得合法性，但只要恰当地把握了性感和色情界限，性诉求广告还是能够为现代受众接受，更何况《时装》杂志的读者群体思想观念比一般大众更为前卫。如在《时装》杂志上，曾经开办《性与城市》栏目，每期发表一篇与性有关的文章，在2002年10月的专题《性——欲望手枪》中，集中发表谈论性的文章9篇。这些文章中关于性的观念也很是开放，如一女性公司职员表示："过去觉得性无所谓，只有爱就可以了。现在觉得，不管有没有爱，性都非常重要。不管从身心角度来说，对我都很具有调节作用。特别是调节内分泌。但现在只想要一个固定的性伴侣。"[②] 在这位女职员看来，性比爱更为重要，宁可居无爱，不可居无性，无性影响身体健康。所以，对于《时装》杂志现在的读者群体和其中广告商品的消费群体而言，性

[①] 柯云路：《一个作家眼中的婚恋三十年》，2008年12月7日，柯云路博客（blog.sina.com.cn/s/blog_5846b2950100bt4s.html）。

[②] 李峥：《性在午夜公开——两个男人和一个女人》，《时装》2003年第5期。

不是一个羞涩的话题。在观念上的禁区打破之后，以前曾被压抑的东西就像野草一样疯长起来，这就不难理解为什么这个时期《时装》杂志广告越来越"暴露"了。冯捷蕴（2004）发现，"性吸引"在网络广告中的使用频率高达20%。① 网络媒体受众对象以年轻人为主，其中学历和收入都较高的白领阶层占较大比例，网络媒体与《时装》杂志受众对象重合度较高，本书关于《时装》杂志广告诉求"性吸引"的结论与冯捷蕴关于网络广告的研究结论正好相互印证。

图6—8 Dior 广告，载于《时装》2004 年 10 月第 17 页

再看产品方面的原因。《时装》杂志广告商品的产品类别主要是时装、化妆品和首饰。GUCCI 和 YSL 的首席设计师 TOM FORD 曾经说过：时尚潮流总是与性有关。英国女设计师凯瑟琳·哈姆雷特说："在某种程度上，男人和女人着装是为了吸引异性，生儿育女。"② 著名时尚摄影师

---

① 冯捷蕴：《中国大陆的文化价值观：以 2004 年网络广告内容分析为例》，《现代传播》2004 年第 5 期。
② ［美］南茜·埃特考夫：《漂亮者生存：关于美貌的科学》，盛海燕等译，中国友谊出版公司 2000 年版，第 261 页。

泰利·理查森说，基本上，想吸引人的最终目的，不过就是性爱罢了。①"女人穿衣服的目的是为了让男人尽快地脱掉它。"② 这就难怪"翻看任何一本流行杂志，都可以找到以性暗示和性联想为创意和主题的时装广告。尽管流行风潮变幻个不停，但眼花缭乱的时装广告始终以带诱惑和挑逗的意念为首，性的主题永远主宰着时装广告的想象力。"③ 人的消费行为不可避免地受到某种社会合法性的支配，但合法性并非一成不变的，当原来的"下流"成为现在的"潮流"而被人们竞相追逐时，新的合法性就诞生了。

第三节　中西式文化符号与中西方文化价值观的消长变化

根据前面的定义，中式文化符号和中国传统文化价值观统称为中国文化元素，西式文化符号和西方文化价值观统称为西方文化元素，把文化符号和文化价值观综合起来看，就可以得出中国纸媒广告中的中国文化元素和西方文化元素的消长变化情况。

一　《新民晚报》广告中的中西式文化符号与中西方文化价值观

1982—2008 年《新民晚报》广告中的中西式文化符号的消长变化情况如第三章表 3—10 和图 3—1 所示，中西方文化价值观的消长变化情况如第三章表 3—14 和图 3—2 所示。把二者综合起来得到，1982—1985 年《新民晚报》广告中的中国文化元素为 17.7%，1986—1992 年为 19.8%，1993—1997 年为 37.9%，1998—2008 年为 51.6%，中国文化元素越来越多，且增长迅速。1982—1985 年《新民晚报》广告中的西方文化元素为 3.6%，1986—1992 年为 13.9%，1993—1997 年为 14.1%，1998—2008 年为 16.7%，西方文化元素也越来越多，但增长较为缓慢（参见图 6—9）。

---

① 逸飞媒体：《亲爱的坏品味》，江苏美术出版社 2005 年版，第 64 页。
② 盛慧：《天堂里的小资们》，中华工商联合出版社 2002 年版，第 190 页。
③ 99 智商：《声色留痕——解读时装广告》，《时装》2002 年第 10 期。

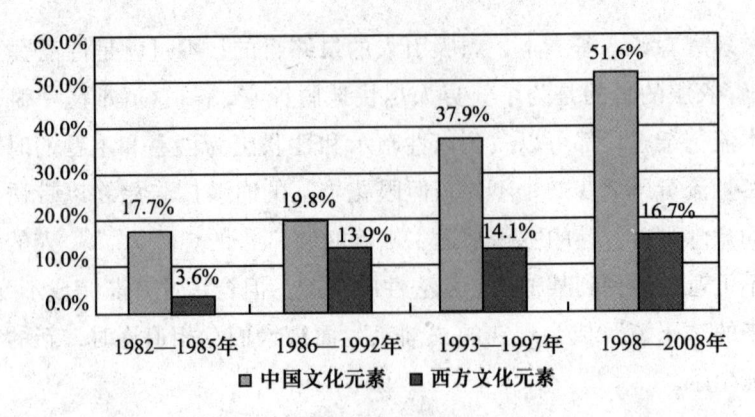

图 6—9 1982—2008 年《新民晚报》广告中的中国文化
元素和西方文化元素比较

把《新民晚报》广告中的中西方文化元素相比较可知，改革开放之初，中国文化元素和西方文化元素都较少，尤其是西方文化元素出现的频率很低。随着时间的推移，《新民晚报》广告中的中国文化元素和西方文化元素都越来越多。中国文化元素一直多于西方文化元素，且比西方文化元素增长迅速，两者的差异还有随时间进一步扩大的趋势，至1998—2008年，中国文化元素的数量已远远超出西方文化元素（51.6%对16.7%）。

《新民晚报》广告中中国文化元素和西方文化元素的消长变化说明：

1. 中国广告逐步跨越了仅提供产品信息的初级阶段。广告业处在初级阶段时，市场竞争不激烈，广告常以提供产品信息为主，重点介绍产品的特点、作用、购买方法等信息。在我国广告业恢复初期，由于市场供应整体上供小于求，企业不需要做广告或不需要认真做广告就可以取得效益，广告无须研究消费者心理，更无须为文化促销劳神费力，那时的广告简单粗糙，往往都是"信息告白加简单装饰"。随着改革开放力度的加大和市场化程度的加深，我国广告业逐步向高级阶段过渡，广告主和广告人的现代广告意识开始觉醒，广告从"以生产者为中心"向"以消费者为中心"转变，注重研究消费者心理，提出了"以策划为中心，以创意为主导，为广告主提供全面服务"的现代广告经营理念，文化的促销作用受到重视，而20世纪80年代后期的"文化研究热"也影响到广告界，一些人从文化心理方面研究消费者对广告的接受倾向，① 包括中国传统文化元素和外来文化元素在内的各种各样的文化元素被添加到广告创意中，中国广告开始变得越来越"有文化"。在现代社会中，公众的文化性消费心态日趋成熟，在商品的消费过程中越来越强调文化品位和艺术格调，为了提高现代广告的有效性，需要从源远流长的民族传统文化和绚丽纷呈的现代文化中汲取营养，借助文化适应、文化融合、文化包装、文化倡导等策略，使文化与现代广告有机地融合在一起，有效地提高现代广告的文化品位，强化广告宣传市场销售效果和形象塑造效果。② 运用各种各样的文化元素是广告发展的必然方向之一。

2. 中国大众对中国文化元素情有独钟。《新民晚报》广告中的中国文化元素和西方文化元素都在增长，但前者一直远远多于后者。如果说在改革开放之初造成这一现象的主要原因是中国的开放程度较低，西方发达资本主义国家的文化价值观和文化符号都难以输入的话；那么，在改革开放已经全方位展开、全面深化的今天，中国文化元素与西方文化元素间的差距不但没有缩小反而有扩大趋势，就不是改革开放程度的高低所能解释的。《新民晚报》广告之所以更热衷于中国文化元素，这只能说明中国文化元素在吸引、劝服中国大众消费者时更为有效。其他研究也能证实这一观点。Jyh-shen Chiou 发现，在台湾尽管西化诉求越来越受欢迎，但台湾受众仍然更喜欢含蓄诉求和传统诉求，中国传统文化价值观，诸如尊重权威、重视家庭关系，在台湾的广告中仍然非常普遍。③ Nan Zhou 和 Russell W. Belk 的研究表明，在中国特别强调家庭、孝道和尊敬老人的广告都无一例外地被很好地接受。④ 近年来广告界兴起"本土化运动"、大力提倡在广告作品中运用中国元素，也说明本土文化对本土消费者的吸引力。与中国文化的融合已成为中国广告发展的趋势。一位台湾

---

① 余虹、邓正强：《中国当代广告史》，湖南科学技术出版社 2000 年版，第 58 页。

② 何修猛：《现代广告学》，复旦大学出版社 2003 年版，第 243 页。

③ Jyh-shen Chiou. "The effectiveness of different advertising message appeals in the Eastern emerging society: using Taiwanese TV commercials as an example." *International Journal of Advertising*, Vol. 21, No. 2, 2002, pp. 217 – 236.

④ Nan Zhou and Russell W. Belk. "Chinese consumer readings of global and local advertising appeals." *Journal of Advertising*, Vol. 33, No. 3, 2004, pp. 63 – 76.

的企业家早在几年前就将中国元素运用到自身产品的广告营销实践中,他以中国文化和中国哲学思想为基础,结合自身产品特点来构建品牌内涵,从而达到个性鲜明,富有生命力的国际化特性。①

图6—10 "郁庭峰"广告以中国式的家庭幸福为诉求,
载于《新民晚报》2002年7月4日第29版

3. 中国文化元素是说服中国大众消费者的强有力手段。每个民族的个体成员都深深地浸润在本民族传统文化的氛围之中,传统文化作为一种潜意识和内在的思维定式沉积在个体深层的心理,对个体的世界观、价值观、人生观产生深刻的影响。中国传统文化遗产丰厚,它代表中国文化精神,体现中华民族形象、性格、尊严、信仰和利益。② 中国传统文化在中华民族精神构建中具有难以估量的意义,从抽象的精神活动到具体的物质实践,人们都不同程度地受到传统文化的影响。中国消费者对传统文化元素倍感亲切,运用传统文化元素有助于广告与受众更好地沟

---

① 陈晓庆:《一个广告主的"中国元素"情结——访北京联宝讯通电子科技有限公司总经理洪国基先生》,《广告人》2006年第9期。
② 何德珍:《从中国元素看中国式广告的崛起及发展策略》,《学术论坛》2007年第7期。

通，对提高商品、服务或企业文化品位也有重要意义。①

广告创意要从民族传统文化中吸取养分，广告表现要符合民族传统文化的接受心理，广告风格也会反映民族传统文化的精神与风格。"在我国改革开放以来的广告发展的演变过程中，民族文化对其影响是明显而深远的……一方面，广告是特定的民族背景下和社会环境中发展起来的，必然带有其滋生环境的某种特质；同时，为获得本民族广大受众的认同，广告也必然体现出一定的民族文化特征，其文化形式和文化价值观都离不开传统的观念模式。"②

近年来，随着中国广告的日趋成熟，广告人越来越强烈地意识到中国文化元素在广告中的巨大力量。在广告传播中，富于民族特色的传播形态被越来越广泛地使用，如具有浓郁民族特色的福娃、红色、双喜、灯笼等传统吉祥符号，对联、相声、快板、民谣、拜贺、威风锣鼓以及中国民间节日期间以"礼"相诉求的传播形式，等等。这些传统的符号、习俗、传播方式都具有丰厚的文化含义，在今天仍然深受华夏儿女的普遍喜爱，具有强大的生命力和传播力，加以合理的利用有助于提高广告说服效果。③ 意大利设计师 ROSA 说："不管是意大利还是法国设计师，他们设计的往往是符合或者融合本国元素的东西，而中国如果丢掉本土的东西的话，便没了特色，也缺乏市场竞争力。我觉得还是要融合中国自己的东西，让世界为你们而疯狂！"④

二 《时装》杂志广告中的中西式文化符号与中西方文化价值观

1980—2008 年《时装》杂志广告中的中西式文化符号的消长变化情况如第三章表 3—17 和图 3—4 所示，中西方文化价值观的消长变化情况如第三章的表 3—21 和图 3—5 所示。把二者综合起来得到，1980—1985 年《时装》杂志广告中的中国文化元素为 76.9%，1986—1992 年为 62.9%，1993—1997 年为 63.7%，1998—2008 年为 21.2%，中国文化元

---

① 吴辉：《试论中国传统文化对本土广告的意义》，《现代视听》2009 年第 2 期。
② 王淑兰：《广告文化演变研究——社会篇》，《新闻知识》2006 年第 2 期。
③ 杨立川：《文化全球化·中华传播习俗与当代中国广告传播》，《新闻知识》2007 年第 1 期。
④ 2006 中国元素国际广告创意大赛（http://fi2nance.sina.com.cn/roll/2006 - 10 - 27）。

素越来越少，1998年之后减少的速度加快。1980—1985年《时装》杂志广告中的西方文化元素为32.7%，1986—1992年为12.9%，1993—1997年为34.1%，1998—2008年为104.0%，20世纪80年代末90年代初，西方文化元素一度有所减少，但后来迅猛增长，至1998—2008年，《时装》杂志广告中的西方文化元素已经高达104%（参见图6—11）。

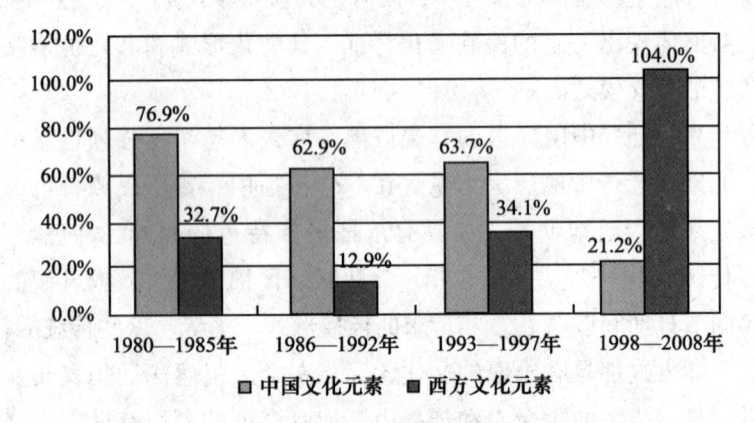

图6—11　1980—2008年《时装》杂志广告中的中国
文化元素和西方文化元素比较

数据表明，《时装》杂志广告中的中国文化元素与西方文化元素消长变化的情况与《新民晚报》大不相同。首先，无论在改革开放之初还是现在，《时装》杂志广告中都运用了大量的中西方文化元素，《时装》杂志广告商品的目标消费者一开始就对消费品的文化品位有强烈需求。其次，随着时间的推移，《时装》杂志广告中的中国文化元素越来越少，而西方文化元素越来越多。1998年之前的每个时期，中国文化元素都远远多于西方文化元素，而到1998—2008年，中国文化元素仅为21.2%，西方文化元素则已暴增至104.0%，超出中国文化元素近4倍。

可见，上述关于《新民晚报》广告的论述不适合于《时装》杂志广告，《时装》杂志广告商品的目标消费者在文化需求方面与大众阶层有很大的不同。首先，作为中国中产阶层一部分的《时装》杂志广告商品的目标消费者，比《新民晚报》广告商品的目标消费者更"需要文化"，对他们而言，文化是消费的重要内容，是重要的社会分层手段，是社会地位资源，占有文化资本具有身份建构意义。其次，现在他们更需要的是西方文化，他们对西方文化已经到了非常迷恋的程度。对《时装》杂志的广告来说，本土化策略不再适用，取而代之的是广告国际化倾向。Nan Zhou 和 Russell W. Belk 也发现，对能体现社会地位的商品、与时尚和化妆有关的产品，中国消费者对其中的国际化诉求反应积极。[1]

消费者对商品文化品位的需求符合表明社会等级的"浪费原则"。[2]这表明，该商品消费者的经济地位已经远远超出了仅仅维持基本生活需要的水平，培育商品的文化品位是需要时间和成本的，高品位商品价格昂贵，这无疑又是社会地位的标志，而更重要可能不是价格本身，而是与此价格相称的欣赏水平，培养如此高雅的欣赏水平可不是三五年功夫，其投入的金钱是相当可观的，这一切都表明商品的拥有者具有较高的社会等级。

对中国人来说，在各种表明社会地位的消费原则中还应加入"崇洋原则"[3]，否则不足以解释为何中产阶层对西方文化元素如此如痴如醉。曾几何时，外语、出国、留学、海归、进口、外贸等，凡是与外国沾边的，无不是身份地位的象征。"异域商品的诱惑力，不在它们本身，而在它们所代表的无限可能上。"[4] "舶来"在这里是一个非常神奇的字眼，有时候很多东西只要是泊来品而不是国产货就会倍受青睐。上层人物对遥远地域的经验"象征了文化上的优越地位"[5]，因为见多识广者对于孤陋寡闻者，无疑是具有居高临下的优势的。

无论是哪种文化，商品的文化内涵、文化品位都不是使用价值，而是象征价值，广告越"有文化"，越是消费主义的体现。第五章的"中国的中产阶层一开始就在为消费主义大喝其彩"、在中产阶层中"象征性消

---

[1] Nan Zhou and Russell W. Belk. "Chinese consumer readings of global and local advertising appeals." *Journal of Advertising*, Vol. 33, No. 3, 2004, pp. 63–76.

[2] 凡勃伦认为，消费时"明显浪费"是有社会等级意义的，越是浪费社会等级越高。

[3] 也许对外国人来说也一样，自古以来，国外上流社会不是也对来自异域的商品，如中国的瓷器、丝绸等，嗜之如命吗？

[4] ［美］杰克逊·李尔斯：《丰裕的寓言：美国广告文化史》，任海龙译，上海人民出版社 2005 年版，第 27 页。

[5] ［美］保罗·福塞尔：《格调：社会等级与生活品味》，梁丽真等译，广西人民出版社 2002 年版，第 162、173 页。

费受到热烈追捧""在中国的中产阶层中,消费主义生活方式已经发育得比较成熟"等观点再次在这里得到证明。

第四节 西方文化冲击下的中国传统文化的生存境遇

1979年,中国颁布第一部利用外资的法律《中外合资经营企业法》。1980年,中国第一家中外合资企业——北京航空食品有限公司——获得工商部门颁发的中外合资企业营业执照001号。① 经济贸易对外开放,外资企业陆续而至,外来文化也大举进入。有一幅1983年的油画作品《街市》(参见图6—12),生动地描绘了当时的人们对待西方文化的心态。这幅油画的画面前景是一个身材姣美的中国少女,她身着牛仔裤,上衣插在裤子里,左手背搁在臀部,背对着画外,画面的背景是熙熙攘攘的街市,街市上热闹而又杂乱,高高挂起的各色商品琳琅满目。这幅油画的构思意味深长,美丽的中国少女身穿牛仔裤,上衣插到里面,她到底是在展现身材还是在展现牛仔裤呢?也许她在展示什么并不重要,重要的是读者可以看出,是牛仔裤让她显得更加美丽,西方文化受到中国年轻人的热爱,这幅画作或许承载着中国消费者对异域文化的好奇与向往。在那个时候,中国人的思想观念、日常生活就受到了西方文化的影响。

异域文化的进入必然给本土文化带来一定的冲击。到如今,油画《街市》诞生已经近30年了,中国比以前更加开放,中国社会也更加包容了,西方文化多大的程度上被中国社会所接受?在西方文化的冲击下,中国传统文化的生存境遇到底如何?多年来,围绕这个问题的争论此起彼伏,下面从广告的视角略谈一点看法。

从《新民晚报》广告中的中国文化元素和西方文化元素来看,大众阶层一直在顽强地坚守着自己祖宗留下的遗产,中国传统文化对他们仍有巨大吸引力,中国传统的家庭观、道德观、自然观、幸福观仍为中华民族各族儿女广泛认同。中国广告史上许多引起过人们强烈共鸣的广告,

---

① 中国广告猛进史课题组等:《中国广告猛进史1979—2003》,华夏出版社2004年版,第7、17页。

第六章 中西式文化符号和中西方文化价值观的变化 / 167

图6—12 司徒锦油画《街市》

也往往是对民族文化有着深刻认同的作品。1999年,浙江纳爱斯公司投入1亿元巨资,制作并播放雕牌洗衣粉电视广告《懂事篇》。广告片中,已经下岗的妈妈为找工作四处奔波,无暇顾及家务,身心俱疲。女儿虽然还是个孩子,但懂得心疼妈妈,帮妈妈洗衣服。片中天真可爱的童音说:"妈妈说,'雕牌'洗衣粉只要一点点就能洗好多好多的衣服,可省钱了。"妈妈回来时看见女儿的留言"妈妈,我能帮你干活了",不禁热泪盈眶,俯身拥吻女儿,母女俩相依为命的感觉跃然纸上。广告播出后,国人都被这个凄婉的故事深深打动了,雕牌洗衣粉销量猛增,2001年达89万吨,市场份额高达40%,重新夺得洗衣粉行业第一名。这个广告最打动中国人的地方就在于其中自然真挚的亲情,中国人非常重视家庭情感,父母慈爱,子女孝顺,是绝大多数中国人追求的天伦之乐,尤其是一个还未经世事的小孩有如此孝心,懂得关心、帮助、体贴大人,更能感动人。由于生活所迫,片中的小女孩分担了与其年龄不相符的生活重任,许多为人父母者感同身受,心底产生强烈共鸣,广告中的亲情诉求在满足人们情感需要的同时,也将品牌形象深深地植入消费者的心中。案例说明,中国文化元素是中国受众心中先行存在的价值参照系统,民族情感、思维方式、审美情趣、文化习俗等中国文化的精髓仍然受到中国大众消费者的珍视,中国传统文化仍被中国大众广泛认同。

不过,我们还应该看到事物的另一方面,《新民晚报》广告中的西方文化元素也越来越多,西方文化在中国的大众阶层也越来越受欢迎。拿房地产来说,一场"欧陆旋风"近年来先后在国内各地陆续掀起。业主及开发商为了迎合一些没有到过欧洲的置业者想在当地体验一下西欧的居住生活情调的想法,模仿或引进境外设计手法,规划设计一些"异国风情"的居住建筑以增加卖点,掀起一场仿欧建筑或标有古罗马建筑语言和符号的居住建筑潮流。[①] 正如房地产"云山诗意"的广告所言:"在一片居住与国际接轨的口号声中,哥特屋顶、罗马柱、人体雕塑,开始充斥我们的生活。"

图6—13　房地产"易时代"的欧陆风情广告,
载于《新民晚报》2000年9月21日第7版

[①] 李景成:《从居住建筑仿欧陆风格谈中国住文化》,《南方建筑》2004年第2期。

第六章　中西式文化符号和中西方文化价值观的变化　/　169

再看作为社会生活重要内容的节日的变化。在本研究抽取的《新民晚报》样本广告中，早在1990年12月24日就出现了圣诞促销广告，不过那时商家利用"洋节"进行促销，还仅仅是偶尔为之和个别现象，且只是限于圣诞节等大型节日。而今，过"洋节"在中国社会广为流行，不仅是圣诞节，情人节、愚人节、母亲节、父亲节、万圣节、感恩节等各种各样的西方主要节日，都是中国人狂欢的舞台，中国人（特别是年轻人）对"洋节"的热爱程度恐怕不亚于自己民族的传统节日了。"每值圣诞节来临，商场、饭店、宾馆摆放起耶诞树，网络、报刊、电视、电台充斥着各种圣诞信息；数以万计的圣诞贺卡和数以亿计的圣诞短信满天飞舞；人们相逢互祝以圣诞快乐；平安夜里，人们聚众狂欢，流连忘返。"[1] 2008年12月初，虽然离圣诞节还有20多天，但上海街头、超市、商场的圣诞节气氛已经非常浓厚，商家的圣诞促销活动早已开锣，许多卖场在入口处、厅堂中、柜台旁或巨大的临街玻璃橱窗里都摆上了圣诞树，上面华灯绽放，旁边的圣诞老人和蔼可亲，柜台或货架上圣诞节礼品、饰品琳琅满目，圣诞音乐在空中飘荡，圣诞促销海报和广告铺天盖地。浓浓的节日气氛使顾客深受感染，当然，感染的效果未必是顾客心灵受到洗礼，但钱袋肯定要遭受"清洗"。与12月初国内热烈的过节气氛形成鲜明的对比的是，美国人还没有过节的感觉，2008年12月5日，我在美国的朋友告诉我："美国的商家现在还没有开始圣诞的活动。"中国民众启动圣诞节的系列庆祝活动比西方早，圣诞节在中国的热度不比西方低，我们多年来"超英赶美"梦想，终于在过"洋节"这个方面实现了。

在大众阶层，西方文化越来越受欢迎，但从总体上看，程度还比较低，而且中国传统文化更受欢迎，所以中国传统文化的生存境遇还不足以让人忧心。可问题严重的是，中国的中产阶层对西方文化到了如痴如醉的地步。从中产阶层的层面看，西方文化确实对中国传统文化形成了强大冲击，西方文化席卷而来，势如破竹，中国传统文化的生存境遇用岌岌可危来形容恐不为过。翻开1998—2008年的《时装》杂志，可以发

---

[1] 王洋：《北大清华等高校十名博士联名抵制圣诞节》，《新民晚报》2006年12月21日第34版。

图 6—14　圣诞未到饰品先火。随着圣诞节的临近,圣诞饰品开始热销。图为宣武市场里的圣诞老人、圣诞树等各种圣诞饰品琳琅满目。张庆祝摄,来源:中国徐州网—徐州日报,2007 年 12 月 11 日

现其中的奢侈品品牌及其代言人几乎清一色来自西方,广告传播的生活观念也多是地地道道的西方"进口货",及时行乐、自我中心、物质至上等等,不一而足。以西方为美,以西方为时髦,以西方为有地位的标志,在这里西方成了完美无缺的代名词,广告在大力传播西方文化符号和价值观的同时,也生产了一批认同这些符号和价值观的消费者,就这样,曾经被我们批判的声色犬马、醉生梦死,如今竟成为一些人的人生追求。

综上所述,各种各样的洋玩意儿已经侵入了我们的生活,来自西方发达国家的文化思想正在侵蚀着中国人的心灵,西方文化浪潮正在猛烈地冲击着中国传统文化,某些社会阶层的消费者已经处在西方文化的支配之下。这是文化帝国主义吗?好像不是,因为"帝国主义"往往意味着"主宰""强制",而这里没有被动强加的痛苦,只有主动追逐快感。但是,西方文化显然又在逐渐取得支配地位,直奔帝国主义的目的。这恰恰是文化帝国主义最危险的地方——以非帝国主义的手段,取得了帝国主义的统治,这也正是有人否定文化帝国主义存在的原因之一。

中国是否遭受到文化帝国主义的"入侵",不在于西方文化获得主导权的手段与过程,而在于其造成的后果,军事也不过是手段之一罢了。诚然,"文化入侵"与军事入侵有着不同的形式,它柔和、隐蔽,伴随着温情与欢乐,对于中国消费者来说,接受西方文化也是自觉的自愿的,

第六章　中西式文化符号和中西方文化价值观的变化　/　171

图 6—15　《新民晚报》于 2008 年圣诞节前夕刊登的广告，
2008 年 12 月 21 日第 B24 版

并非被强迫，帝国主义的强迫性特征越来越不明显[1]，但是文化帝国主义造成的经济和文化后果是相当严重的。在经济方面，与以前的武力入侵一样，如今的文化扩张也是为资本主义开拓市场服务的，只不过前者露出的是狰狞的面目，而后者带上了温情的面纱。事实上，文化是一种特定的资本，这种资本在表面上是以拒斥功利的存在作为自己存在的基本形式的，也恰恰是因为这一点，它作为资本就更具有隐蔽性。文化实践从形式上来看其所遵循的逻辑是一种颠倒的经济逻辑，但这丝毫不能得出它与经济无关的结论，恰恰相反，经济资本不仅规定了文化生产赖以发生的条件，而且，行动者在文化活动中所积累的文化资本有可能转化为回报更为可观的经济资本。[2] 中国广告中越来越多的西方文化元素告诉

---

[1]　黄力之：《文化帝国主义与价值冲突》，《哲学研究》2004 年第 9 期。
[2]　朱国华：《权力的文化逻辑》，上海三联书店 2004 年版，第 176 页。

我们，西方文化资本在中国市场已经完成了向经济资本的转化。在文化方面，帝国主义和文化帝国主义的"实质都是使特定的社会规范及其制度化的社会建制获得广泛认同，其结果是在日常生活领域使特定的生活方式、价值伦理与秩序成为天经地义和不容置疑之事，总而言之，是社会制度的再生产在观念上和日常生活中取得文化保证的问题"①。统计数据表明，西方特别是美国的价值观念和生活方式已经为许多中国消费者所接受并实践，很多中国消费者安乐地、心甘情愿地甚至是兴高采烈地做了西方文化的"俘虏"，文化帝国主义在中国大地魅影幢幢。

外来文化在中国传播曾是多么困难的事，而如今似乎变得易如反掌了，在西方文化价值观面前，许多中国人"中弹即倒"。西方的生活方式在中国没有遭遇水土不服，人们对它习以为常，它甚至成了人们界定幸福生活的标准。著名的哲学家海德格尔曾说过："一切本质和伟大的东西，都缘于这样一个事实：人有一个家并扎根于一个传统。"②但迈克尔·沙利文—特雷诺认为："我们在将来肯定会实现一种同一的文化。它是建立在单一的世界性的知识之上。"③微软前总裁比尔·盖茨也说："信息高速公路将打破国界，并有可能推动一种世界文化的发展，或至少推动一种文化活动、文化价值观的共享……当人们更多地注意全球问题或全球文化，也许有些文化就会感到面临着威胁。"④谁也不能肯定"同一的文化""世界文化"的预言会不会成为现实，但万一某种文化一统天下⑤，中华民族的文化传统将荡然无存，我们将失去"本质"，不再"伟大"。从当前西方文化在我国的传播状况看，树立起对民族优秀文化的保护意识，并在保护我们的传统方面切实行动起来，应是明智之举。

---

① 陈昕：《救赎与消费——当代中国日常生活中的消费主义》，江苏人民出版社2003年版，第77页。
② ［德］海德格尔：《人，诗意地安居 海德格尔语要》，郜元宝译，上海远东出版社2004年版，第39页。
③ ［美］迈克尔·沙利文—特雷诺：《信息高速公路透视》，科学技术文献出版社1994年版，第191页。
④ ［美］比尔·盖茨：《未来之路》，北京大学出版社1996年版，第326—327页。
⑤ 如果真有这一天，从现在的形势看，这种一统天下的文化极有可能是以美国为代表的西方文化。

第七章

结　语

本书详细研究了《新民晚报》和《时装》杂志广告中的文化符号和文化价值观的发展变化，对《新民晚报》广告商品产品类别的变化也进行了简要讨论。在此基础上对消费主义意识形态在中国的扩张和西方文化冲击下的中国传统文化的生存境遇进行了考察。消费主义的扩张和传统文化的危机实际上是一个问题的两个方面，这个问题就是商业文化的过度发展。

商业文化是为资本增殖服务的，而资本对利润的追逐没有止境。资本要不断增殖，就得不断生产，生产扩大的前提是需求的扩大。包括现代广告在内的商业文化为人们制造一个又一个幸福生活的神话，并把幸福的内涵简化为对物质的占有，使人们的物质欲望变得无穷无尽，从而为生产的持续扩大开辟道路。

一　难以实现的幸福神话

然而，这是一个难以实现的幸福神话，因为物质生活富裕之后幸福没有接踵而来。有调查显示，虽然近年来人们的收入水平大幅提高，但幸福指数并未相应增长。没有消费是万万不能的，但消费不是万能的，它只不过是人们追求幸福的方式之一罢了。"盖我们的幸福乐趣，在我们能享受的一面，而不在所享受的东西上——穿锦绣的未必便愉快，穿破布的或许很快乐……西洋人风驰电掣地向前追求，以致精神沦丧苦闷，所得虽多，实在未曾从容享受。"[1] 心理学的研究表明，消费与个人幸福之间的关系是微乎其微的，幸福最终还是与精神相关。以前人类似可说

---

[1] 梁漱溟：《东西文化及其哲学》，商务印书馆1999年版，第156页。

在物质不满足时代，以后似可说转入精神不安宁时代；物质不足必求之于外，精神不宁必求之于己。① 妄图通过求之于外的方法来解决本应求之于己的精神安宁问题，无异于缘木求鱼。艾伦·杜宁认为，人类满足的两个主要源泉是社会关系和闲暇，但这两者在奔向富有的过程中已经枯竭或停滞，因此消费社会中的许多人感觉到了来自充足世界的莫名其妙的空虚，由于被消费主义文化所蒙蔽，人们一直在企图用物质的东西来满足不可缺少的社会、心理和精神需要，这一切是徒劳的。② 如果再考虑追求满足的代价，我们就会发现，物质满足式的人生幸福只能是海市蜃楼。因为人类在追寻幸福的过程中破坏了实现幸福的基础，工业生产带来了巨大的副作用，人们消除这些副作用所进行的努力，或许比人们在工业生产上所进行的努力还要大。

也许更根本的原因在于，人的物质欲望是不可能得到真正的满足的。本杰明·富兰克林说得好："金钱从没有使一个人幸福，也永远不会使人幸福。在金钱的本质中，没有产生幸福的东西。一个人拥有的越多，他的欲望越大。这不是填满一个欲壑，而是制造另一个。"现代广告试图以感官刺激的方式抚慰人们的焦虑，接下来它又以另一种更刺激的方式激起人们新的、更深的焦虑。人们发现，在欲望的阶梯上，台阶之上还有台阶，它就如同"通天塔"，总是不能达到满足的完美境地。在社会阶层中，每个阶层都为能达到它上一个阶层而疲于奔命。而当他登上这个阶层时，面临的又将是更高层次的消费竞赛。③ 在当代的丰裕文化中——更准确地说，是消费文化中——有一点很奇怪，那就是欲望被大大地非物质化了，经济发展的一部分动力是来自持续不断的不满足，人们总是差一点就得到满足，但就是永远也达不到。④

---

① 梁漱溟：《东西文化及其哲学》，商务印书馆1999年版，第172页。
② [美]艾伦·杜宁：《多少算够——消费社会与地球的未来》，毕聿译，吉林人民出版社1997年版，第6页。
③ [美]托斯丹·邦德·凡勃伦：《有闲阶级论：关于制度的经济研究》，朱登译，南海出版公司2007年版，第112页。
④ [美]杰克逊·李尔斯：《丰裕的寓言：美国广告文化史》，任海龙译，上海人民出版社2005年版，第5页。

二 传统文化的真正威胁

难以实现的幸福神话是因为人们无限地、大大地非物质化了的欲望，文化恰恰被用作制造这种欲望的主要工具，也就是在制造欲望的过程中，文化自己被消灭了。表面上看，中国传统文化面临的威胁来自西方文化的冲击，而实际上，这个威胁更是来自商业文化为制造消费欲望对传统文化的随意肢解，西方文化何尝不是商业文化泛滥的受害者？

在商业文化的主导下，一些宝贵的传统文化价值观不能得到提倡和重视。在现代中国，"一些传统价值观仍然存在，甚至广为中国人所认同。这些价值观至少包括'勤奋''爱面子''节俭'和'忍耐'。但根据我们的研究，这些价值观没有一个在当代的中国纸媒广告中得到表现，我们认为这是因为这些价值观的本性使然——他们对产品销售没有帮助。"[1] "当且仅当有利可图时，广告才会反映文化价值观。"[2] 同样，本研究也发现，中国传统文化中的一些非常重要的价值观——诸如"爱面子""尊老""集体主义"等——出现的频率非常低。广告的目的是促销和赢利，对促销没有帮助，不能带来赢利，再怎么珍贵的文化价值观也难逃被忽略，甚至被抹杀的命运，尽管文化的价值是不能以市场的影响力来衡量的。相反，只要能够带来利润，即使是文化糟粕也可能会被选中，然后是突出、强调并反复传播。

除了抹杀之外，商业文化破坏传统文化的方式还有断章取义、简化抽空和歪曲篡改等等。"事业有成，蒸蒸日上，突然注意到父母斑白的两鬓，多年操劳，让父母早早老去。怎么报答恩深如海的三春晖呢？"（孝贤坊广告，参见图7—1）中国传统文化认为，父母的养育之恩无以为报，唐代诗人孟郊说："谁言寸草心，报得三春晖。"伟大的母爱是报答不了的！而广告告诉你，报答父母恩情很容易，买一套"孝贤坊"的房子就可以了，而且广告还说，这是"一个忠孝两全的解决方案"。自古以来困

---

[1] Hong Cheng & John C. Schweitzer, "Cultural values reflected in Chinese and U. S. television commercials." *Journal of advertising research*, Vol. 36, No. 3, May/June 1996, p. 41.

[2] Barbara Mueller. "Reflections of Culture: An Analysis of Japanese and American Advertising Appeals." *Journal of Advertising Research*, Vol. 27, No. 3, August 1986, p. 58.

扰多少仁人志士的忠孝难以两全的问题在这里轻而易举地解决了！中国"孝"文化的广博内涵就这样被抽筋吸髓，变得简单而庸俗，用金钱就可以计量。"当下，由于商业文化的侵蚀，我们不难发现，过度的商业化正在让传统文化走向'空心化'：形式的东西代替了内容的存在，表层的现象替代了深层的事实。一句话，真正的传统文化被边缘化了，只满足于文化的浅层表象，忽视甚至毁坏其深层内涵。"① 在这个知识贬值、表演赚钱的时代，广告对待传统文化的原则多么像商业大片的选题原则，凡是能够吸引眼球的素材都可能被选中，万一其内容不符合商业目的也是可以更改的，哪怕篡改原著、篡改历史也在所不惜。电影《赤壁》的导演吴宇森做客《凤凰网·非常道》时为自己篡改原著解释说，《三国演义》把曹操写得很"蠢"，"并不是一部真的那么好的小说"。他的话就像他拍的《赤壁》一样搞笑，极富娱乐效果，还是网友的评论一针见血——这不过为了电影卖个好价钱。众所周知，《三国演义》的每个主要

图7—1 "孝贤坊"广告，载于《新民晚报》2005年12月14日第A9版

---

① 朱四倍：《谁为传统文化的空心化负责？》，2007年10月9日，http://qiqihuanghuang.blog.sohu.com/66637883.html。

人物都个性鲜明，吴导之所以认为不好，是因为他的"好的标准"不一样，他说他对《三国演义》做的改动都是从现代人眼光出发的，要给生活在巨大社会压力下的现代人"轻松"一下。从娱乐大众的角度来说，吴宇森的篡改是成功的，票房收入就是明证。广告对待传统文化的态度何尝不是这样？只不过在吴宇森导演这里，广告主是制片人，广告人是编剧和导演，商业利润相当于票房收入。选择什么文化素材，如何编撰故事，要不要添油加醋，一切由"票房收入"说了算。

顺便说一段，西方文化也难逃商业文化侵蚀的厄运。每到圣诞节，中国消费者也是兴高采烈。中国消费者有几个懂得圣诞节的内涵？是一年又一年的商业促销，把许多对基督教根本没有什么认识的中国人卷入到圣诞狂欢中，在中国，圣诞节已经蜕变为持续数星期的消费狂欢节。在广告中，西方文化同样被随意篡改。贵阳市的一家男科医院为宣传自己的DNA检测项目，发布了一则广告，画面上的蒙娜丽莎肚子高耸，她"怀孕"了，广告文案用大字写着"谁是孩子的父亲？DNA检测能准确找到。"饱含文艺复兴人性光辉的世界名画就这样被广告"创意"了一番，文化经典就这样被商业文化亵渎了一回。

商业是瓶子，文化是水，瓶子的形状改变，里面的水的形状也改变了。无论传统文化的危机，还是西方文化的传入，都有商家为了经济利益而推波助澜的原因。不管何种"文化热"，也许都只是商家应对市场困境或追逐更多利益的工具，借文化之壳是手段，还利润之魂是目的，据此欢呼文化的回归，着实是更大的悲哀，因为文化的精神正在虚假回归的欢呼声中被抽空。

文化成为商业时髦之时，就是其消亡之始。中国传统文化中，"儒"教人德行，"佛"教人解脱，"道"教人自在，受商业文化影响而不得传统文化精髓的人将没有德行，无法解脱，也不得自在。或许将来有一天，消费者都将身居华屋，心灵却无家可归。

三 研究不足和进一步研究的方向

第一，抽样设计有待改进。本书仅仅研究了上海和北京的媒体。《新民晚报》和《时装》杂志虽说都是面向全国发行，但有明显的地域性，如《新民晚报》主要的读者群还是集中在上海市及其周边地区。北京和上海都是中国经济和文化较为发达的地方，居民收入较高，消费需求与经济欠发达地区不同。拿上海而言，根据世界银行发布的《1999—2000 世界发展报告》，1998 年人均 GDP 在 761 美元至 9360 美元的为中等收入国家或地区，而在 1997 年上海市的人均 GDP 已突破 3000 美元，可见，从那时起上海就已达到中等发达水平。[①] 中等发达水平意味着收入较高，生活较为富裕。消费者需求将发生转变，社会消费结构将进一步升级，消费观念也将进一步更新，这些都会影响广告运用的文化符号和诉求的文化价值观。所以，本书所研究媒体的地区范围明显是有局限的，今后类似研究可以在更广的范围内抽取媒体作为研究对象，兼顾各地不同的经济和文化发展水平。

本书研究的对象媒体仅仅是报纸和杂志。除了报纸和杂志之外，常用的广告媒体还有很多，如广播、电视、路牌、网络等，这些类型的媒体都未能成为本书的研究对象，媒体类型与广告商品的产品类型有关，而这也可能影响到广告运用的文化符号和诉求的文化价值观。如冯捷蕴以网络广告为例进行的关于中国大陆文化价值观的研究就得到了一些与其他研究者不同的结果，他认为，"大众媒体之间的差异必须得到充分重视和研究。"[②] 本书仅仅研究了报纸和杂志广告，在媒体类型方面存在明显局限，如果要得出更具普遍性的结论，需要在多种形态的媒体中进行跨媒体抽样研究。

本书关于《新民晚报》的日期抽样也有待改进，每个时期各抽取 100 天报纸的做法不尽合理，因为每个时期的广告数量不均衡，1982—1985 年《新民晚报》广告很少，而 1998—2008 年，广告可以用"海量"来形容。

第二，本书仅仅分析了广告中的文化符号或文化价值观与广告所属的历史时期之间的关系。影响广告中的文化符号和文化价值观的因素复杂，具体因素很多，如广告商品的产品类别、广告商品的来源地、广告

[①] 俞斌、金伟刚:《人均 GDP 一万美元意味什么?》，《今日早报》2003 年 1 月 16 日第 11 版。

[②] 冯捷蕴:《中国大陆的文化价值观:以 2004 年网络广告内容分析为例》，《现代传播》2004 年第 5 期。

商品的卷入程度、广告目标对象所在地的文化传统等,对这些具体因素与广告中的文化符号或文化价值观之间的关系,本书没有进行分析,今后可以从这些方面入手,进行更全面、更细致、更深入的研究。

第三,本书仅仅把广告运用的文化符号划分为中式文化符号和西式文化符号两个大类,较为粗略,今后可以在更为精细的分类的基础上,对广告中各种文化符号的使用情况进行统计分析。另外,这种简单的"二分法"面对复杂的实际情况,有时很难处理,把广告诉求的文化价值观分为中国传统文化价值观和西方文化价值观,或实用性文化价值观和象征性文化价值观,也存在类似的问题。因为事实上,情况并非总是如此简单,如此合乎"理想",有少数广告中的文化符号和文化价值观复杂多样,各类文化符号和文化价值观交织在一起,难以判断它到底是"中式"还是"西式",是"实用性"还是"象征性"。研究者在编码的过程中确实碰到难以归类的苦恼,而各种文化符号和各种文化价值观相交织正好反映了文化融合的趋势。研究广告中文化符号和文化价值观相互融合的情况,有助于我们更好地理解社会文化的发展变迁,对广告实务也会有参考价值,但这个方面的研究只有留待以后继续。本书关于广告商品产品类别变化的讨论也较为粗略,影响广告商品产品类别的因素也很复杂。

参考文献

卜卫：《试论内容分析方法》，《国际新闻界》1997年第4期。

曹德本、方妍：《关于文化价值观的宏观思考》，《社会科学战线》2001年第5期。

曹颖、王琨、秦燕：《感性消费广告诉求策略》，《合作经济与科技》2006年第3s期。

陈保平：《纸张涨价 报业的压力与对策》，《传媒》2008年第9期。

陈林兴：《态度理论在企业广告策略中的运用》，《企业经济》2007年第3期。

陈秋萍：《广告文化功能与社会文化心理的相互影响》，《学术论坛》2006年第5期。

陈晓庆：《一个广告主的"中国元素"情结——访北京联宝讯通电子科技有限公司总经理洪国基先生》，《广告人》2006年第9期。

陈晓云：《从消费需求的变化看我国企业产品营销观念的转变》，《西北师范大学学报》（社会科学版）1999年第1期。

陈昕：《救赎与消费——当代中国日常生活中的消费主义》，江苏人民出版社2003年版。

陈占彪：《上世纪90年代以来传统文化热之考察》，《湖北社会科学》2007年第4期。

陈作平：《异构与同质：电视广告感性诉求与理性诉求初探》，《现代传播》1993年第2期。

程士安、黄建新、陈文轩：《世纪之交：中国广告业的发展现状与前景》，《新闻大学》1997年第1期。

戴晓东：《一种现代主义的视角——〈文化帝国主义〉评介》，《美国研究》2003年第3期。

德国之声电台：《中国广告业规模跃居世界第二》，2008年1月21日，中国广告门户网（www.yxad.com/Article/HTML/11843.shtml）。

邓红：《中国传统文化与美国社会文化基本价值观之比较》，《湖北大学学报》（哲学社会科学版）2007年第5期。

邓聿文：《要警惕居民高负债与消费主义》，《中国青年报》，转引自 http://sym2005.cass.cn/file/2005053040476.html。

丁依囡：《正在崛起的中国奢侈品消费市场》，《上海商业》2007年第5期。

范萍：《鲍德里亚"消费社会文化理论"简析》，2007年4月3日，学术中华网。

冯丙奇：《北京地区市民报纸房地产广告图片主导性文化价值的转变——以〈北京晚报〉为例》，《现代传播》2006年第2期。

冯捷蕴：《中国大陆的文化价值观：以2004年网络广告内容分析为例》，《现代传播》2004年第5期。

冯捷蕴、吴东英：《广告话语的结构重叠和中国社会的变迁》，《传播与社会学刊》（香港）2007年第2期。

高亚春：《波德里亚对消费社会的研究及其理论意义》，《同济大学学报》（社会科学版）2004年第8期。

高亚春：《消费社会的崛起——波德里亚对现代性的通俗性表达》，《兰州学刊》2006年第6期。

高亚春：《消费社会与马克思主义——波德里亚的符号消费理论》，《教学与研究》2006年第1期。

葛秀华：《英语广告中的美国社会文化》，《牡丹江大学学报》2007年第7期。

《工商总局——对外开放伟大实践中的工商行政管理》，中国对外开放30周年回顾展宣传网（http://kaifangzhan.mofcom.gov.cn/）。

桂世河：《符号消费时代商品广告的本质功能》，《经济管理》2006年第9期。

郭贞：《海峡两岸都会区户外广告中价值观与广告诉求之比较研究》，《广告大观》（理论版）2007年第2期。

国家质量监督检验检疫总局，中国名牌战略推进委员会：《中国名牌战略发展报告》，《福建质量管理》2007年第3期。
韩佳蔚：《传统文化：中国现代广告成长的沃土》，《延安大学学报》（社会科学版）2007年第6期。
何德珍：《从中国元素看中国式广告的崛起及发展策略》，《学术论坛》2007年第7期。
何辉：《当代广告学教程》，北京广播学院出版社2004年版。
何宁：《浅析中国广告与民族文化》，《文教资料》2007年8月下旬刊。
何修猛：《现代广告学》，复旦大学出版社2003年版。
贺建平、魏杰：《消费社会炫耀性消费与广告的意义建构》，《西南民族大学学报》（人文学科版）2007年第5期。
贺雪飞：《以"商品"为中心到以"人"为中心——广告文化附加值诉求动因探析》，《新闻界》2006年第4期。
胡亮：《外资重压下的危机 中国广告产业：羊与虎的博弈》，《中国经济时报》2006年7月4日。
黄力之：《文化帝国主义与价值冲突》，《哲学研究》2004年第9期。
黄艳秋、杨栋杰：《中国当代商业广告史》，河南大学出版社2006年版。
蒋亦斌：《当代中国消费观念变迁的阶段和特点——以广告传播表现为视角》，《商场现代化》2006年7月中旬刊。
柯云路：《一个作家眼中的婚恋三十年》，2008年12月7日，柯云路的博客（blog.sina.com.cn/slblog_584662950100bt4s.html）。
李桂芳：《浅议广告的诉求方式》，《商场现代化》2006年1月中旬刊。
李景成：《从居住建筑仿欧陆风格谈中国住文化》，《南方建筑》2004年第2期。
李文政等：《春节流行显现中国软实力上升》，《人民日报》2009年2月4日。
李新家、冯强、王军、杨华辉：《消费主导型经济的特征及其理论意义》，《学术研究》2003年第12期。
李峥：《性在午夜公开——两个男人和一个女人》，《时装》2003年第5期。
联合国教科文组织编：《世界文化报告2000：文化的多样性、冲突与多元共存》，关世杰等译，北京大学出版社2002年版。

梁漱溟：《东西文化及其哲学》，商务印书馆1999年版。

林建胜：《文化的反应——分析台湾和美国的电视广告诉求》，硕士学位论文，台湾交通大学，1993年。

林语堂：《中国人》，郝志东等译，学林出版社1994年版。

刘飞：《炫耀性消费——凡勃伦与布迪厄之比较》，《消费经济》2005年第6期。

刘泓：《广告社会学论纲——关于广告与社会互动关系的阐释》，《福建师范大学学报》（哲学社会科学版）2006年第3期。

卢嘉瑞：《消费主义在中国：表现、危害及治理》，《湖北经济学院学报》2005年第7期。

卢泰宏等：《中国消费者行为报告》，中国社会科学出版社2005年版。

陆扬：《萨义德与文化批评：警惕精英主义文化中的帝国主义》，《河北学刊》2004年第3期。

罗伯特·古德曼、史蒂芬·帕普森：《绿色营销与商品自我》，载吴琼、杜予《形象的修辞——广告与当代社会理论》，中国人民大学出版社2005年版。

罗慧：《消费主义的终极疯狂——论现代广告创意中的"拜物情结"》，《装饰》2005年第1期。

罗纪宁：《中国消费者心理原型实证研究》，载卢泰宏等《中国消费者行为报告》，中国社会科学出版社2005年版。

骆建建、聂家昕：《符号消费理论研究——解析波德里亚的"消费社会"》，《北方论丛》2005年第4期。

吕萌：《媒介形态变化与电视文化传播》，合肥工业大学出版社2006年版。

迈克尔·沙利文—特雷诺：《信息高速公路透视》，科学技术文献出版社1994年版。

毛勒堂：《超越消费主义——论消费正义》，《思想战线》2006年第2期。

尼尔森梅花中国传媒库，www.mediasearch.cn。

潘小松：《美国消费主义的起源》，《博览群书》2004年第7期。

钱超英：《中国文艺美学与东方自然观》，2007年6月5日，钱超英博客

(blog. sina. com. cn/slblog_4c7edf7d010008ml. html)。

钱杭园、胡晓春:《人性化诉求在广告中的应用》,《当代传播》2005年第5期。

容中逵:《文化自觉:当代中国教育应有之义——西方文化帝国主义理论述评及其启示》,《湖南师范大学教育科学学报》2006年第9期。

邵琪:《欧美社会文化与广告的互动——从规范伦理到享乐主义》,《武汉水利电力大学学报》(社会科学版) 2000年第9期。

《什么是绿色消费?》,2006年5月8日,中华人民共和国环境保护部网站(www.zhb.gov.cn)。

盛慧:《天堂里的小资们》,中华工商联合出版社2002年版。

石勇:《"歧视性对比"、心理竞争与消费主义意识形态》,《天涯》2007年第6期。

陶东风:《广告的文化解读》,《首都师范大学学报》(社会科学版)2001年第6期。

仝亚文、仝亚辉:《美国广告中的社会文化心理诉求》,《外国语言文学》2004年第1期。

99智商:《声色留痕——解读时装广告》,《时装》2002年第10期。

王莉莉、周庆行:《对中国超市价格策略制定步骤的分析》,《现代管理科学》2007年第6期。

王淑兰:《广告文化演变研究——社会篇》,《新闻知识》2006年第2期。

王锡苓:《传播学研究方法》,兰州大学出版社2002年版。

王雅林:《从"生产型社会"到"生活型社会"》,《社会观察》2006年第10期。

王洋:《北大清华等高校十名博士联名抵制圣诞节》,《新民晚报》2006年12月21日。

王中江:《儒学与人类"共生"理念》,《北京日报》2001年8月27日。

吴辉:《试论中国传统文化对本土广告的意义》,《现代视听》2009年第2期。

吴晓波:《激荡三十年——中国企业1978—2008 上》,中信出版社、浙江人民出版社2007年版。

徐毅儿:《中国成奢侈品消费避风港 将超过美国成最大市场》,《信息时报》2009年1月4日。

许长荣、朱秋德:《多难兴邦》, 2008年12月17日, 人民网 (book. people. com. cn/GB/69399/1D7423/141300/141301/8536079. html)。

薛薇:《SPSS统计分析方法及应用》, 电子工业出版社2004年版。

闫宏宇:《广告本质与中国传统文化的背离》,《广告大观理论版》2006年第6期。

燕道成:《论消费意识形态建构中的广告》,《新闻大学》2005年第3期。

《羊城晚报品牌价值五年增长44%》,《羊城晚报》2008年6月4日。

杨立川:《文化全球化·中华传播习俗与当代中国广告传播》,《新闻知识》2007年第1期。

逸飞媒体:《亲爱的坏品味》, 江苏美术出版社2005年版。

余红:《新闻内容分析的信度和效度》,《华中科技大学学学报》(社会科学版) 2004年第4期。

余虹、邓正强:《中国当代广告史》, 湖南科学技术出版社2000年版。

俞斌、金伟刚:《人均GDP一万美元意味什么?》,《今日早报》2003年1月16日。

御翔:《消费主义的中国味道 变革静悄悄》, 2007年5月22日, 金融界网站 (news1. jrj. com. cn/2007 - 05 - 22/000002257537. html)。

翟学伟:《人情、面子与权力的再生产》, 北京大学出版社》2005年版。

张殿元:《广告的历史诉求解析》,《新闻界》2002年第6期。

张红燕:《广告与社会潮流》,《中国广告》1999年第5期。

张鸿雁:《论中西文化价值观之异同》,《暨南学报》1995年第10期。

张纪群:《"流行"与广告诉求形式》,《广告大观》2001年第6期。

张金海:《中国广告产业发展三十年的制度检视》, 转引自冯天瑜《中国特色社会主义文化建设研究》, 武汉大学出版社2008年版, 第500—511页。

张锦帆:《跨文化交流中东西方价值观念差异的分析》,《西南民族学院学报》(哲学社会科学版) 2002年第6期。

张晶:《广告与消费者心理——广告诉求方式的运用》,《今日湖北》(理论版) 2007年第5期。

张太原:《社会主义时期北京居民消费观念的变化》,《北京社会科学》

2005年第3期。

张伟胜:《传统人生哲学智慧散论》,浙江大学出版社2006年版。

张跣:《文化帝国主义》,《国外理论动态》2006年第8期。

张祥龙:《全球化的文化本性与中国传统文化的濒危求生》,《南开学报》(哲学社会科学版)2002年第5期。

赵明宇:《七成网民认同传统文化专家:不必夸大"消失论"》,2005年2月27日,http://news.xinhuanet.com/newmedia/2005-02/27/content_2623962.htm。

郑红娥:《消费社会研究述评》,《哲学动态》2006年第4期。

郑红娥:《中国的消费主义及其超越》,《学术论坛》2005年第11期。

郑红娥:《传统与转变——读〈中国城市消费革命〉》,《二十一世纪》2003年第4期。

中国广告猛进史课题组等:《中国广告猛进史1979—2003》,华夏出版社2004年版。

《中国统计年鉴》,中华人民共和国国家统计局官方网站。

周李欢欢:《秉承与扬弃——中国传统文化之于广告创意》,《当代经理人》2005年第15期。

周蜜:《中英文版〈哈佛商业评论〉上广告体现的文化价值的对比研究》,硕士学位论文,华中科技大学,2005年。

周文彰:《论文化价值观(上)》,《中国党政干部论坛》2006年第10期。

朱国华:《权力的文化逻辑》,上海三联书店2004年版。

朱丽霞、周艳:《论中国民俗文化对广告创作的影响》,《经济师》2007年第8期。

朱四倍:《谁为传统文化的空心化负责?》,2007年10月9日,http://qiqihuanghuang.blog.sohu.com/66637883.html。

[德]海德格尔:《人,诗意地安居 海德格尔语要》,郜元宝译,远东出版社2004年版。

[德]齐奥尔格·西美尔:《时尚的哲学》,费勇等译,文化艺术出版社2001年版。

[法]尼古拉·埃尔潘:《消费社会学》,孙沛东译,社会科学文献出版社2005年版。

［法］让·波德里亚：《消费社会》，刘成富等译，南京大学出版社 2006 年版。

［法］热拉·拉尼奥：《广告社会学》，商务印书馆 1998 年版。

［加］埃里克·麦克卢汉、［加］弗兰克·秦格龙编：《麦克卢汉精粹》，何道宽译，南京大学出版社 2000 年版。

［美］艾尔·巴比：《社会研究方法基础》，邱泽奇，华夏出版社 2004 年版。

［美］艾伦·杜宁：《多少算够——消费社会与地球的未来》，毕聿译，吉林人民出版社 1997 年版。

［美］爱德华·萨义德：《文化与帝国主义》，李琨译，生活·读书·新知三联书店 2003 年版。

［美］保罗·福塞尔：《格调：社会等级与生活品味》，梁丽真等译，广西人民出版社 2002 年版。

［美］比尔·盖茨：《未来之路》，北京大学出版社 1996 年版。

［美］费正清：《美国与中国》，张理京译，世界知识出版社 2003 年版。

［美］杰克逊·李尔斯：《丰裕的寓言：美国广告文化史》，任海龙译，上海人民出版社 2005 年版。

［美］马克·波斯特：《第二媒介时代》，范静哗译，南京大学出版社 2000 年版。

［美］马克·波斯特：《信息方式：后结构主义与社会语境》，范静哗译，商务印书馆 2014 年版。

［美］南茜·埃特考夫：《漂亮者生存：关于美貌的科学》，盛海燕等译，中国友谊出版公司 2000 年版。

［美］苏特·杰哈利：《广告的符码》，马姗姗译，中国人民大学出版社 2004 年版。

［美］托马斯·翰：《Shopping 大解码——购物文化简史》，梅清豪等译，上海人民出版社 2006 年版。

［美］托斯丹·邦德·凡勃伦：《有闲阶级论：关于制度的经济研究》，蔡受百译，商务印书馆 1964 年版。

［美］托斯丹·邦德·凡勃伦：《有闲阶级论》，朱登译，南海出版公司 2007 年版。

［英］A. J. 汤因比、［日］池田大作：《展望 21 世纪——汤因比与池田大作对话录》，国际文化出版公司 1985 年版。

［英］安德斯·汉森等：《大众传播研究方法》，崔保国等译，新华出版社 2004 年版。

［英］丹尼尔·贝尔：《资本主义文化矛盾》，赵一凡等译，生活·读书·新知三联书店 1989 年版。

Barbara Mueller. "Reflections of Culture: An Analysis of Japanese and American Advertising Appeals." *Journal of Advertising Research*, Vol. 27, No. 3, August 1986.

Barbara Mueller. "Standardization vs. Specialization: An Examination of Westernization in Japanese Advertising." *Journal of Advertising Research*, Vol. 32, No. 1, 1992.

Carolyn A. Lin, "Cultural values reflected in Chinese and American television advertising." *Journal of advertising*, Vol. 30, No. 4, Winter 2001.

Cheng Lu Wang, Terry Bristol, John C. Mowen & Goutam Chakraborty, "Alternative Modes of Self-Construal: Dimensions of Connectedness-Separateness and Advertising Appeals to the Cultural and Gender-Specific Self." *Journal of consumer psychology*, Vol. 9, No. 2, 2000.

David K. Tse, Russell W. Belk & Nan Zhou, "Becoming a Consumer Society: A Longitudinal and Cross-Cultural Content Analysis of Print Ads from Hong Kong, the People's Republic of China, and Taiwan." *Journal of Consumer Research*, Vol. 15, No. 4, March 1989.

David M. Potter, *People of Plenty: Economic Abundance and the American Character* (2nd edition), Chicago & London: the University of Chicago Press, 1954.

Hong Cheng & John C. Schweitzer, "Cultural values reflected in Chinese and U. S. television commercials." *Journal of advertising research*, Vol. 36, No. 3, May/June 1996.

Hong Cheng, "Toward an Understanding of Cultural Values Manifest in Advertising: A Content Analysis of Chinese Television Commercials in 1990 and 1995." *Journalism & Mass Communication Quarterly*, Vol. 74, No. 4, December 1997.

Hong Cheng. "Reflections of cultural values: A content analysis of Chinese magazine advertisements from 1982 – 1992." *International Journal of Advertising*, Vol. 13, No. 2, 1994.

Jyh-shen Chiou. "The effectiveness of different advertising message appeals in the Eastern emerging society: using Taiwanese TV commercials as an example." *International Journal of Advertising*, Vol. 21, No. 2, 2002.

Katz, Helen and Wei-Na Lee. "Ocean Apart: An Initial Exploration of Social Communication Differences in U. S. and U. K. Prime-Time Television Advertising." *International journal of Advertising*, Vol. 11, No. 1, 1992.

Nan Zhou and Russell W. Belk. "Chinese consumer readings of global and local advertising appeals." *Journal of Advertising*, Vol. 33, No. 3, 2004.

Nancy D. Albers-Miller & Betsy D. Gelb, "Business advertising appeals as a mirror of cultural dimensions: a study of eleven countries." *Journal of advertising*, Vol. 25, No. 4, Winter 1996.

Ramaprasad Jyotika, Wu Lei & Gao Dandan, "A Conceptual Framework for Understanding the Content of Advertising-Its Application to the Specific Case of Chinese Television Commercials." *Asian Journal of Communication*, Vol. 5, No. 1, 1995.

Richard W. Pollay. "Measuring the Cultural Values Manifest in Advertising." *Current Issues & Research in Advertising*, Vol. 6, No. 1, 1983.

Rokeach Milton, *The Nature of Human Values*, New York: Free Press, 1973.

索 引

C

Cramer's V 系数 62, 63, 65, 70-72, 78, 80, 81, 92, 94

K

Kendall's tau-b 系数 62
Kendall's tau-c 系数 62

B

拜金主义 10
报业市场 47
报纸 6, 25, 30, 36, 46, 47, 51, 52, 54, 67-69, 105, 124, 141, 154, 178, 181
本土 8, 22, 23, 37, 49, 123, 161-163, 165, 166, 184
本土化 23, 161, 165
本土化运动 161
比较广告 152, 153
编码 53, 56-64, 179
变量 62, 63, 65, 70, 72, 78, 80, 91
波德里亚 16-18, 156, 181, 183, 187
布迪厄 15, 16, 183

C

操作性定义 53-55, 57-59, 63, 64, 151

CH

差异化 40, 141
产品类别 35, 51, 56-62, 65-70, 72, 77, 78, 80, 105, 106, 110, 112, 113, 115, 135, 154, 158, 173, 179
产品种类 26, 27, 51
超级购物中心 141
超级市场 108, 141
超前消费 109, 143
超市 108, 141, 142, 169, 184
抽样 51-53, 67, 68, 177, 178
初级阶段 10, 12, 160
传播 1, 6, 7, 9, 12, 18, 20, 25-27, 29, 30, 32-34, 36, 44-47, 54, 56, 58, 61-64, 70, 133, 139, 158, 163, 170, 172, 175, 178, 180-185, 188

传统节日　1-3,7,169

传统文化　1-4,6-9,13,14,21-24,31,35,37,39,51,56,76,84-89,97-101,124,144-147,149,150,152,159,161-163,166,168-170,173-177,179-182,184-186

创意　11,20,22,23,28,31-33,41,44,159-161,163,177,183,186

春节　1-4,182

C

促销　4,12,124,132,134,160,169,175,177

D

大众化商品　51,123,125

大众阶层　140-142,154,164,166,168,169

大众市场　46

代理传播　139

代理消费　15,139

代理有闲　15

点击率　1

电视　6,12,26,29,42,51,53,105,108,116,122,139,140,167,169,178,180,183

电子游戏　1

定类变量　62,63

定量分析　36

定性分析　24,36

东方文化价值观　25,26

多样性　1,8,23,182

多元化　25,84,146

E

恩格尔系数　107

F

发达资本主义国家　6,18,19,161

发展中国家　6,10,19

凡勃伦　14-16,125,130,136,146,165,174,183,187

菲利普·科特勒　137

分析单位　40,51,52

符号　3-5,7,11-14,16-18,25,27,28,30-35,37,38,40,45,53,56,58-64,69-72,77-80,91-94,105,131,138,140,144,159,161,163,168,170,173,178,179,181,183

符号价值　12,16,27,30

符号性物品　12

符号学　16

符码　16,27,29,34,187

福特主义　5

附加值　30,132,134,139,182

G

改革开放　4,6,9,11,14,31,35,38-43,46,47,49,51,56,78,106-109,111,115-119,130,138,141,146,152,157,160,161,163,164

概率 p 值　62,63,65,70-72,

77 – 81, 88, 90, 92 – 96, 100, 102
感性诉求 29, 44, 180
感性消费 137, 138, 180
高端市场 46, 141
高收入 10, 45, 112
高消费 6, 14, 109, 112, 119
葛兰西 17
个人主义 83, 24 – 26, 55, 56, 58, 60, 74, 85, 86, 96 – 99
个性 23, 24, 39, 44, 55, 108, 109, 127, 136, 137, 140, 162, 176
工业革命 5
股份制 152
广播 6, 32, 122, 178, 182
广告表现 13, 30, 32 – 35, 37, 38, 45, 53, 56, 58, 60 – 62, 64, 70, 71, 77 – 80, 91 – 94, 163
广告策划 32
广告传播 12, 32, 33, 44 – 46, 163, 170, 182, 185
广告创意 22, 23, 28, 31 – 33, 41, 44, 161, 163, 183, 186
广告代理制 41, 44
广告法 153
广告公司 41 – 43, 45, 125
广告经营总额 39
广告人 12, 153, 160, 162, 163, 177, 180
广告商 12, 22, 24, 30, 35, 51, 56 – 58, 62, 65 – 70, 77, 78,
105, 106, 110, 112, 113, 119, 125, 135, 140, 141, 146, 154, 157, 158, 164, 173, 178, 179
广告设计 23
广告诉求 12, 13, 21, 25, 27, 29 – 33, 35 – 40, 45, 54, 56, 58 – 61, 63, 69, 70, 72, 73, 76 – 78, 80, 81, 84 – 91, 94 – 103, 123, 127, 135, 137, 138, 141, 146, 151, 154, 157, 158, 179 – 181, 183, 185
广告诉求点 33
广告文案 32, 34, 58, 59, 177
广告效果 13, 30, 134
广告信息 13, 23, 33, 57, 58, 60
广告业 11, 30, 39 – 46, 68, 69, 134, 153, 160, 180, 181
广告营业额 41 – 43, 45, 48, 68, 69
广告主 26, 46, 105, 160, 162, 177, 180
国际竞争 7
国际消费者联合会 150
国情 10, 11, 44, 106

H

海报 46, 169
和谐社会 11, 139
后测 61 – 63
后殖民主义 18
话语权力 17
环境友好型社会 151

J

集体主义 82, 24, 55, 56, 58, 59,

74，84，85，175

价格策略 141，184

价值符号 140

价值观 4-7，9，11-14，20-22，24-27，31，32，34-40，44，53-56，58-61，63，64，69，70，72-78，80-91，94-105，108，109，120，123，125，126，128，129，131，132，134-142，144-147，150-153，156-159，161-163，170，172，173，175，178-181，185，186

价值观念 21，24-26，34，38，108，140，172，185

嫁接 27，28

接受心理 23，163

金三件 116

经济基础 5

经济欠发达地区 178

精三件 116

竞争 7，12，24，30，40，44-47，50，55，56，58，59，68，69，74-76，83-87，111，112，116，121-125，132，140，141，151-153，160，163，184

竞争力 47，111，121，122，163

卷入度 51

K

卡方检验 59，65，70，72，76-78，81，88，89，91，92，94，100，102

卡方值 66，67，71-77，79-83，88-91，93，95，96，100-103，112，113，115，120，123，125，126，129，147，151

科学发展观 11

可持续发展 5，9，11，150，151

L

拉斯韦尔 36

老三件 116

理性诉求 29，44，180

利己主义 10

列联系数 62，63，65，70-72，78，80，81，92，94

零假设 62，63，65，70，72，78，81，92，94

流行 1-5，21，38，49，54，56，58-60，73，81，84-87，95，97，106，118，155，156，159，169，182，185

绿色消费 150，151，184

M

马克思 17，18，181

买方市场 44，68，111

卖点 32，33，126，168

卖方市场 44，68，111

媒体 6，11，27，42，43，46，47，51，68，69，105，106，112，116，123，153，154，158，177，178，185

美国文化 1，19

民俗文化 1，24，186

民族文化 1，19，23，37，163，167，182

目标消费者 12，33，45，54，125，141，146，151，164

N

耐用消费品 6,110,112

内容分析法 36

能指 27,28

P

配给制 111

频率 25,26,36,71,72,76,77,79,80,84-91,93,94,97,98,100-103,123,125,129,134,135,144,146,147,153,157,158,160,175

频率分布 36,71,72,77,79,80,84-86,88,89,91,93,97,98,100-103

品牌 13,23,24,30-33,37,40,43,47,49,52,58,60,108,122-124,126,128,137,142,143,162,168,170,185

品牌偏好 33

品牌形象 23,24,30,168

品位 6,15,23,27,37,49,54-56,58-60,63,64,73,82-87,95,97-99,139,140,161,162,164,165

Q

歧视性对比 14,125,136,140,184

前测 62,63

前卫 108,142,157

情调 38,106,168

区隔 16,154

全球化 1-3,9,13,140,163,185,186

全球文化 1,172

劝服 12,33,161

R

人均纯收入 106

人均可支配收入 106

人均收入 10

人民日报 3,4,43,117,182

人生观 6,22,162

日用消费品 110,112

软实力 4,7,182

软销售 134

软性推销 25

S

萨义德 18,19,37,183,187

SH

商品拜物教 28

上层社会 14

上流社会 5,48,136,146,154,165

奢侈品 5,49,51,125,143,170,181,184

社会地位 81,5,15,17,45,54,56,58-60,73,75,83-87,95,98,99,108,125,128-131,135,139,140,143,144,147,154,155,164,165

社会关系 5,17,109,139,174

社会生存 139,140

社会生态 5

社会文化心理 13，21，22，180，184
社会消费品零售总额 108
身份 2，5，10，14，17，19，27，28，125，131，136，137，139，154，155，165
神话 28，173，174
生产型社会 110，118，184
生产资料 57，58，65-69，111，112
生活方式 2，9-12，16，24，34，35，38，49，112，118，140-142，148，150，166，172
生活风格 15，16，39，127
生活型社会 110，118，184
生活需求 5，106
生活资料 111，112
生态环境 10，149，150
生态失衡 11
圣诞节 1，169，170，177，184
时尚 4，12，21，38，44-46，48，49，51，55，105，106，108，109，125，136，142，143，146，150，153-156，158，165，186
实用性价值观 25，26
实用性文化价值观 35，36，40，56，77，84-87，89-91，97-99，101-105，120，123，125，126，128，136-139，141，179
实用性消费 138
使用价值 4，12，16，27，28，30，56，125，132，134，138-140，156，165
世界观 22，162
市场竞争 12，30，40，44，46，68，69，112，116，123，124，132，160
受众 19，21，23，31，157，158，161-163，168

S

诉求点 33，58，123，127，135，136
所指 28

T

态度 3，5，11，31，34，44，132-134，151，177，180
汤林森 19，20
唐装 3
天人合一 83，24，55，56，58-60，83-87，96，98，144，146-148，150
同质化 1，12，20，30，40，69，134，137，142

W

外来文化 1，37，51，161，166，172
网络 1，12，25-27，34，54，56，57，70，105，108，117，118，123，142，158，169，178，181
网络媒体 105，158
温饱 42，43，45，105，110，115，116，130，136，138
文化帝国主义 18-20，170-172，180，182，184，186
文化符号 35，38，53，58，60，63，64，71，72，79，80，93，94，159，179
文化附加值 30，182
文化价值观 4，7，9，11-14，24-27，

31，32，34-40，53-56，58-61，63，64，69，70，72，73，75-78，80，81，83-91，94-105，109，120，123，125，126，128，129，131，132，134-142，144-147，150-153，156-159，161，163，172，173，175，178-181，185，186

文化入侵　170

文化心理　13，21-23，28，152，160，180，184

文化研究　12，160

文化元素　23，24，31，32，34，35，37，159-166，168，171

文化主导权　17

文化资本　15，16，165，171，172

物化　18，33

X

西方马克思主义　17

西方文化　2，4，9，14，19，20，24-27，31，35，37-39，56，76，77，84-89，97-101，105，144，147，151-153，156，159，163，165，166，168-170，172，173，175，177，179

西方文化价值观　9，24-27，35，38，39，56，76，77，84-89，97-101，105，151-153，156，159，163，172，179

西方文化元素　35，159-161，164-166，168，171

西化　26，27，37，38，161

西式文化符号　35，38，53，58，60，63，64，71，72，79，80，92-94，105，144，159，163，179

西洋文化　1

席勒　18

闲暇　174

显著性　67，71，72，75-77，80，88-91，93，100，101，103，117，120，123，125，126，129，147，151

现代化　8，26，32，38，42，44-46，116，117，182

现代性　17，20，181

相关关系　62，63，65，70，72，78，81，92，94

相关性检验　59，62，63，65，70-72，78，80，81，92，94

享乐主义　20，21，184

象征　5，12，17，25-27，30，35，36，39，40，56，77，84-87，89-91，97-99，101-105，108，109，116，120，125，127-129，131，132，134-142，146，155，165，179

象征价值　138-140，165

象征性价值观　25，26

象征性文化价值观　35，36，40，56，77，84-87，89-91，97-99，101-105，120，128，129，131，132，134，135，138-142，179

象征性消费　138-140，142，165

消费　4-7，9-18，20-22，24，27-33，35，37，38，40-46，49，51，54-56，68，69，105-112，115-120，122-129，131，132，135-143，145，146，149-151，154-

157,159-162,164-166,168,170,172-175,177,178,180-187

消费革命 106,109,119,186

消费观念 5,20,21,41,44-46,108,109,112,119,124,150,178,182,185

消费行为 5,16,109,137,159

消费结构 35,105-107,109,115,119,178

消费竞赛 174

消费模式 42

消费社会 5,6,9,16-18,28,30,131,138,140,155,156,174,181-183,186,187

消费市场 69,107-109,119,143,181

消费文化 7,16,174

消费心理 108,129

消费需求 5,22,43,44,105,111,118,129,178,180

消费者 12,13,20,22,24,28-33,37,38,40,43-45,51,54-56,108,109,111,115,116,118,120,122,124-129,132,135-141,145,146,149-151,156,160-162,164-166,168,170,172,177,178,183,185

消费主体 14

消费主义 4-7,9-11,14,20,27,28,31,35,56,109,140-143,146,165,166,172-174,180,181,183-186

小康 42,45,107,130,136,151

小康社会 45,151

效度 53,60,63,64,185

心理生存 139,140

新三件 116

信度 53,60,61,63,185

信度系数 61

信息化 1,2

性吸引 55,56,58,60,96,98,99,136,151,153,156-158

需要层次理论 130,131,136

炫耀 5,6,14-16,28,45,125,128,135,182,183

炫耀性消费 14-16,28,45,135,182,183

Y

亚里士多德 9

洋节 1,2,169

样本广告 30,52,53,65,67-70,78-81,86,87,91,92,94,105,125,138,147,152,157,169

异化 8,17,18,40,141

意识形态 4-6,11,17,19,27,28,34,109,140,141,173,184,185

意象 27

因特网 26

硬实力 7

硬销售 134

有钱阶级 139

有闲阶级论 14,15,130,136,174,187

欲望 5,9,10,28,130,140,157,173-175

Z

杂志 6, 25, 46-53, 59, 60, 91-105, 120, 122, 125, 126, 128, 134-136, 138, 141, 142, 144, 146, 151, 153, 154, 156-159, 163-165, 169, 173, 177, 178

ZH

支付能力 15

纸媒 14, 34-40, 46, 53, 54, 56, 80, 89-91, 93, 94, 100, 101, 103, 105, 120, 123, 125, 128, 138, 144-146, 151, 152, 159, 175

中产阶层 140-142, 164-166, 169

中产阶级 140-142

中等发达国家 6

中国传统文化 23, 24, 37, 161

中国传统文化价值观 9, 35, 39, 56, 76, 84-89, 97-101, 144-147, 159, 161, 179

中国传统文化元素 23, 24, 37, 161

中国文化元素 35, 159-164, 166, 168

中式文化符号 35, 38, 53, 58, 60, 63, 64, 71, 72, 79, 80, 93, 94, 159, 179

Z

资本主义 5, 6, 9, 15, 18-20, 140, 161, 171, 188

资源节约型社会 11

自我形象 137

自由度 66, 67, 71, 72, 75-77, 79, 80, 83, 88-91, 93, 96, 100-103, 111-113, 115, 120, 123, 125, 129, 147, 151

综合国力 7

租赁制 152

后　　记

　　打出最后一个字，心中顿时轻松了许多，毕业论文终于写出来了，一个漫长、痛苦并快乐的过程告一段落。

　　说它漫长，是因为从2007年上半年选题时写下第一个字开始，到今天写下正文的最后一个字为止，前后花费近两年时间，其路漫漫。第一次花这么长的时间，写作这么长的文章，对我来说，可谓"工程浩大"。虽然接下来还有"盲审关""答辩关"，论文能否最终通过还不得而知，但看着摆在眼前的"丰硕成果"，仍然难免心生喜悦之情。我想，大凡有过类似经历的人，都会有这种感受吧。

　　说它痛苦，是因为写作过程之劳神费力的程度超乎想象。当初对这个痛苦的过程不是一点思想准备都没有，但是今天还是觉得，实际体验到的比耳闻目睹的、心里想象的要痛苦许多倍，只有痛在自己身上，才是真正的痛苦啊。写作论文是高强度的脑力劳动自不待言，有时为了形成一个观点，或为了寻找一个论据，或为了核对一个数据，甚或为了一个合适的表述，都要殚精竭虑。现在想想前辈们能够闲庭信步似地游走于文字之间，心中不免生出羡慕与敬佩之情。

　　如果说繁重的脑力劳动当属意料之中的话，高强度的体力劳动确在意料之外。单说收集资料，就把我耗得精疲力竭。三十年的《新民晚报》和《时装》杂志，光是把它们找全就不容易，事实上仍有极少数没有找到。有时为了找一本杂志、一期报纸，先得到处打电话，然后是在数个图书馆之间来回奔波。几十年前的报纸杂志，早已装订成册、"束之高阁"，上面厚厚的灰尘诉说着岁月的沧桑和历史的凝重。为了把这些好多年都没有人翻阅过的报刊从架子上取下，每次都要攀上爬下，取出放进。拿到之后先是去掉灰尘，然后小心翼翼地翻看，仔仔细细地阅读，历史就这样栩栩如生地展现在眼前。收集第一手资料的过程持续了大约两个月，每天朝九晚五，一摞摞、一本本、一页页地去看，我就像书虫一样锲而不舍。每天从图书馆回来，满载着收获的喜悦，也满载着浑身的尘土。

说它快乐，是因为收获。在这个漫长而痛苦的过程中，我收获了自己的劳动成果，也收获了感动。论文刚刚写完，结果尚未确定，但说它是我自己的劳动成果终归不错，自己的孩子自己疼，两年"孕育"、一朝"分娩"，虽然难免存在各种各样的问题，但看着它还是有一种"成就感"。比这一点"成就感"更重要的是，我在学习和写作过程中，体会到了师友和亲人的无限关爱，正是因为有他们的支持和帮助，我的论文文本日益丰满，而生命中的幸福体验也日益丰富起来。

论文或书稿写完，照例要感谢很多人，但我这里的感谢绝非例行公事，对那些曾支持我、帮助我、关注我的人，我要表示最诚挚的谢意。我所有的成绩都是得益于他们的无私帮助，如果我的论文能得到些许称道，那么这都应该归功于他们，我论文中的不足或错误，则应归结于本人的愚钝。

第一，我要感谢我的导师，他就是复旦大学新闻学院的刘海贵教授，无论从品德、做人，还是从学识、治学态度等方面，刘老师都堪称楷模，学生们受益良多。尤为人称道的是刘老师的仁慈之心，在熟识他的人当中，这一点有口皆碑。忘不了跟着刘老师奔波于上海和宁波两地的那段时光，那是我三年博士生生活中，过得最充实、最惬意、最快乐的时间。刘老师对我的论文作了全方位的指导，特别是他关于我论文结构调整的意见，体现了他在整体把握方面的睿智。做刘老师的学生，很幸运，很幸福。

第二，我要感谢复旦大学新闻学院的顾铮教授和童兵教授、香港浸会大学的郭中实教授、郑州大学的董广安教授。感谢顾老师对我开题报告的批评，感谢顾老师对我的论文初稿提出的宝贵建议，他的批评使我更加认真，他的建议使我的论文结构更加严谨，内容更加充实，表达更加准确。感谢童兵老师，预答辩时童老师的肯定是对我的莫大鼓励，他提出的意见也是直指要害。感谢郭中实老师的无私帮助，我不会忘记，2008年12月29日晚，郭老师特地打来长途电话，为我答疑解难，他还数度回复我的电子邮件，解答我提出的、在他看来也许是十分简单甚至有点幼稚的"难题"。感谢董广安老师对我一如既往的关心，有师如母，做学生的感到非常幸福。

第三，我要感谢我的室友和同窗。我的室友分别是安徽大学新闻学院院长芮必峰教授、湘潭大学文学院的樊昌志教授、上海外国语大学教师现留学美国的潘霁同学。芮老师学识渊博，尽管他知识的"马力"是我的数倍，跟着他前进有点气喘吁吁，但我还是愿意被他拉着往前走，感谢他给我送书上门。樊老师一丝不苟的治学态度值得我学习，同样值得我学习的还有他的太极拳，感谢他在我写作论文期间领着我去晨练。潘霁是我们班年纪最小、外语最好的男生，他就是一本"活词典"，跟他在一起真方便，特别要感谢他给我提供美国的圣诞节促销信息。感谢班长陶建杰同学，他帮我安装 SPSS，并解答我在操作上的一些问题。感谢班上的每一位同学，三年的欢乐时光曾一起分享，今后也让我们共同追忆。

第四，要感谢我的亲人。我的父母含辛茹苦，妻子任劳任怨，女儿乖巧听话，兄弟姐妹无私相助，是他们为我营造了一个和睦、幸福的家，让我在读书、治学期间一直无后顾之忧。

第五，我要感谢所有关爱我的人，这里我无法一一列出他们的名字，但我一定会把他们的爱珍藏在心间。亲爱的老师、同学、朋友、亲人，我的人生旅途一路阳光，只因有你，谢谢！

在本文的写作过程中，我参考了前人的许多研究成果，对这些成果我尽一切可能在注释和参考文献中一一注明。但是，尽管我查找得非常仔细认真，却总有少数引文难以找到出处或详细出处。在此我对我文中所有参考文献的版权所有者表示衷心感谢，如果有个别未能注明或注释不详细、不准确的情况，我谨表歉意！

2009 年 4 月 9 日于复旦大学宿舍